中国农业发展银行服务脱贫攻坚系列丛书

中国农业发展银行
金融扶贫"四梁八柱"

中国农业发展银行◎著

中国金融出版社

责任编辑：黄海清　童祎薇
责任校对：李俊英
责任印制：丁淮宾

图书在版编目（CIP）数据

中国农业发展银行金融扶贫"四梁八柱"／中国农业发展银行
著 . —北京：中国金融出版社，2023.9
（中国农业发展银行服务脱贫攻坚系列丛书）

ISBN 978-7-5220-1634-4

Ⅰ . ① 中… 　Ⅱ . ① 中… 　Ⅲ . ① 中国农业发展银行—扶贫—概
况 　Ⅳ . ① F832.33

中国版本图书馆CIP数据核字（2022）第095220号

中国农业发展银行金融扶贫"四梁八柱"
ZHONGGUO NONGYE FAZHAN YINHANG JINRONG FUPIN "SILIANG BAZHU"

出版
发行　**中国金融出版社**

社址　北京市丰台区益泽路2号
市场开发部　（010）66024766，63805472，63439533（传真）
网 上 书 店　www.cfph.cn
　　　　　　　（010）66024766，63372837（传真）
读者服务部　（010）66070833，62568380
邮编　100071
经销　新华书店
印刷　河北松源印刷有限公司
尺寸　185毫米×260毫米
印张　21
字数　310千
版次　2023年9月第1版
印次　2023年9月第1次印刷
定价　63.00元
ISBN 978-7-5220-1634-4
如出现印装错误本社负责调换　联系电话（010）63263947

丛书编委会

指导委员会： 钱文挥　解学智　湛东升
王昭翮　孙兰生　徐一丁　张宝江
徐　浩　赵　鹏　张文才　朱远洋
周良伟　李小汇

编写委员会：

主　任： 钱文挥　湛东升

副主任： 徐一丁　张文才

成　员： 邵建红　杜彦坤　陆建新　欧阳平
陈小强　李国虎　陆　兵　李　玉
李卫娥　周建强　杨德平　武建华
赵建生　李振仲　吴　飚　刘优辉
肖　瓴

本书课题组： 陆建新
梁海琦　刘　明　郭　熠　贾兴华
崔雯婷　孔　源　蓝海清　孙雁顺

消除贫困、改善民生、逐步实现共同富裕，是社会主义的本质要求，是中国共产党对人民的庄严承诺。党的十八大以来，以习近平同志为核心的党中央把脱贫攻坚摆在治国理政的突出位置，作为实现第一个百年奋斗目标的重点任务，纳入"五位一体"总体布局和"四个全面"战略布局，采取一系列具有原创性、独特性的重大举措，组织实施了人类历史上规模空前、力度最大、惠及人口最多的脱贫攻坚战。经过全党全国各族人民共同努力，我国脱贫攻坚战取得全面胜利，完成了消除绝对贫困的艰巨任务，创造了又一个彪炳史册的人间奇迹。

金融扶贫，特别是政策性金融扶贫是国家层面的重要制度安排。中国农业发展银行作为我国唯一的农业政策性银行，自1994年成立以来，始终将服务国家战略和"三农"事业发展作为重要政治任务和职责使命，聚焦重点区域领域，特别是对贫困地区加大支持力度，资产规模突破8万亿元，贷款余额7.37万亿元，是我国农村金融体系中的骨干和主力。党中央打响脱贫攻坚战以来，农发行在全国金融系统率先发力，确立以服务脱贫攻坚统揽业务发展全局，坚定金融扶贫先锋主力模范目标不动摇，构建全行全力全程扶贫工作格局，大力支持易地扶贫搬迁、深度贫困地区、产业扶贫、"三保障"专项扶贫、定点扶贫、东西部扶贫协作和"万企帮万村"行动等，全力以赴支持打赢脱贫攻坚战。

脱贫攻坚期，农发行累计投放精准扶贫贷款2.32万亿元，占全国精准扶贫贷款投放额的四分之一；2020年末扶贫贷款余额1.5万亿元，投放额和余额始终稳居全国金融系统首位；连续5年荣获全国脱贫攻坚奖，5个集体和3名个人在全国脱贫攻坚总结表彰大会上荣获表彰，在历年中央单位定点扶贫成效评价中均获得"好"的等次，树立了"扶贫银行"的品牌形象，为脱贫攻坚战全面胜利贡献了农业政策性金融的智慧和力量。

习近平总书记指出："脱贫攻坚不仅要做得好，而且要讲得好。"2021年，农发行党委决定组织编纂"中国农业发展银行服务脱贫攻坚系列丛书"，系统总结政策性金融扶贫的成功经验，传承农发行服务脱贫攻坚精神，为支持巩固拓展脱贫攻坚成果、全面推进乡村振兴提供启示和借鉴。系列丛书共6册，依次为《农业政策性银行扶贫论纲》《中国农业发展银行金融扶贫"四梁八柱"》《中国农业发展银行金融扶贫模式》《中国农业发展银行定点扶贫之路》《金融扶贫先锋》《我所经历的脱贫攻坚故事》，从理论思想、体制机制、产品模式、典型案例、先进事迹等维度，全景式展现农发行服务脱贫攻坚的历史进程和实践经验。

本书为系列丛书第二册，重点介绍农发行为构建全行全力全程扶贫工作格局，在顶层规划、体制机制、政策产品、管理保障等方面所作的制度安排。课题组深入挖掘了政策性金融扶贫各项政策制度的基础资料，尽可能地还原制度形成过程的政策背景、决策考量、实践问题等，力求厘清政策性金融扶贫制度演变的发展脉络，以期为服务乡村振兴的制度探索提供借鉴。

在一年多的研究写作过程中，课题组得到了来自农发行系统内外各位领导的悉心指导和各级行、各部门的大力支持。在此，谨向长期以来关心、支持和直接参与农发行服务脱贫攻坚工作的各级领导表示衷心感谢，向奋战在脱贫攻坚一线、为政策性金融扶贫事业作出贡献的广大同仁致以崇高的敬意！

由于作者水平有限，书中难免有疏漏、不当之处，敬请读者批评指正。

"中国农业发展银行服务脱贫攻坚系列丛书"编写委员会
2022年6月

目录
CONTENTS

总　论

第一章　顶层规划

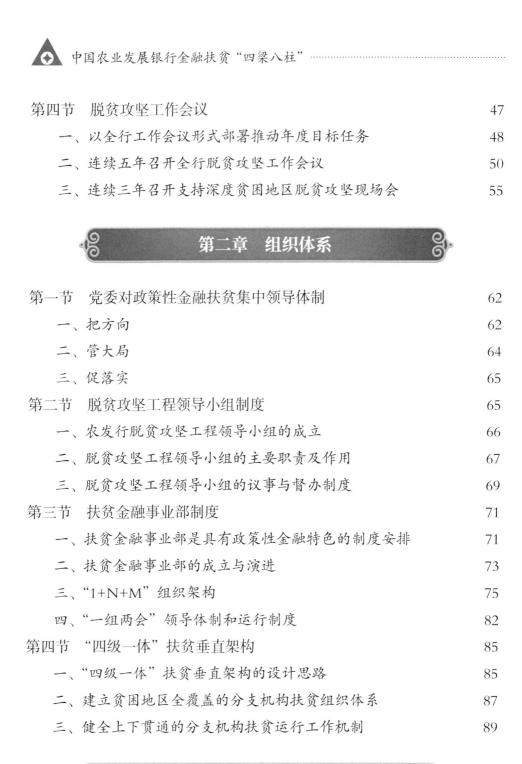

第四章 政策体系

第五章　产品体系

第八章　精准管理体系

附　录

总 论

中国农业发展银行（以下简称农发行）金融扶贫"四梁八柱"是农发行以习近平新时代中国特色社会主义思想、习近平总书记关于扶贫工作的重要论述为指引，落实精准扶贫、精准脱贫基本方略，在全力服务打赢脱贫攻坚战的实践中，坚持以服务脱贫攻坚统揽业务发展全局，坚定金融扶贫先锋主力模范目标，健全全行全力全程扶贫工作格局，通过不断探索实践和改革创新，逐步建立和完善的规划制度、机制流程、模式方法等。"四梁八柱"由"一套规划＋九大体系"组成，"一套规划"是指农发行服务脱贫攻坚的顶层规划，"九大体系"是指与顶层规划相配套的服务脱贫攻坚组织体系、责任体系、政策体系、产品体系、定点扶贫体系、社会扶贫体系、精准管理体系、风险防控体系、支撑保障体系。"四梁八柱"是农业政策性银行金融扶贫的总体框架，农发行服务脱贫攻坚的各项工作都在此框架下展开，并通过实践反过来完善这一框架体系。在"四梁八柱"与服务脱贫攻坚具体实践的有机互动过程中，农发行探索出了一条具有政策性金融特色的金融扶贫道路，服务脱贫攻坚工作取得了突出成效，在支持脱贫攻坚战全面胜利中贡献了农发行智慧和力量。

一、设计建立政策性金融扶贫"四梁八柱"是贯彻新时期扶贫开发战略的客观需要

党的十八大以来，以习近平同志为核心的党中央把脱贫攻坚纳入"五位一体"总体布局和"四个全面"战略布局，摆到治国理政的突出位置，采取一系列具有原创性、独特性的重大举措，组织实施了人类历史上规模空前、力度最大、惠及人口最多的脱贫攻坚战。2015年底，中央扶贫开发工作会议召开，习近平总书记发表重要讲话，明确以精准扶贫、精准脱贫为基本方略，动员举全党全国全社会之力打赢脱贫攻坚战。会后，党中央、国务院正式印发《中共中央 国务院关于打赢脱贫

攻坚战的决定》，全面打响脱贫攻坚战。

金融扶贫是国家层面的重要制度安排，党中央、国务院对金融扶贫特别是政策性银行扶贫作出了明确的部署和要求。习近平总书记强调，"加大对脱贫攻坚的金融支持力度，特别是要重视发挥好政策性金融和开发性金融在脱贫攻坚中的作用"①。《中共中央　国务院关于打赢脱贫攻坚战的决定》强调，"加大金融扶贫力度"，"鼓励和引导商业性、政策性、开发性、合作性等各类金融机构加大对扶贫开发的金融支持"。作为我国唯一的农业政策性银行，农发行全力支持打赢脱贫攻坚战，既是党中央交办的重大政治任务，也是服务"三农"的职责使命。

脱贫攻坚战是一项复杂的系统工程，需要有完整系统的战略部署和工作体系。习近平总书记指出，"脱贫攻坚要取得实实在在的效果，关键要找准路子，构建好的体制机制"。对于政策性金融扶贫而言，为了更好地贯彻落实党中央、国务院脱贫攻坚决策部署，更好地满足贫困地区对金融扶贫的需求，更好地适应农业政策性银行的职能定位，有必要探索建立一套系统完善的金融扶贫顶层设计和配套制度体系。

第一，在明确时限内完成打赢脱贫攻坚战的目标任务，需要以服务脱贫攻坚统揽全局，建立全行全力全程扶贫工作格局。脱贫攻坚是全面建成小康社会必须完成的硬任务。新时期脱贫攻坚的目标，集中到一点，就是到2020年实现"两个确保"②。政策性金融支持实现这一目标，必须坚持党的集中统一领导，在中央脱贫攻坚总体战略下统筹谋划政策性金融扶贫的顶层设计，建立完善的制度框架和高效的组织责任体系，发挥社会主义制度可以集中力量办大事的优势，把服务脱贫攻坚作为重中之重的中心工作，将党中央、国务院的脱贫攻坚战略思想和决策部署贯穿落实到农发行改革创新、业务发展、履行职能的全过程和各方面，

---

① 2015年11月27日，习近平总书记在中央扶贫开发工作会议上的讲话。
② 两个确保：确保农村贫困人口实现脱贫，确保贫困县全部脱贫摘帽。引自2015年11月27日，习近平总书记在中央扶贫开发工作会议上的讲话。

推动各项工作、各种资源、各方力量向服务脱贫攻坚聚合，实现全行全力全程、优先优惠优化服务脱贫攻坚。

第二，落实精准扶贫、精准脱贫基本方略，需要适应新时期开发式扶贫的需要，建立符合贫困地区金融需求的扶贫政策产品服务体系。扶贫开发贵在精准，重在精准，成败之举在精准[①]。打好脱贫攻坚战，关键是聚焦再聚焦、精准再精准[②]。政策性金融通过项目化方式支持贫困地区经济和产业发展，通常并非直接作用于建档立卡贫困人口，必须在深刻理解精准方略的基础上，回应贫困地区开发式扶贫的金融需求，按照"六个精准[③]"要求设计金融产品、服务模式、管理流程，将精准方略转化为易操作、能落地、可监管的金融扶贫产品服务，实现从"大水漫灌"到"精准滴灌"的理念转变。

第三，提高服务脱贫攻坚的质量和效率，需要依托银行业成熟先进的管理理念，建立符合监管要求的金融扶贫机制流程和管理体系。脱贫攻坚战不仅要如期打赢，更要坚决打好。扶贫工作必须务实，脱贫过程必须扎实，脱贫结果必须真实[④]。政策性金融在坚持社会效益优先的同时，也要遵循银行规律和市场规律，必须将金融扶贫制度体系建设融入全行体制机制改革，充分利用先进的金融手段和管理理念，从内部加强金融扶贫业务全流程标准化管理，实现加大投入与提高效率、聚焦短板与防控风险、让利于贫与财务持续的平衡，同时为农发行自身创新发展、履职担当提供借鉴。

农发行以上述客观需要为出发点，在习近平新时代中国特色社会主义思想、习近平总书记关于扶贫工作的重要论述的指引下，探索建立和

---

① 2015年6月18日，习近平总书记在部分省区市扶贫攻坚与"十三五"时期经济社会发展座谈会上的讲话。
② 2017年12月18日，习近平总书记在中央经济工作会议上的讲话。
③ 六个精准：扶贫对象精准，措施到户精准，项目安排精准，资金使用精准，因村派人精准，脱贫成效精准。
④ 2017年6月23日，习近平总书记在深度贫困地区脱贫攻坚座谈会上的讲话。

不断完善金融扶贫的体制机制、制度体系——"四梁八柱"。这一实践过程的总体目标就是：推动农发行成为金融扶贫的先锋、主力和模范。当先锋，就是走在前、闯在先，坚持创新驱动，通过创新机制、创新手段、创新模式，不断探索既有力支持脱贫攻坚又有效控制信贷风险的成功道路，引领社会资金持续加大投入。担主力，就是讲政治、敢担当，围绕脱贫攻坚重点领域和薄弱环节，持续精准发力，发挥好资金主渠道和主力军作用，成为执行国家意志的国之重器。做模范，就是当标杆、做表率，坚守精准方略，引领和推动金融扶贫高质量发展，确保经得起历史和实践的检验，得到社会各界广泛认可。自2015年起，这一目标贯穿了农发行建立完善金融扶贫"四梁八柱"的全过程，历经风险挑战和困难考验始终不动摇，成为政策性金融扶贫制度探索的重要指引。

二、政策性金融扶贫"四梁八柱"的建立和完善是一个不断实践探索的过程

农发行从1994年成立之初就承担了国家规定的信贷扶贫等农业政策性金融业务，支持国家扶贫攻坚计划，在长期根植"三农"、服务"三农"、深耕"三农"的过程中，积累了支持农村贫困地区发展的丰富经验和专业能力。2015年，脱贫攻坚已经到了啃硬骨头、攻城拔寨的冲刺阶段，所面对的都是贫中之贫、困中之困，采取常规思路和办法、按部就班推进难以完成任务[①]。农发行在新时期扶贫开发战略的总体框架下，基于原有体制机制和扶贫经验，逐步探索建立金融扶贫"四梁八柱"。这一过程分为两个阶段：

——2015年至2018年为探索建立阶段。自中央扶贫开发工作会议召开后，党中央、国务院和地方政府等多个层面的脱贫攻坚制度体系迅速

---

① 2015年11月27日，习近平总书记在中央扶贫开发工作会议上的讲话。

建立。农发行以高度的政治自觉，在全国金融机构中率先响应党中央脱贫攻坚战略，开展了一系列卓有成效的探索。作为农发行服务脱贫攻坚战略全局的前提和基础，这一阶段的核心任务是，通过强化顶层设计，尽快建立一套相对成形的体制机制、制度流程、框架体系，将精准扶贫、精准脱贫基本方略同农发行实际相结合，明确政策性金融扶贫的思路方向、目标任务、手段措施，从而广泛动员全行力量、凝聚全行共识，为落实中央决策部署打好基础。

在探索建立阶段，"四梁八柱"的各个体系都实现了从无到有的突破。随着这一制度体系的逐步成形，政策性金融扶贫各项工作迅速全面铺开。在顶层设计层面，制定了政策性金融扶贫五年规划，对脱贫攻坚期各项工作进行总体谋划，并将中长期任务分解至每个年度，以召开全行脱贫攻坚工作会议的形式部署、推动、落实。在组织体系方面，成立了总行和省级分行脱贫攻坚工程领导小组、扶贫金融事业部及其分部、扶贫综合业务部及其条线，建立了完整的省市县扶贫分支机构体系，实现了总行党委决策部署的有效传达和农发行对贫困地区金融服务的全面覆盖。在责任体系方面，建立了"四级书记"抓扶贫责任制，形成了清单制的任务分解督办制度、多维度的考核评价体系，以及金融扶贫的监督问责机制。在政策体系方面，建立了金融扶贫的总体信贷政策体系，并在准入、利率、期限、担保等方面出台了一系列专门针对金融扶贫的配套政策，成立了国家级和省级政策性金融扶贫实验示范区，加快推进扶贫政策创新。在产品体系方面，先后研发推出了易地扶贫搬迁、光伏扶贫、扶贫过桥、旅游扶贫、网络扶贫、教育扶贫、扶贫批发等专项产品，将农发行原有的全部产品应用于扶贫领域，并探索出了"吕梁模式"等贷款模式。在定点扶贫体系方面，建立了行领导包点负责、派驻"三人小组"等制度，初步形成了融资、融智、融商、融情"四融一体"帮扶工作格局，探索出了定点扶贫招商引资对接会等行之有效的工作方法。在社会扶贫体系方面，与政银企广泛开展扶贫合作，探索了金融支持东西部扶贫协作、"万企帮万村"精准扶贫行动的工作机制和实施路径。在精准管理体系方面，建立了金融精准扶贫贷款认定制度，及其配套的管理流程、台账工具等。在风险防控体系方面，建立了金融扶贫的管理、风险防控等制度，实现了重点贷款产品的封闭运行管理。在支撑保障体系方面，建立了抓党建促扶贫的工作机制，信贷、资金、财务、人力等资源向脱贫攻坚倾斜，建立了台账、监测、核算等五大基础工程体系。

——2018年为两个阶段的"分水岭"。经过脱贫攻坚战以来的探索，在国家层面，党中央确定的中央统筹、省负总责、市县抓落实的管理体制得到有效贯彻，"四梁八柱"性质的脱贫攻坚顶层设计基本形成①。2018年2月，习近平总书记作出重要判断：脱贫攻坚取得了决定性进展，建立了中国特色脱贫攻坚制度体系②。在农发行层面，经过三年的创新探索，金融扶贫体制机制逐步建立。2018年4月，农发行党委在年度脱贫攻坚工作会议上指出："政策性金融扶贫'四梁八柱'基本形成。"这标志着农发行服务脱贫攻坚的"一套规划＋九大体系"架构已经成形，各体系的协同配套关系基本清晰，"四梁八柱"在金融扶贫实践中有效发挥了引领和支撑作用，农发行服务脱贫攻坚的制度探索进入了新的阶段。

——2018年至2020年为成熟完善阶段。党的十九大把精准脱贫作为决胜全面建成小康社会必须打好的三大攻坚战之一，作出了新的部署。从脱贫攻坚任务看，攻克深度贫困堡垒、解决"两不愁三保障"突出问题、克服疫情影响、解决剩余贫困等任务十分艰巨，需要政策性金融聚焦重点区域领域，继续加大支持力度。从脱贫攻坚工作看，一些影响脱贫攻坚有效推进的问题客观存在，中央脱贫攻坚专项巡视和"回头看"也对农发行金融扶贫工作提出了具体整改要求，必须更加注重提高脱贫

---

① 2017年6月23日，习近平总书记在深度贫困地区脱贫攻坚座谈会上的讲话。
② 2018年2月12日，习近平总书记在打好精准脱贫攻坚战座谈会上的讲话。

攻坚工作质量。此外，由于国家进一步规范金融企业投融资行为，金融扶贫的外部政策环境发生了改变，传统的业务模式亟待转型。总之，这一阶段政策性金融扶贫的任务更重、要求更高、难度更大，必须在"四梁八柱"的框架基础上，针对形势任务和工作要求的变化进行调整完善，推进金融扶贫的各项制度体系更加成熟完善。

在成熟完善阶段，"四梁八柱"各个体系的内涵更加丰富，体系间的协同配合更加顺畅，政策性金融扶贫的工作质量得到了进一步提升。在顶层设计层面，制订了支持打赢脱贫攻坚战三年行动方案，针对党中央部署的脱贫攻坚重点任务，继续以年度脱贫攻坚工作会议等形式部署推动。在组织体系方面，做实扶贫金融事业部及其分部，完善了"1+N+M"[①]组织架构，建立了"一组两会"[②]领导机制和议事协调机制，各级行、各部门间的扶贫工作合力明显增强。在责任体系方面，完善行领导包片负责制，组织签订脱贫攻坚责任书，进一步压实"四级书记"抓金融扶贫责任，开展挂牌督战，完善督办约谈和考核评价工作机制。在政策体系方面，针对"三区三州"[③]等深度贫困地区、52个未摘帽贫困县、定点扶贫县等重点区域，创新推出了一系列差异化支持政策，政策倾斜力度进一步增大。在产品体系方面，进一步研发推出了健康扶贫、贫困村提升工程、产业扶贫等产品，整合全行产业扶贫产品政策，创新探索了产业化联合体、自营模式、PPP模式等金融扶贫模式。在定点扶贫体系方面，形成了省级分行和对口部室负总责、东部分行对口帮扶、市县行和"三人小组"抓落实的定点扶贫工作机制，持续深化"四

---

① "1+N+M"，即扶贫综合业务部+扶贫金融事业部组成部门+扶贫金融事业部成员单位。
② "一组两会"，即脱贫攻坚工程领导小组、扶贫金融事业部执行委员会、扶贫金融事业部总裁办公会。
③ 三区三州："三区"是指西藏自治区和青海、四川、甘肃、云南四省藏区及南疆的和田地区、阿克苏地区、喀什地区、克孜勒苏柯尔克孜自治州四地区；"三州"是指四川凉山州、云南怒江州、甘肃临夏州。"三区三州"是国家层面的深度贫困地区，是国家全面建成小康社会最难啃的"硬骨头"。

融一体"帮扶工作格局。在社会扶贫体系方面,建立东西部扶贫协作结对关系、"万企帮万村"精准扶贫行动的四方合作机制,深化同政银企各界的扶贫合作,创新开展消费扶贫等多种形式的帮扶。在精准管理体系方面,以精准认定为基础,建立了扶贫贷款精准质效全流程管理制度,更加注重提升扶贫贷款质效,进一步夯实了精准管理的科技支撑。在风险防控体系方面,将扶贫贷款风险防控融入全行全面风险管理体系,进一步细化完善扶贫贷后管理、风险监测处置等制度细则。在支撑保障体系方面,继续坚持抓党建促脱贫攻坚,进一步加大各项资源倾斜力度,建立扶贫作风建设工作机制,金融扶贫的巡视、审计、纪检监督等制度更加完备。

三、政策性金融扶贫"四梁八柱"在服务脱贫攻坚中发挥了重要作用

经过五年多的实践探索,农发行金融扶贫"四梁八柱"逐步建立完善,"一套规划+九大体系"的架构体系趋于成熟定型,各个体系间的系统协同更加顺畅高效,在农发行实现金融扶贫先锋主力模范目标的过程中,发挥了重要的全局性、框架性、基础性作用。

——党对政策性金融扶贫的领导更加坚强有力。通过构建顶层规划体系,农发行党委将习近平总书记关于扶贫工作重要论述和党中央、国务院脱贫攻坚决策部署同政策性金融实际有机结合,在制定政策举措、完善体制机制、协调全局问题等方面发挥了"把方向、管大局"的重要作用,领导政策性金融扶贫的思路、路径、框架更加清晰完善,确保服务脱贫攻坚始终保持正确的前进方向。通过构建组织体系和责任体系,农发行党委建立了上下贯通、执行有力的全行扶贫工作格局,合理确定了各级分支机构的扶贫职责分工,有效压实"四级书记"责任,解决了"谁来扶"的问题,既要高位部署、强力推动,确保党的决策部署不折

不扣、及时高效地贯彻落实到各级机构，也要下沉重心、因地制宜，充分激发各级机构的积极性和主动性。

——政策性金融扶贫的工具手段更加丰富完备。通过构建政策体系，从一般信贷政策、扶贫信贷政策、差异化支持政策三个层次，为实现优先优惠、倾力倾斜服务脱贫攻坚提供完备的政策措施，确保符合国家扶贫战略导向、贫困地区金融需求、外部监管要求。通过构建产品体系，精准回应开发式扶贫需求，对接"五个一批"设计针对性的专项信贷产品，将农发行业务范围内的各种产品模式全部应用于服务脱贫攻坚，解决了"怎么扶"的问题。伴随着政策产品等工具手段的丰富，政策性金融扶贫的理念也更加成熟完善。

——政策性金融扶贫的工作合力更加广泛凝聚。通过构建定点扶贫体系和社会扶贫体系，积极参与构建"三位一体"大扶贫工作格局，同政银企各界深入开展扶贫合作，充分发挥了政策性金融的机构、行业、客户优势，确保各方合力充分动员、各项资源有效倾斜。同时，将定点扶贫作为金融扶贫"四梁八柱"创新探索的"试验田"，进一步丰富拓展了政策性金融扶贫及其制度体系的内涵，实现了从融资为主向融资、融智、融商、融情"四融一体"的转变。

——政策性金融扶贫的精准管理更加坚实可靠。通过构建精准管理体系，将"六个精准"思想精髓转化为易操作、能落地、可监管的管理要求，实现了国家金融精准扶贫贷款专项统计制度同农发行扶贫业务全流程的深度融合，解决了"扶持谁"的问题，确保有限的信贷资源转化为实际的扶贫成效。通过构建风险防控体系和支撑保障体系，提高经营管理的效率水平，适度承担和消化部分风险损失，防止出现因债致贫返贫，确保在让利于贫的同时坚决守住风险底线。

在"四梁八柱"的支撑保障下，农发行政策性金融扶贫工作经历了中央脱贫攻坚专项巡视和"回头看"等内外部监督检查的检验，经受了外部政策环境变化和新冠肺炎疫情等"加试题"的考验，始终保持了正确的前进方向和旺盛的生机活力。实践证明，农发行金融扶贫"四梁八柱"是行得通、真管用、有效率的富有生命力的制度框架体系。

五年多来，农发行在"四梁八柱"体系下推进政策性金融扶贫工作，坚决有力地贯彻落实党中央、国务院关于脱贫攻坚的各项决策部署，精准合规地满足贫困地区和贫困群众的金融服务需求，有效发挥了政策性银行"当先导、补短板、逆周期"职能，充分彰显了金融扶贫先锋主力模范作用，服务脱贫攻坚取得了突出成效。截至2020年末，农发行累计投放精准扶贫贷款2.32万亿元，贷款余额1.5万亿元，投放额和余额均居全国金融系统首位；连续5年荣获全国脱贫攻坚奖，是唯一连续获奖的金融单位，共有80余个集体和个人荣获省部级以上脱贫攻坚奖项；在全国脱贫攻坚总结表彰大会上，共有5个集体和3名个人获得表彰，是获得表彰最多的金融机构；在各省（自治区、直辖市）脱贫攻坚总结表彰中，共有63个集体和46名个人获得表彰，是获得表彰总数最多的金融机构。"扶贫银行"品牌形象深入人心。

在服务政策性金融扶贫中心工作的同时，"四梁八柱"深度融入全行的体制机制改革，深化了党对农业政策性银行的领导，有效促进了农发行治理体系和治理能力现代化水平提升。通过探索建立金融扶贫"四梁八柱"，农发行对于"三农"发展规律特别是扶贫减贫规律的理解，以及对政策性银行运行规律和"三位一体"办行理念①的认识不断深化；履行政策性银行职能的体制机制、政策产品、管理模式持续创新丰富，制度执行力不断提升；以"务实进取奉献　先锋主力模范"服务脱贫攻坚精神为代表的文化理念体系更加丰富，懂扶贫、会帮扶、作风硬的扶贫干部队伍迅速壮大，"支农为国、立行为民"职责使命和"家国情怀、专业素养"职业精神深入人心，讲忠诚、有情怀、接地气、肯担当成为农发行人的典型特质。

---

① "三位一体"办行理念：执行国家意志、服务"三农"需求、遵循银行规律。

四、政策性金融在建立完善"四梁八柱"过程中积累了宝贵的实践经验

在农发行服务脱贫攻坚实践中，"四梁八柱"高效有序运行，为实现金融扶贫先锋主力模范目标发挥了重要作用。"四梁八柱"取得突出成效，靠的是党中央坚强领导，靠的是农发行党委的统筹谋划和强力推动，靠的是全行体制机制改革提供的有利环境和坚实支撑，靠的是全行干部员工的创新探索和艰苦奋斗。在"四梁八柱"建立和完善的过程中，农发行积累了一系列宝贵的经验。

——坚持党的领导、理论引领。始终坚持以习近平新时代中国特色社会主义思想和习近平总书记关于扶贫工作重要论述为指导，坚决落实党中央、国务院脱贫攻坚战略部署，不断加强党委对全行服务脱贫攻坚的集中统一领导，确保政策性金融扶贫"四梁八柱"的探索完善始终沿着正确方向前进。

——坚持顶层设计、系统完备。坚持统筹谋划和整体设计，找准在国家脱贫攻坚战略中的定位，以规划形式明确整个脱贫攻坚期的目标任务和实施路径，推动形成全行共识。注重增强改革的系统性、整体性、协同性，推动金融扶贫"四梁八柱"同全行体制机制改革深度融合，做好各体系间的统筹兼顾和综合平衡，形成同频共振、力出一孔的工作局面。

——坚持精准施策、创新驱动。落实精准方略，针对不同资源禀赋和致贫原因，精准推出适应扶贫开发需要的政策产品模式措施。坚持将创新作为第一驱动力，针对形势任务变化，不断探索超常规举措，尊重基层实践，鼓励先行先试，营造容错空间，使创新贯穿政策性金融扶贫全过程和各方面。

——坚持广泛动员、协同高效。注重发挥系统、行业、客户优势，汇聚各级行、各部门和行内外力量，从融资、融智、融商、融情各环节

和人财物各方面倾斜投入。坚持尽锐出战，不断优化运行机制和工作流程，主动打破条线分割，积极破解"上热中温下凉"问题，实现上下贯通、协同联动。

——坚持质效优先、协调持续。坚持把社会效益放在首位，保本经营、让利于贫，强化扶贫贷款利益联结机制，不断提升扶贫工作质效。注重发挥银行业先进管理理念、工作流程对服务脱贫攻坚的支撑保障作用，加强合规管理，有效防控风险，推动政策性金融扶贫高质量、可持续发展。

——坚持求真务实、较真碰硬。坚持把全面从严治党要求贯穿服务脱贫攻坚工作的全过程和各环节，体现到"四梁八柱"的各个体系，从严要求、真抓实干、强化监督检查和考核评价，更加注重提高质量、有效落实，做到扶真贫、真扶贫，确保金融扶贫成效经得起实践检验。

五、全力服务巩固拓展脱贫攻坚成果同乡村振兴有效衔接、全面推进乡村振兴，必须继续坚持和完善政策性金融扶贫制度探索的成功经验

脱贫攻坚战的全面胜利，标志着中华民族千百年来的绝对贫困问题得到了历史性的解决。脱贫摘帽不是终点，而是新生活、新奋斗的起点[1]。打赢脱贫攻坚战、全面建成小康社会后，要在巩固拓展脱贫攻坚成果的基础上，做好乡村振兴这篇大文章，接续推进脱贫地区发展和群众生活改善[2]，防止发生规模性返贫和新的致贫。党中央明确，脱贫攻坚目标任务完成后，设立5年过渡期，要求根据形势变化，厘清工作思路，做好过渡期内领导体制、工作体系、发展规划、政策举措、考核机制等有效衔接。

---

[1] 2021年2月25日，习近平总书记在全国脱贫攻坚总结表彰大会上的讲话。
[2]《中共中央 国务院关于实现巩固拓展脱贫攻坚成果同乡村振兴有效衔接的意见》。

金融支持实现脱贫攻坚同乡村振兴的有效衔接，需要在保持帮扶政策总体稳定的基础上，分类有序调整优化。一方面，乡村振兴与脱贫攻坚在思想内涵上一脉相承、目标任务上层层递进、实践路径上前后衔接、工作方法上互融互通，有必要传承和发扬好金融扶贫的成功经验做法，推动领导体制、政策举措、机制流程、保障措施等工作体系整体向服务乡村振兴转换。另一方面，全面实施乡村振兴战略的深度、广度和难度都不亚于脱贫攻坚，主要矛盾、任务重心、工作要求都不尽相同，对金融支持提出了更高要求，必须适应形势任务变化，持续推动金融帮扶工作体系的创新和完善。

新的历史时期，农发行主动适应"三农"工作重心的历史性转移，坚持"服务乡村振兴的银行"战略定位，提出"以服务乡村振兴统揽新发展阶段支农业务"，坚定先锋主力模范目标不动摇，全力服务巩固拓展脱贫攻坚成果、全面推进乡村振兴。作为支撑实现这一战略转段的体制机制基础和政策制度保障，必须继续坚持和完善、继承和发展政策性金融扶贫"四梁八柱"。

第一，在巩固成果方面做到"四个不减"。按照保持帮扶政策总体稳定的要求，继续坚持和用好"四梁八柱"的体制机制和政策制度体系。一是保持组织领导不减弱，继续坚持党委对帮扶工作的全面领导和统一部署，统筹谋划全力服务巩固拓展脱贫攻坚成果、全面推进乡村振兴的顶层规划，确保党中央决策部署在农发行落地见效；优化调整组织体系，巩固和完善"四级书记"一起抓、全行一起干、各部门分工协作的工作格局。二是保持扶持政策不减少，分类优化调整、充实完善政策性金融扶贫政策体系和产品体系，根据需要创新研发新的政策产品模式；优化支撑保障体系，推动人力资源、财务资源、信贷资源等继续向脱贫地区倾斜让利。三是保持工作要求不减轻，完善责任体系，确保帮扶工作责任、工作质量、工作效能不低于脱贫攻坚期总体水平；深化定点扶贫体系，坚决扛起定点帮扶政治责任。四是保持考核标准不减低，传承政策性金融扶贫考核评价、监督检查的工作经验，建立金融服务乡村振兴和支持巩固拓展脱贫攻坚成果同乡村振兴有效衔接两个层次考核体系，保持考核力度不减。

第二，在拓展成效方面抓好"四个坚持"。坚持和传承好"四梁八柱"实践探索中积累的宝贵经验，作为探索完善新阶段"四梁八柱"的重要指导原则。一是坚持精准高效，突出因地制宜、分类施策，统筹考虑先脱贫县和后脱贫县、一般脱贫县和乡村振兴重点帮扶县，针对不同发展阶段、发展任务、金融需求，采取更具针对性、差异化的政策举措，不断提升信贷资金支持的精准度和有效性。二是坚持创新发展，立足新发展阶段，适应新发展需求，在用好用足现有金融服务工具手段的基础上，不断向创新要动力，坚持顶层设计与基层首创相结合，进一步创新机制政策、产品模式、管理手段，提升金融服务水平。三是坚持突出产业，聚焦产业兴旺这一乡村振兴的关键，发挥农业政策性金融支持农村产业方面的优势特长，突出支持乡村特色产业发展，加强农业基础设施建设，打造农业全产业链，夯实乡村全面振兴的农业产业基础和物质保障。四是坚持协调持续，持续强化各体系间的协同配合，更加注重优化金融投入结构和长期效果，统筹平衡好执行政策、发展业务与风险防控的内在关系，全面夯实管理基础，实现业务高质量发展。

第三，在平稳过渡方面推进"五个衔接"。主动适应形势任务和主要矛盾的变化，对"四梁八柱"的各体系进行创新调整、改进完善。一是做好政策衔接，将支持巩固拓展脱贫攻坚成果同乡村振兴有效衔接作为政策性金融"十四五"规划重要内容，统筹谋划部署；继续在全行信贷政策指引中明确支持有效衔接的信贷政策和配套政策，引导资金聚焦支持；全面梳理服务脱贫攻坚的各项差异化支持政策，适当调整优化和补充完善。二是做好制度衔接，按照国家最新政策规定，及时修订金融扶贫贷款的认定管理、统计监测、贷款管理等制度，跟进加强配套系统建设；对标监管部门考核要求，建立内部考核评价制度体系，科学设置考核指标和权重，引导聚焦重点区域领域，加大支持力度。三是做好产品衔接，全面对接国家政策要求和脱贫地区金融需求，优化改进脱贫攻坚专项扶贫产品，创新研发新的金融支持模式，丰富金融帮扶工具，形成广覆盖、有特色的金融服务产品体系。四是做好工作衔接，坚持政府引导、规划先行、政策协同，继续深化同国家部委、地方政府、金融同业和客户企业的合作关系，积极参与各地"十四五"规划编制，通过签订战略合作协议等方式，将政府引导支持同发挥市场作用充分结合。五是做好机制衔接，调整优化服务巩固拓展脱贫攻坚成果、全面推进乡村振兴的领导决策体制和议事协调机制，提高科学决策、高效落实的能力水平，强化全行帮扶工作格局和工作合力。

实践证明，农发行金融扶贫"四梁八柱"是符合农业政策性银行实际的制度体系。历史唯物主义的立场观点方法告诉我们，好的制度既不是天上掉馅饼、凭空出现的，也不是在任意条件下都长期适用、一成不变的，而是根据主要矛盾和形势任务的变化，在科学理论指导下，通过顶层设计与基层探索相结合，不断创新实践得来的。这注定了"四梁八柱"是一套发展的、辩证的、联系的、实践的，而非静止的、孤立的、片面的、空想的体系。

脱贫攻坚战全面胜利后，政策性金融正在由全力服务脱贫攻坚向全力支持巩固拓展脱贫攻坚成果、全面推进乡村振兴战略转段，"四梁八柱"的实践探索不会因金融扶贫任务的完成而停止，仍将在新的历史条件下长期持续、不断深化。本书以"一套规划＋九大体系"为主线，分10章对农发行服务脱贫攻坚的各类制度安排进行梳理，在充分挖掘相关资料的基础上，力求尽可能还原"四梁八柱"形成和完善过程中的政策背景、决策考虑、思路方向、实践经验，在此基础上厘清政策性金融扶贫制度演变的发展脉络，希望能为下一步全力服务乡村振兴提供借鉴。

第一章
顶层规划

在中央统筹、省负总责、市县抓落实的管理体制中，中央统筹，就是要做好顶层设计[①]。自中央扶贫开发工作会议召开后，国家层面先后出台了《中共中央　国务院关于打赢脱贫攻坚战的决定》《"十三五"脱贫攻坚规划》《中共中央　国务院关于打赢脱贫攻坚战三年行动的指导意见》等一系列关于脱贫攻坚的规划意见，阐明了脱贫攻坚战的总体思路、目标任务、重大举措，为指导全国脱贫攻坚工作提供了行动指南，也为各部门各地区制定扶贫专项规划提供了重要依据。为了细化落实中央决策部署，国家各相关部委先后出台配套的政策文件、规划方案200多个，各地区也结合本地实际，相继参照出台和完善了"1+N"脱贫攻坚规划和政策体系。

用顶层规划的形式谋划和推动政策性金融扶贫工作，是农发行党委的重要职责，也是农发行服务脱贫攻坚的重要手段。农发行服务脱贫攻坚顶层规划分为两类：一是对接党中央、国务院脱贫攻坚规划制定的中长期规划，包括《中国农业发展银行政策性金融扶贫五年规划》（以下简称《五年规划》）和《中国农业发展银行支持打赢脱贫攻坚战三年行动方案》（以下简称《三年行动方案》），对整个五年攻坚期内政策性金融扶贫工作进行全面系统部署，将农发行党委服务脱贫攻坚的主张转化为全系统的路线图、时间表、任务书。二是通过每年召开全行范围的脱贫攻坚工作会议，落实党中央、国务院最新脱贫攻坚决策部署，按照长期规划和短期部署衔接配合的原则，将《五年规划》和《三年行动方案》目标任务分解至每个年度，做好年度间的综合平衡、工作侧重，并适应脱贫攻坚形势任务变化及时调整，实现分步实施、接力推进、滚动落实，确保任务如期完成。

农发行以政策性金融扶贫的顶层规划体系为统领，以服务脱贫攻坚各具体领域的专项指导意见为基础，以政策、制度、产品、模式为支

[①] 2018年2月12日，习近平总书记在打好精准脱贫攻坚战座谈会上的讲话。

撑，强化各层级间的纵向衔接和各政策制度间的横向协调，构建起健全统一的政策体系。同时，高度重视落实顶层规划的支撑保障，对规划明确的指标任务、重点工作，逐项明确责任主体和时限要求，列入任务清单予以督办。

第一节　政策性金融扶贫顶层规划的设计与实施

服务脱贫攻坚是有明确目标任务和时限要求的攻坚战，需要系统部署、统筹谋划。国家层面对制定扶贫规划提出了明确要求，各有关部门按照职责分工，制订扶贫工作行动计划或实施方案，出台相关配套支持政策，加强业务指导和推进落实[①]。通过制定顶层规划，厘清本部门工作思路，提出富有前瞻性的目标，统筹制定和部署实施全局性、基础性、针对性的重大举措，对于动员和激励全系统干部员工广泛参与服务脱贫攻坚，战胜和克服各种风险挑战，确保将党中央、国务院交办的脱贫攻坚任务落实到位，具有十分重要的意义。

一、顶层规划在"四梁八柱"中居于统领位置

在农发行金融扶贫"四梁八柱"体系中，顶层规划发挥提纲挈领作用。一方面，它直接将农发行服务脱贫攻坚的目标任务、思路方法、重点措施同国家层面的规划政策体系相衔接，具有很强的战略性、宏观性、政策性；另一方面，它也兼具指导性和约束性功能，串联起了"一套规划＋九大体系"有机结构。

（一）"四梁八柱"围绕顶层规划的指导思想展开

农发行党委深入学习领会习近平新时代中国特色社会主义思想和习

---

① 《国务院关于印发"十三五"脱贫攻坚规划的通知》。

近平总书记关于扶贫工作的重要论述，准确理解精准扶贫、精准脱贫基本方略，准确把握党中央、国务院最新脱贫攻坚决策部署精神，准确研判内外部形势，在此基础上，确定农发行服务脱贫攻坚的指导思想和基本原则。通过顶层规划体系，农发行党委将习近平总书记新时期扶贫开发战略思想与农发行实际相结合，提出了脱贫攻坚期始终坚持的一系列指导思想，例如，以服务脱贫攻坚统揽业务发展全局，坚持金融扶贫先锋主力模范目标，构建全行全力全程扶贫工作格局，将精准作为政策性金融生命线，将创新作为第一驱动力，坚持优先优惠、倾斜保障等。在建立和完善政策性金融扶贫"四梁八柱"过程中，将这些指导思想与具体工作实际相结合，确保全行在正确路线方向的指引下有条不紊地开展工作。

（二）"四梁八柱"是顶层规划工作措施的具体细化

农发行顶层规划着重从宏观层面确立服务脱贫攻坚的重点区域、重点领域、重点任务，提出指导方针、主要目标、重大举措。"四梁八柱"的各个体系，则是顶层规划框架的进一步具体化。在政策性金融扶贫实践中，农发行党委指导各级行各部门因地制宜探索"四梁八柱"体系，通过建立完善金融扶贫的政策体系、产品体系、定点扶贫体系、社会扶贫体系、精准管理体系，围绕顶层设计的各个子任务，制定详细的工作规划、实施方案、实施路径，从而将顶层规划细化、实化、具体化，形成有效的实现路径。

（三）"四梁八柱"为顶层规划落地提供支撑保障

顶层规划得以有效落实的基础是健全扶贫组织体系和责任体系，将各项规划部署分解压实，不断提升全行抓落实的能力水平，实现"如臂使指"，确保政令畅通。同时，建立支撑保障体系和风险防控体系，集中资源为实现金融扶贫目标任务提供充足的信贷、资金、财务、人力、科技支撑，以及坚强的纪律作风保障，实现"弹多粮足"，确保优先优惠。

二、政策性金融扶贫顶层规划的设计思路

设计政策性金融扶贫顶层规划需要解决的核心问题是如何高效推动党中央脱贫攻坚决策部署创造性地在农发行落地。农发行顶层规划体系的设计思路主要考虑方向、目标、路径、协调、落实五个因素。

（一）坚持正确方向

全面准确地贯彻落实党中央、国务院脱贫攻坚决策部署，在顶层规划制定过程中始终坚持民主集中制和科学规范的流程，经过学习政策、调查研究、征求意见、修改完善、集体决策、审议出台等环节，实现精准扶贫、精准脱贫基本方略与农发行实践经验相结合，确保政策性金融扶贫工作始终保持正确的前进方向。

（二）确立可行目标

按照"三个匹配"的原则确定政策性金融扶贫的总体目标：一是与扶贫责任相匹配，坚决完成党中央、国务院交办的政治任务和责任使命，金融扶贫投入力度同国家脱贫攻坚资金需求和进度保持基本一致，全力发挥农业政策性金融的职能作用。二是与能力水平相匹配，统筹考虑农发行金融扶贫的优势和劣势、机遇和挑战，通过反复测算和同业比较，提出与市场地位、前期投入相近的目标，做到有依据、可量化。三是与可持续发展相匹配，对目标开展可行性分析，充分考虑贫困地区金融承载能力，同时按照保本原则，分阶段制定和分解目标任务，做到循序渐进，防止超出能力范围设定不切实际的目标。

（三）探索方法路径

全面梳理中央提出的脱贫攻坚任务和要求，按照尽力而为、量力而行的原则，结合农发行实际特别是农发行业务范围内可以支持的领域，全部在顶层规划中予以部署和明确。同时，坚持目标导向与问题导向相统一，坚持全面规划与突出重点相协调，坚持战略性与操作性相结合，在强调导向引领作用的同时，突出实用管用，创造性地探索出有政策性

金融特色的服务脱贫攻坚方式方法。

（四）实现协调配套

坚持将服务脱贫攻坚顶层规划有机融入农发行"十三五"发展规划，坚持将《五年规划》《三年行动方案》同每年脱贫攻坚工作会议有机衔接、一脉相承，在新制定顶层规划时进一步细化完善前期规划的目标任务。同时，充分考虑"四梁八柱"各个体系同顶层规划的适配性，强化体系间配套协调，打出"组合拳"，形成规划合力。

（五）推动有效落实

把党委领导贯穿顶层规划制定实施的各领域和全过程，从组织建设、队伍建设、责任分工、考核评价、监督检查等多方面发力，对规划落实情况开展动态监测、总结评估、请示报告，实现一级抓一级、层层抓落实。

三、政策性金融扶贫顶层规划体系的建立与完善

脱贫攻坚战全面打响后，谋划部署金融扶贫顶层规划成为农发行党委统筹推动全系统服务脱贫攻坚的重要抓手，成为贯穿整个五年攻坚期、始终坚持的重要工作。

（一）初步探索

2015年6月，农发行党委按照国务院要求，着手研究谋划金融扶贫工作，并推动易地扶贫搬迁首战告捷。中央扶贫开发工作会议结束后仅隔一天，农发行召开全行贯彻落实中央扶贫开发工作会议精神动员会，对照中央扶贫开发工作会议明确安排的金融扶贫任务逐项作出部署，政策性金融扶贫的战略框架初步探索成形。

（二）正式建立

2016年春节刚过，农发行党委决定筹备召开首次全行脱贫攻坚会议，并组织起草拟提交会议研究的扶贫规划文件。4月，农发行党委对政

策性金融扶贫五年规划的总体思路提出了要求①，要求有清晰可量化的目标，在资源保障、组织机构、运行机制、信贷产品等方面全面开展可行性分析，研究努力实现目标的措施，并做好与全行五年规划的衔接。5月，农发行召开党委会会议审议了政策性金融扶贫五年规划。

2016年5月20日，农发行召开首次全行脱贫攻坚工作会议，党委书记、董事长在会议主报告中，明确完整地提出了以服务脱贫攻坚统揽业务发展全局的战略定位等一系列重大问题。6月，农发行按照脱贫攻坚工作会议精神，结合脱贫攻坚政策和形势变化，抓紧对五年规划加以完善②③，增加了国家有关部门新部署的交通扶贫、健康扶贫等内容，并充实了金融扶贫资金保障方面的内容。7月26日，农发行在全国金融系统率先出台《五年规划》。以这一文件的出台为标志，农发行正式以规划形式对金融扶贫战略定位、工作格局、指导思想、基本原则、发展目标、重点任务等进行了系统明确，并形成了每年召开全行范围脱贫攻坚工作会议的惯例。

（三）丰富完善

2017年7月，农发行传达学习贯彻习近平总书记在山西太原召开的深度贫困地区脱贫攻坚座谈会上的重要讲话精神④，决定适时召开深度贫困地区脱贫攻坚会，并审议了农发行支持深度贫困地区的指导意见，成为金融扶贫顶层规划的重要组成部分。9月20日至22日，农发行在山西吕梁召开首次支持深度贫困地区脱贫攻坚现场会，此后连续三年以现场推进会的形式，部署推动攻克深度贫困这项"坚中之坚、难中之难"的任务。

2018年7月，农发行第一时间传达学习《中共中央　国务院关于打赢

---

① 2016年4月19日，脱贫攻坚工程领导小组第3次会议。
② 2016年6月15日，扶贫金融事业部执行委员会2016年第1次会议。
③ 2016年6月30日，脱贫攻坚工程领导小组第4次会议。
④ 2017年7月18日，扶贫金融事业部执行委员会2017年第6次会议。

脱贫攻坚战三年行动的指导意见》①，部署抓紧制定政策性金融支持打赢脱贫攻坚战三年行动方案。11月，农发行先后召开两次会议②③，研究审议三年行动方案，强调要科学测算未来扶贫信贷投放数量，突出聚焦深度贫困地区和产业扶贫，强化精准管理和作风建设。11月29日，农发行正式出台《三年行动方案》，进一步丰富了政策性金融扶贫的中长期顶层规划。

以《三年行动方案》的出台为标志，农发行金融扶贫顶层规划体系已经健全，配套的政策制度和支撑保障体系也基本成熟，关键就是抓好落实，为全行在脱贫攻坚冲刺期更好履职提供指导和遵循。

第二节　政策性金融扶贫五年规划

中央扶贫开发工作会议召开后，国家层面先后出台了《中共中央国务院关于打赢脱贫攻坚战的决定》《中华人民共和国国民经济和社会发展第十三个五年（2016—2020年）规划纲要》，以规划的形式将全力实施脱贫攻坚纳入"十三五"重点任务进行统筹部署，成为指导新时期脱贫攻坚的纲领性文件。农发行全面对接和落实党中央脱贫攻坚战略部署，在全国金融系统率先研究出台政策性金融扶贫五年规划，对本行业本系统服务脱贫攻坚工作进行全面谋划部署。

一、政策性金融扶贫五年规划的编制背景

2015年以来，农发行党委第一时间响应党中央号召，全力投入服务

---

① 2018年7月12日，扶贫金融事业部执行委员会2018年第3次会议。
② 2018年11月2日，扶贫金融事业部执行委员会2018年第4次会议。
③ 2018年11月12日，农发行党委会会议。

脱贫攻坚，取得了良好的开局。在此背景下，无论是从落实中央要求，还是从凝聚全行共识和工作合力、广泛调动各项扶贫资源的角度出发，都迫切需要编制一套战略规划，对农发行为什么服务脱贫攻坚、如何服务脱贫攻坚进行全面系统完整的部署。

（一）中央对编制扶贫规划提出明确要求

党中央向全党全社会发出脱贫攻坚战动员令后，国家层面的脱贫攻坚顶层设计体系迅速建立起来。短短几个月内，国家相关部委、贫困地区党政、行业主管部门关于脱贫攻坚的规划政策密集出台，需要农发行各级分支机构尽快对接落实。同时，习近平总书记强调，要发挥好各级扶贫开发领导小组在扶贫政策安排、扶贫规划制定、扶贫工程实施上的统筹协调作用，提高资金使用效率①。对于农发行党委而言，制定本部门本行业扶贫规划，也是落实习近平总书记指示、履行服务脱贫攻坚主体责任的重要工作。

（二）强化顶层设计是全行全力全程扶贫的前提基础

农发行党委在脱贫攻坚战之初就明确提出，举全行之力、集全行之智全力支持脱贫攻坚②，随后又进一步强调要构建全行全力全程扶贫工作格局。为了将党中央打赢脱贫攻坚战的战略思想和部署贯彻到农发行改革创新、业务发展、履行职能的全过程和各方面，迫切需要通过一套完整的顶层框架来统一全行思想认识和行动节奏。农发行党委制定《五年规划》，就是要对全行全力全程扶贫进行系统阐释，使服务脱贫攻坚成为全行干部员工的集体共识。

（三）农发行探索的金融扶贫经验需要系统整合

农发行长期专注支持农业和贫困落后地区，在金融扶贫方面形成了独特的优势专长和信贷经验。特别是自2015年下半年开始，经过近一年

---

① 2015年11月27日，习近平总书记在中央扶贫开发工作会议上的讲话。
② 2015年11月30日，中国农业发展银行贯彻落实中央扶贫开发工作会议精神动员会。

的探索，农发行率先在易地扶贫搬迁等重点领域取得突破，在金融扶贫体制机制的多个方面探索积累了一些重要经验。但服务脱贫攻坚是一项复杂的系统工程，需要有效协调、统筹整合各个分支系统。农发行党委制定《五年规划》，就是要结合党中央的脱贫攻坚部署和顶层规划，对前期扶贫经验进行全面系统总结提炼，用于指导未来工作。

二、政策性金融扶贫的总体要求

作为首份政策性金融扶贫顶层规划文件，出于强化全行全力全程扶贫工作格局的需要，《五年规划》用了大量篇幅详细阐释了政策性金融扶贫的必要性和可行性，有效凝聚全行共识，为实现各级机构、各部门全体干部员工步调一致、齐心合力服务脱贫攻坚打好基础。

（一）指导思想

《五年规划》首次正式提出坚持将服务脱贫攻坚作为全行重大政治任务统揽全局、构建全行扶贫全力扶贫的工作格局等战略定位，并在整个"十三五"时期始终长期坚持，成为凝聚全行共识、动员全行合力、整合全行资源的核心基础。

具体表述是：深入学习贯彻习近平总书记新时期扶贫开发战略思想，坚决落实中央扶贫开发工作会议精神和党中央、国务院战略部署，全面贯彻创新、协调、绿色、开放、共享新发展理念，坚持将服务脱贫攻坚作为全行重大政治任务统揽全局，落实精准扶贫、精准脱贫的基本方略，构建全行扶贫、全力扶贫的工作格局，推动各项工作、各种资源、各方力量向服务脱贫攻坚聚合，尽心竭力服务脱贫攻坚，充分发挥骨干和引领作用，为坚决打赢脱贫攻坚战提供有力的金融支撑。

（二）基本原则

农发行在深入学习领会精准扶贫基本方略的基础上，参照过去一年的脱贫攻坚经验，提出了四条原则，将政策性金融扶贫总体指导思想进一步完善。

1.政策引领，精准发力。把严格执行党中央、国务院方针政策作为生命线，遵循政策，落实到位，确保不出偏差。认真贯彻精准扶贫、精准脱贫的基本方略，全力服务中央和地方政府脱贫攻坚规划实施，精准定位扶持对象，精准对接金融需求，精准落实支持措施，精准实现脱贫成效。

2.全行扶贫，优先优惠。把服务脱贫攻坚作为全行的中心工作，自觉摆在重中之重的突出位置，构建全行扶贫的大工作格局。坚持把社会效益放在首位，实行办贷优先、计划单列、资金保障、利率优惠、期限延长的支持政策。切实加强管理，在有效服务脱贫攻坚中实现业务长期健康可持续发展。

3.银政合作，优势互补。积极融入国家战略、对接政府需求、深化银政合作，形成服务脱贫攻坚工作合力。注重发挥农发行熟悉"三农"，组织网络健全，资金期限长、利率低等优势，引领市场、社会协同发力。积极为脱贫攻坚出主意、提建议、出方案，实现融资、融智相结合。

4.单独核算，比例管理。实行相对独立的事业部制组织模式，单列考核、分账管理；探索建立相对独立的扶贫业务发展模式、定价模式、风控模式，实现规范管理、风险可控；建立扶贫信贷资源优先配给机制，显著提高脱贫攻坚资源配置比例；按照财务可持续的要求，把握好扶贫贷款在全行贷款中的比例，中长期贷款和短期贷款在额度、期限结构上的比例，以及扶贫贷款风险控制的比例。

（三）目标

经过反复对比测算和可行性分析，正式提出政策性金融扶贫的总目标是"在打赢脱贫攻坚战中成为金融扶贫的先锋、主力和模范"。同时，从定性和定量两个维度提出了具体目标，包括"十三五"时期扶贫贷款投放额和余额等量化目标，以及三项定性指标：扶贫工作做到创新引领，形成符合贫困地区需求，具有农发行特色的产品服务体系、政策制度体系、运营管理模式和核心业务能力，扶贫贷款做到支持精准、管理到位，财务可持续，风险总体可控；扶贫贷款资金来源稳定，资金来源的种类、结构、数额与资金运用相匹配；扶贫成效比较突出，得到社会认可，向中央签署脱贫攻坚责任书的22个省份的省级分行、832个国家级贫困县中有机构的县支行成为当地脱贫攻坚先进单位。

（四）支持重点

根据国家有关规划、农发行金融扶贫指导思想和目标要求，对服务脱贫攻坚的策略进行总体部署，指导各地因地制宜选择信贷支持重点。总体要求是：

1. 在支持区域上，重点支持国家级贫困县摘帽，解决区域性整体贫困；积极支持建档立卡贫困村退出，加快改善贫困村生产生活条件。其中，特别要把贫困地区中的革命老区、农发行定点扶贫县和政策性金融扶贫实验示范区作为支持的重中之重，加大投入和优惠力度。

2. 在支持领域上，聚焦建档立卡贫困人口的"两不愁三保障"问题，切实加大支持力度，以易地扶贫搬迁为重点，统筹支持产业扶贫、基础设施扶贫、职业教育扶贫、生态保护扶贫和转移就业扶贫等。

3. 在支持模式和支持手段上，重点推进承贷主体创新、信贷产品创新、贷款方式创新、管理手段创新等。

三、政策性金融扶贫的重点任务

《五年规划》对标《中共中央　国务院关于打赢脱贫攻坚战的决定》明确的重点任务，首次全面对农发行支持打赢脱贫攻坚战的重点任务、领域、手段进行明确。同时，以专栏形式详细解释了落实国家脱贫攻坚重点任务的主要信贷产品和支持领域，基于各地贫困人口数量和资金需求、与国家部委的扶贫合作协议、农发行信贷支持"三农"的经验，对脱贫攻坚期的信贷投放量进行科学测算，引导全行坚持目标导向，加大支持力度。

（一）着力推进精准信贷扶贫

对照国家"五个一批"工程，对与农发行业务范围较为契合的"发展生产脱贫一批""易地搬迁脱贫一批""生态补偿脱贫一批""发展教育脱贫一批"予以重点支持。脱贫攻坚期，农发行按照《五年规划》所谋划的路径，创新营销开发了以易地扶贫搬迁为典型代表的精准信贷扶贫业务，成为"四梁八柱"产品体系的重要组成部分。

1.突出支持易地扶贫搬迁。按照国家"十三五"时期易地扶贫搬迁工作方案要求，把支持易地扶贫搬迁作为政策性金融扶贫的"头号工程"，放在突出位置抓实抓好。围绕1000万易地搬迁建档立卡贫困人口，支持地方政府易地扶贫搬迁规划顺利实施。积极协助地方政府组建扶贫投融资公司。统筹考虑易地扶贫搬迁各项资金。做好易地扶贫搬迁专项建设基金评审、投放。

2.重点支持发展特色产业脱贫。精准对接832个国家级贫困县特色产业发展规划，支持因地制宜发展种养业和传统手工业，支持实施贫困村"一村一品"产业推进行动。推进光伏扶贫、旅游扶贫、整村推进扶贫等专项扶贫信贷业务。探索委托贷款、批发贷款、资产收益扶贫模式。优先支持、精准对接易地搬迁贫困人口产业发展的金融需求，支持安置区通过基础设施建设、产业园区建设、新型经营主体和龙头企业带动等方式促进搬迁后续产业发展。

3.积极推进教育扶贫、健康扶贫、生态保护扶贫和转移就业脱贫。围绕国家教育、健康扶贫规划和相关工作意见，支持贫困地区基础教育和职业教育、医疗卫生服务体系建设、国家重大生态建设扶贫工程，通过支持劳务培训和产业带动项目，促进转移就业脱贫。

（二）持续推进贫困地区基础设施建设和粮棉油产业发展

立足于农发行主责主业和传统优势领域，深入挖掘同脱贫攻坚的结合点，推动将原有政策产品模式全部应用于政策性金融扶贫。

1. 重点支持贫困地区基础设施建设。发挥农业农村基础设施建设贷款对贫困地区的覆盖支持作用，支持贫困地区交通、水利、能源等基础设施和文化、医疗、卫生等公共服务设施建设。支持贫困地区农村危房改造、人居环境整治等民生工程。健全和完善老少边穷地区的区域信贷政策，发挥政策性银行在解决区域性整体贫困方面的骨干作用。探索扶贫过桥贷款运作模式，对有稳定还款来源的扶贫项目提供过渡性资金支持。

2. 大力支持贫困地区农民种粮种棉稳产增收及农业产业化发展。持续加大对贫困地区粮棉油收储调销等工作的支持力度，统筹做好粮棉油政策性和市场性收购信贷工作，确保贫困地区农民不出现卖粮（棉）难和主要农产品市场稳定。落实国家"粮安工程"建设规划，支持贫困地区粮食仓储设施、应急供应体系和重要农产品物流体系建设。大力支持贫困地区农林牧渔等产业化经营和农产品加工业发展，加大对扶贫龙头企业和新型经营主体的支持力度，积极培育能带动贫困户长期稳定增收的特色优势产业和特色产品品牌，促进贫困地区农牧结合、种养加一体、一二三产业融合发展。

（三）大力推进实验示范区建设和定点扶贫

作为构建大扶贫工作格局、深化对外扶贫合作的重要手段，《五年规划》专门对金融扶贫示范、定点扶贫进行了系统部署。

1. 推进政策性金融扶贫实验示范区建设。深化与国务院扶贫办联合推动，建设广西百色、贵州毕节、陕西安康、河北保定等政策性金融扶贫实验示范区。创建更多层次的省级政策性金融扶贫实验示范区。发挥政策性金融特殊融资优势和地方政府组织优势，为全国金融扶贫探索和创新提供可复制、可推广的经验。

2. 扎实做好定点扶贫工作。把定点扶贫工作作为全行扶贫工作的窗口和标志。建立定点扶贫工作总行行领导分工联系工作机制，选派优秀挂职干部，组建帮扶工作小组，提高定点扶贫的精准度和有效性。制定定点扶贫工作规划和实施方案，加大资金投入、智力支持、技术服务以及信息与政策指导，提高帮扶实效。对定点扶贫县执行优惠和先行先试政策。对尚无金融服务机构的加快设立分支机构。建立农发行党员和领导干部结对帮扶工作机制。

（四）政策性金融扶贫保障措施

落实中央关于强化脱贫攻坚战支撑保障的部署安排，将2016年全行脱贫攻坚工作会议提出的组织、责任、管理、资源等保障措施予以进一步明确。

1. 加强组织领导。完善脱贫攻坚工程领导小组工作机制，探索建立领导干部包片负责制。建立各级行、总行各部门分工落实机制和联动机制，明确扶贫工作任务，提出年度考核目标。落实省级分行"一把手"责任，制定脱贫攻坚工作考核办法，纳入各级行领导班子和领导干部考核评价体系，适当提高不良贷款容忍度。发挥扶贫金融事业部综合协调作用。

2. 完善事业部组织体系。扶贫金融事业部实行事业部制管理，设立扶贫金融事业部执行委员会，负责贯彻落实总行党委重大决策和议定事项。明确前中后台部门在服务脱贫攻坚中的主要职责。完善分支机构扶贫机构设置，增设扶贫业务处、加挂扶贫机构牌子、派驻扶贫工作组等。加强扶贫队伍建设，优先保障扶贫金融事业部和贫困地区分支行的人力资源需求。

3. 强化信贷管理。制定扶贫贷款准入标准，实施扶贫贷款单独标识、单独核算、单独管理，确保专款专用。制定扶贫贷款贷后管理办法，明确扶贫信贷业务日常监管要求，严格根据项目进度和实际需求发放贷款。原则上以省、市两级政府作为政策性贷款投放的主渠道，加强项目收益监管。推动和加强扶贫贷款风险防控体系建设。探索建立精准扶贫台账和信息系统。

4. 深化银政合作与交流。加强与相关部委沟通联系，提高农发行在金融扶贫中的政策话语权。协助地方党政搭建投融资主体，探索财政资金、政策性金融扶贫资金协同机制，联合设立扶贫贷款风险补偿基金。加强同业和国际合作。

5. 积极提供融智服务。主动参与贫困地区脱贫攻坚规划编制，提供系统性融资规划服务和咨询型服务。协助地方政府建立能够促进政策性金融加大投入的保障机制和风险分担机制。加强与地方政府扶贫政策交流。积极搭建非贫困地区优质产业客户与贫困地区市县政府结对帮扶平台，向融资、融智为一体的综合化金融服务机构转变。

6. 加强扶贫宣传。加强对中央脱贫攻坚方针政策和总行党委决策部署的宣导，大力开展政策性金融扶贫服务宣介。及时梳理、总结典型经验、成功案例、工作成效，讲好农发行扶贫故事，彰显农发行扶贫银行品牌形象。

7. 强化扶贫资金保障。建立多渠道融资机制，拓宽政策性金融扶贫长期稳定的低成本资金来源，包括抵押补充贷款（PSL）资金、发行专项债券、设立专项基金以及争取优惠的税费政策等。建立扶贫资金计划单列机制，优先保障扶贫业务资金需要。

第三节　支持打赢脱贫攻坚战三年行动方案

经过两年多的集中攻坚，脱贫攻坚战取得了决定性进展，创造了我国减贫史上最好成绩[①]。党的十九大明确把精准脱贫作为全面建成小康社会必须打好的三大攻坚战之一，要求三年必须完成。这三年是全面建成小康社会、实现第一个百年奋斗目标的决胜阶段，没有退路可走，没有

---

① 2018年2月12日，习近平总书记在打好精准脱贫攻坚战座谈会上的讲话。

弹性可言，必须打赢打好。农发行以《中共中央 国务院关于打赢脱贫攻坚战三年行动的指导意见》为纲领，衔接延续《五年规划》的思路框架，出台《三年行动方案》，对政策性金融扶贫在三年行动中的战略定位、发展思路、目标任务、保障措施进行系统研究和部署。

一、支持打赢脱贫攻坚战三年行动方案的编制背景

随着脱贫攻坚进入最后三年的决战阶段，特别是党中央部署了打赢脱贫攻坚战三年行动，金融扶贫的内外部政策环境发生了变化，政策性金融扶贫的打法必须作出相应调整，在总结前期成功经验的基础上，兼顾质量和效益，对支持打好精准脱贫攻坚战进行再谋划、再部署、再动员。

（一）党中央全面部署打赢脱贫攻坚战三年行动

党的十九大召开后，习近平总书记在中央经济工作会议、中央农村工作会议、打好精准脱贫攻坚战座谈会、全国"两会"等重大会议上，反复强调打好三年脱贫攻坚战。2018年6月15日，《中共中央 国务院关于打赢脱贫攻坚战三年行动的指导意见》正式印发，对三年行动作出系统部署，指导推动全国脱贫攻坚工作更加有效开展。党中央作出重要判断，在剩余三年时间内完成脱贫目标，任务十分艰巨。农发行立足这一判断，全面梳理中央提出的打赢脱贫攻坚战三年行动任务和要求，对政策性金融扶贫工作进行统筹部署。

（二）金融扶贫的外部政策环境发生变化

随着脱贫攻坚战的不断深入，农发行服务脱贫攻坚面临的政策环境发生了变化：一方面，中央明确提出脱贫攻坚要实现"四个转变[①]"；另

[①] "四个转变"：在区域布局上，由全面推进帮扶向注重深度贫困地区攻坚转变；在扶贫方式上，由开发式为主向开发式与保障性并重转变；在速度效益平衡上，由注重减贫进度向更加注重脱贫质量转变；在成效体现上，由注重完成帮扶目标向更加注重脱贫群众获得感转变。

一方面，国家进一步规范地方政府债务管理和金融机构投融资行为，金融扶贫原有的传统业务模式难以为继。在新的政策环境下，要继续保持政策性金融扶贫投入力度不减，体现政策性银行的政治担当，需要重新研究新形势新环境下的工作思路、目标任务、重点举措，凝聚全系统攻坚克难的思想共识。

（三）政策性金融扶贫实践探索取得了经验

自脱贫攻坚战打响以来，农发行投放的扶贫贷款约占全国的三分之一，全行以服务脱贫攻坚统揽业务全局的战略共识基本达成，体制机制基本建立，全行扶贫工作格局基本形成，产品制度和政策举措基本出台，取得了一些宝贵经验，需要长期坚持并不断完善和发展。同时，在《五年规划》落地过程中，一些影响脱贫攻坚有效推进的问题也客观存在。为了落实打好精准脱贫攻坚战的要求，需要对好的经验做法进行总结提炼，并全面查找面临的困难问题，研究细化工作措施和要求，明确今后工作努力的方向和重点。

二、支持打赢脱贫攻坚战三年行动的总体要求

作为脱贫攻坚最后三年农发行扶贫工作的行动指南，《三年行动方案》既要全面部署各项扶贫任务和工作要求，更要研究和回答好政策性金融扶贫的战略定位、发展思路、目标任务、总体要求等一系列重大问题。

（一）指导思想

《三年行动方案》在《五年规划》的基础上，结合中央最新脱贫攻坚部署，进一步丰富服务脱贫攻坚指导思想。特别是针对内外部政策环境变化，更加强调高质量发展、创新引领、精准成效、风险防控等，并明确将支持深度贫困地区、产业扶贫、"三保障"纳入指导思想。

具体表述是：全面贯彻党的十九大和十九届二中、三中全会精神，

以习近平新时代中国特色社会主义思想为指导，认真落实党中央、国务院关于打赢三年脱贫攻坚战的决策部署，坚持党建统领，坚持稳中求进工作总基调，坚持精准扶贫、精准脱贫基本方略，坚持高质量发展，坚持以服务脱贫攻坚统揽业务全局，以提高脱贫攻坚实效为导向，以创新引领为第一动力，瞄准"两不愁三保障"，聚焦深度贫困地区攻坚，围绕产业扶贫重点发力，优化政策供给，下足绣花功夫，狠抓工作落实，着力增强"四个意识"，着力加大投入力度，着力提高扶贫成效，着力加强风险管控和基础管理，进一步强化扶贫银行品牌形象。

（二）目标任务

在坚持和延续《五年规划》各项目标的基础上，继续采取定性和定量相结合的方式确定脱贫攻坚三年行动的目标。相比之下，《三年行动方案》制定的目标更加突出精准和聚焦，特别是在重点区域领域上，由于前三年积累了金融扶贫的丰富经验，信贷投放目标的设定也更加详细和具体。

1. 总目标。紧紧围绕国家脱贫攻坚三年行动指导意见，着力在精准和聚焦上下功夫，做到调子不变、力度不减、工作不松，在打赢三年脱贫攻坚战中成为金融扶贫的先锋主力模范。

2. 具体目标。一是扶贫投入更加有力。精准扶贫贷款投放增速明显高于全行贷款增速，按照农发行扶贫投入与国家脱贫攻坚总体进度相匹配的原则，在现行国家外部政策和人民银行统计口径的基础上，确保未来三年精准扶贫贷款累计投放不低于8000亿元、力争实现投放9000亿元，并分别细化到各个年度。二是信贷投向更加聚焦。区域上聚焦"三区三州"等深度贫困地区，确保实现"三个高于"①目标，领域上聚焦产业扶贫，确保三年产业扶贫贷款累计投放额不低于3000亿元、力争投

---

① "三个高于"：确保实现深度贫困地区精准扶贫贷款增速高于全行各项贷款平均增速、高于所在省份农发行贷款平均增速、高于所在省份金融同业贫困地区贷款平均增速。

放3500亿元。三是金融服务更加优质。紧紧围绕贫困地区、贫困群众脱贫需求，积极适应国家政策变化要求，进一步丰富政策性金融产品和服务，创新推出具有农发行特点的金融扶贫运作模式，提升金融精准扶贫服务质量和水平。四是工作成效更加突出。贫困地区和贫困群众满意，得到社会广泛认可，定点扶贫在中央考核中保持第一梯队，22个扶贫重点省份的省级分行、有扶贫任务的二级分行和县支行力争成为当地脱贫攻坚先进单位。

（三）工作要求

系统总结2015年以来的金融扶贫工作，特别是提炼政策性金融扶贫行之有效的经验做法，提出8条工作要求，在未来实践中继续坚持并丰富完善。同《五年规划》的4条基本原则相比，这8条要求有继承也有发展。

1. 坚持精准方略。始终把精准作为政策性金融扶贫的生命线，围绕"两不愁三保障"的目标标准，用绣花的功夫做好金融精准扶贫工作，切实做到扶持对象精准、帮扶政策精准、资源配置精准、扶贫成效精准，严防贷款被挤占挪用，确保扶真贫、真扶贫、真脱贫、脱真贫。

2. 坚持创新引领。充分发挥政策性金融扶贫实验示范区创新引领作用，不断推进金融扶贫产品创新、服务创新、管理创新和体制机制创新，使创新贯穿政策性金融扶贫全过程和各方面，增强扶贫动力，提升扶贫空间，推动各项扶贫工作迈上新台阶。

3. 坚持把提高脱贫质量放在首位。更加注重金融扶贫投入、结构及长期效果，着力提升政策性金融扶贫的质量和效能，让有限的信贷资源发挥最大的带贫效益，确保金融扶贫成果经得起历史和实践检验。

4. 坚持优先优惠。坚持社会效益优先，按照保本经营原则，合理确定扶贫贷款价格，降低贫困地区融资成本，并在降低贷款准入门槛、优化办贷流程、提高办贷效率、提升风险容忍度等方面给予政策支持，充分发挥政策性银行的引领和导向作用。加强同财政资金的协同配合，引导各类社会资金向服务脱贫攻坚聚集。

5.坚持可持续发展。遵循银行规律，围绕现金流定项目，确保放得出、收得回、能保本；优化扶贫贷款期限结构，提高贷款利率定价能力，夯实五大基础管理工程，有效防控贷款风险，实现扶贫业务健康可持续发展。

6.坚持强化资源保障。拿出真金白银，确保政策性金融扶贫"粮多弹足"。信贷资源优先保障精准扶贫贷款计划规模和资金需求，财务资源在保运转的前提下优先向脱贫攻坚倾斜，人力资源围绕脱贫攻坚优化配置。

7.坚持构建全行扶贫和大扶贫工作格局。自觉将服务脱贫攻坚作为重中之重，完善扶贫金融事业部运行机制，强化全行全程全力扶贫。发挥政策优势、金融优势、系统优势，强化银政企合作，融资、融智、融商、融情，积极支持推动东西部扶贫协作、"万企帮万村"行动，进一步推动构建大扶贫工作格局。

8.坚持加强作风建设。始终把作风建设摆在突出位置，将脱贫攻坚战场作为锤炼作风的重要阵地，深入贫困地区开展调查研究，密切与贫困群众的联系，加强党风廉政建设和反腐败工作，推动全行扶贫作风持续改善，促进各项扶贫举措落实到位。

三、支持打赢脱贫攻坚战三年行动的重点任务

《三年行动方案》在继续落实精准方略、对接"五个一批"的基础上，对脱贫攻坚的最新重点任务予以突出部署。同时，通过进一步理顺各业务板块的边界，基本确立了政策性金融服务脱贫攻坚的业务板块格局，即支持深度贫困重点区域，支持产业扶贫、专项扶贫、基础设施扶贫三大重点领域，落实定点扶贫等重大政治任务。此外，对精准管理和支撑保障的思路也更加清晰。

（一）集中力量支持深度贫困地区脱贫攻坚

聚焦坚中之坚，对支持深度贫困地区的重点任务和主要方法进行明确，特别是将差异化政策倾斜作为主要政策手段，确立了在一般扶贫政策基础上，以超常规举措服务深度贫困和剩余贫困地区的工作基调。

1.支持深度贫困地区改善发展条件。大力支持深度贫困地区贫困村提升工程、教育扶贫、健康扶贫，突出支持产业扶贫、易地扶贫搬迁后续产业发展，着力支持交通建设、农村饮水安全巩固提升、水利工程、农村电网、互联网基础设施建设、农村土地综合治理和高标准农田建设，积极支持西藏、四省藏区、新疆南疆地区生态保护治理等。

2.加大深度贫困地区政策倾斜力度。落实支持"三区三州"深度贫困地区脱贫攻坚的28条差异化支持政策[1]，实施差别化信贷管理，更好地满足深度贫困地区融资需求。加大对深度贫困地区资源倾斜力度，在资金规模、财务费用、人力资源等方面全方位倾斜。加大定向扶贫力度。进一步丰富完善差异化支持政策。

（二）突出支持产业扶贫

发展产业是实现贫困人口稳定脱贫的主要途径和长久之策，随着脱贫攻坚战向更注重脱贫质量转变，支持产业扶贫成了发挥金融扶贫先锋主力模范作用的关键。《三年行动方案》对农发行涉及农业产业发展的各条线业务进行系统梳理，统筹部署支持产业扶贫。

1.支持深度贫困地区粮棉油收储。持续支持贫困地区粮棉油收储调销，积极支持多元主体入市收购。支持鼓励加工企业发挥扶贫带动作用。支持新疆南疆地区的棉花收购、藏区青稞扶贫。加大对贫困地区小杂粮等特色农产品的支持力度。统筹做好粮棉油政策性和市场性收购信贷工作，确保贫困地区主要农产品市场稳定。

---

[1] 此时农发行仅出台了支持深度贫困地区脱贫攻坚的28条差异化政策，随后经过4轮扩充，脱贫攻坚期针对深度贫困地区共出台了59条差异化政策。

2. 支持贫困地区特色产业提升工程。精准对接贫困县特色产业发展规划，因地制宜支持对贫困户增收带动作用明显的特色产业。支持实施"一县一业、一村一品"产业推进行动。支持深度贫困地区牦牛、烟叶、糖、茶、橡胶等大宗特色农牧产品发展。

3. 支持国家重点产业扶贫和就业扶贫行动。支持旅游扶贫行动、贫困地区创业致富带头人行动、优势特色农业提质增效行动、中医药产业扶贫行动、就业扶贫行动等。探索支持资产收益扶贫。

4. 支持贫困地区一二三产业融合发展。加强对贫困地区种养加龙头企业的支持培育，促进粮经饲统筹、种养加一体、一二三产业融合。支持贫困地区田园综合体、现代农庄、农业主题公园等新兴扶贫产业。支持农业产业园区、农业科技园和农民返乡创业园建设。支持贫困地区新产业新业态发展。

5. 支持贫困地区农产品产销对接。支持电商扶贫、贫困地区流通业基础设施建设。探索支持贫困地区发展农村新型流通业务。

（三）全力支持国家专项扶贫行动

继续对接国家"五个一批"工程和重要专项扶贫工程，用好专项扶贫贷款产品予以支持。

1. 支持易地扶贫搬迁。做好易地扶贫搬迁信贷政策调整衔接和规范管理工作。紧紧围绕1000万搬迁贫困人口增收脱贫，打造"易地扶贫搬迁+"亮点工程，大力支持配套产业发展，助力贫困搬迁人口稳得住、能脱贫。

2. 支持教育脱贫攻坚行动。支持基础教育学校优化布局和标准化建设，支持贫困地区学前教育、高中教育、职业教育和职业培训。

3. 支持健康扶贫工程。支持贫困地区建设完善医疗卫生设施。支持列入国家健康扶贫工程的重大项目。支持贫困地区县乡村三级卫生服务标准化建设。

4. 支持贫困村提升工程。以贫困村脱贫出列为目标，支持水电路网等基础设施提升，支持教育、医疗、养老、就业等基本公共服务提升，支持特色优势产业和主导产业设施提升。

5. 支持生态扶贫。支持国家实施的重大生态建设扶贫工程和贫困地区"三农"领域内生态环保建设项目。支持贫困地区重点林业项目。支持生态核心区内的居民实施生态搬迁。

（四）积极支持贫困地区基础设施扶贫

发挥当先导和补短板职能作用，继续加大对贫困地区基础设施的先行投入力度，帮助补齐制约如期脱贫的突出短板。

1. 支持实施交通扶贫行动。支持"四好农村路"建设、百万公里农村公路建设工程和百项交通扶贫骨干通道工程，支持具备条件的乡镇、建制村通硬化路。支持改造建设贫困地区乡村旅游路、产业路、资源路。择优支持由经营性公司承建、自身经营现金流还款的农村交通项目。

2. 支持实施水利扶贫行动。支持实施贫困地区农村饮水安全巩固提升工程。支持贫困地区国家172项重大水利工程和地方政府规划的重点大中型水利工程，支持贫困地区农田水利、水资源配置、水生态建设工程。

3. 支持实施网络扶贫行动。支持包括网络覆盖、农村电商、网络扶智、信息服务、网络公益五大工程在内的网络扶贫行动。支持贫困地区信息基础设施建设。

4. 支持实施贫困地区农村人居环境整治。支持贫困地区开展农村人居环境整治三年行动，重点支持农村生活垃圾治理、卫生厕所改造、水电路气信基础设施建设、危房改造。

（五）举全行之力推动形成大扶贫工作格局

继续对落实定点扶贫重要政治任务进行重点部署，并将支持东西部扶贫协作和"万企帮万村"扶贫行动作为推动和参与构建大扶贫工作格局的重要举措，首次提出了一系列量化的任务目标。

1.将定点扶贫作为全行扶贫工作的重中之重。强化主要负责人第一责任人责任，加大政策性金融投入力度，实施差异化政策，确保实现"三个不低于"目标①。加大定点扶贫捐赠、招商引资、"三支队伍"培训力度。健全总行统筹、省级分行负总责、市县（分）支行抓落实的工作机制。定期开展督导检查，加强监测管理。

2.积极支持东西部扶贫协作。聚焦人才支持、市场对接、劳务协作、资金支持等重点，将更多的优质客户、产业项目、资金、担保资源引入西部贫困地区。要求东部地区省级分行平均每年引导辖内2~3家企业到西部贫困地区投资。将东西部扶贫协作工作情况纳入脱贫攻坚工作考核。

3.积极支持"万企帮万村"扶贫行动。深化与全国工商联、国务院扶贫办、中国光彩会等部门的沟通合作。利用各类贷款产品支持参与"万企帮万村"行动的扶贫企业。探索"政银担""政银保"等多方增信的"2+N"信贷模式。将支持"万企帮万村"精准扶贫行动发放的贷款纳入扶贫贷款管理。

4.加大对贫困地区融智、融制、融商服务力度。加强政策合作，强化融智、融制服务。加大对贫困地区的招商引资、技术引进等工作力度，加强政策宣讲和教育培训。

（六）推动政策性金融扶贫高质量发展

高质量发展是金融支持打好脱贫攻坚战的题中应有之义，《三年行动方案》在落实精准方略上更加注重提升扶贫质效，在业务发展动力上更加注重创新示范和扶贫合作，在风险防控上更加注重加强基础管理，部署了一系列支撑保障措施。

---

① "三个不低于"目标：定点县贷款增速不低于全行贷款增速、精准扶贫贷款增速不低于全行和所在省级分行精准扶贫贷款增速、不低于所在县同业精准扶贫贷款增速。

1. 狠抓精准管理。进一步提高精准管理体系的科学性和有效性，把精准管理要求落实到办贷管贷的全流程，做到项目营销精准、贷款认定精准、贷款调查精准、资金支付使用精准。

2. 坚持创新驱动。进一步创新产品模式、担保方式、办贷效率、管贷机制等。健全金融支持产业发展与带动贫困户脱贫的挂钩机制和扶持政策，推广运用产业扶贫"吕梁模式"、批发贷款、支农转贷、供应链金融支持模式等。依法合规推动扶贫过桥贷款方式在扶贫各领域的应用，加快对PPP、公司自营等市场化模式的研究推广。

3. 强化示范引领。发挥政策性金融扶贫实验示范区引领作用，给予实验示范区更大的创新空间。优化创新流程，建立考评机制，在全行推行"最佳实践"。出台扶贫贷款尽职免责具体规定。

4. 突出扶贫成效。以能不能带动贫困人口脱贫、单位贷款带动多少贫困人口脱贫为标准，择优支持可持续运作的项目。加强扶贫成效监测，促进信贷资源扶贫质效最大化。

5. 拓展优质客户。积极拓展扶贫业务优质客户群，加快推动地方政府投融资公司依法合规承接扶贫信贷资金。树立以客户为中心的理念，切实提高服务质量。

6. 夯实基础工作。夯实台账、统计、核算、贷后管理、考核五大基础工程，为金融扶贫运行提供有力支撑。

7. 有效防控风险。落实全面风险管理各项要求，守住风险防控底线，严防政策风险、合规风险、信用风险、扶贫产业市场风险、声誉风险。

8. 深化扶贫合作。加强与国家部委和地方政府沟通协调，跟进参与制定三年行动配套政策举措。积极与银行同业、保险、证券、基金等机构和社会团体开展扶贫合作。

（七）为支持打赢三年脱贫攻坚战提供强力支撑保障

政策性金融在脱贫攻坚战前半程得以率先发力、成效突出的一条重要经验，就是坚持围绕扶贫抓党建、抓实党建促扶贫。《三年行动方案》延续和坚持了这一理念，着重对加强党的建设进行了部署。

1. 推动党建工作和扶贫工作深度融合。将支持打赢三年脱贫攻坚战作为政治建设的重要内容，以党的政治优势凝聚扶贫之心，以党的组织优势整合扶贫之力。加强扶贫领域的思想政治建设。将抓党建促脱贫攻坚作为各级行党组织书记抓基层党建工作述职评议考核的重点内容，强化扶贫领域的党建工作责任落实。

2. 全力做好脱贫攻坚专项巡视整改工作。将中央巡视整改作为重大政治任务，落实整改责任。对照巡视反馈的问题、建议和要求，深刻剖析原因，制订专门整改方案，实行销号式管理。以整改为契机，完善体制机制和制度体系。此外，认真做好其他内外部检查整改工作。

3. 进一步落实脱贫攻坚责任制。强化脱贫攻坚工程领导小组工作机制。强化总行行领导对"三区三州"包片负责的工作机制。完善扶贫金融事业部工作机制。压实省级分行"一把手"第一责任人责任和班子成员包干责任。分解落实《三年行动方案》工作任务，细化实化配套举措。总行每年按要求向中央报告年度脱贫攻坚情况，各省级分行每年向总行党委报告。

4. 完善攻坚督战机制。以扶贫任务清单、项目清单、整改清单"三清单管理"为抓手，加大督办落实力度。建立督导约谈机制，总行直接督导"三区三州"，改进约谈方式。加强扶贫工作的监测评估，实行按月监测、按季通报。

5. 培养锻炼过硬的扶贫干部队伍。加强扶贫干部队伍建设，打造一支懂扶贫、会帮扶、作风硬的政策性金融扶贫干部队伍。尽锐出战，把更多能力突出的干部配备到服务脱贫攻坚战场上，加大培训力度。注重在脱贫攻坚一线考察识别干部。落实好脱贫攻坚一线干部保障政策。

6. 深入开展扶贫领域腐败和作风问题专项治理。把作风建设贯穿脱贫攻坚全过程、各环节，重点解决扶贫领域形式主义、官僚主义、不严不实、数字脱贫、虚假脱贫等突出问题。各级纪委全面履行监督、执纪、问责职责，持续深入开展治理整顿。

7.积极争取外部政策支持。积极向国家有关部门争取运用PSL、扶贫再贷款、降低存款准备金率等货币政策工具，为农发行扶贫提供长期稳定的低成本资金来源。推动落实对扶贫金融事业部实施税收减免等优惠政策。争取差别化监管政策。

8.营造良好舆论氛围。认真组织学习贯彻习近平新时代中国特色社会主义思想，宣传党中央关于精准扶贫、精准脱贫的重大决策部署。加大政策性金融扶贫宣传力度。积极参加全国脱贫攻坚奖评选，组织农发行脱贫攻坚奖评选。

9.统筹衔接支持脱贫攻坚与乡村振兴。脱贫攻坚期内，农发行乡村振兴相关政策优先向贫困地区倾斜，全力推进贫困地区产业发展、基础设施建设和公共服务提升，加快补齐贫困地区乡村振兴短板。积极跟进国家2020年后减贫战略，研究政策性金融扶贫未来发展方向和路径。

第四节　脱贫攻坚工作会议

脱贫攻坚各个阶段的突出矛盾和重点任务各有区别，从初期的全面部署、中期的全面推进，到决胜阶段的顽强作战，打法相应有所不同。习近平总书记每年调研贫困地区，每年主持召开脱贫攻坚座谈会，每年主持会议听取脱贫攻坚成效考核情况汇报，以钉钉子精神一抓到底，推动脱贫攻坚始终保持正确方向和良好态势。农发行党委通过每年召开全行范围的脱贫攻坚工作会议，对照中央最新脱贫攻坚决策部署，研究推动年度重点工作任务，确保政策性金融扶贫的前进方向始终同中央保持高度一致。

一、以全行工作会议形式部署推动年度目标任务

农发行服务脱贫攻坚的《五年规划》和《三年行动方案》，在三到五年相对较长的时间跨度内，研究提出了政策性金融扶贫的总体思路和共性要求。一分部署，九分落实。服务脱贫攻坚顶层规划有效落地的关键在于，结合每年形势任务变化，处理好全面部署和突出重点的关系，久久为功、持之以恒推进落实。从2016年开始，农发行党委连续五年每年召开全行脱贫攻坚工作会议，从2017年开始，连续三年每年召开深度贫困地区现场推进会，部署推动年度扶贫工作。

（一）传达学习党中央最新脱贫攻坚决策部署

将传达学习习近平总书记关于脱贫攻坚的最新指示批示精神和党中央、国务院最新决策部署作为历次脱贫攻坚工作会议的首要任务，凝聚全行思想共识，强化政策性金融扶贫的理论武装，确保全行步调一致、思想统一。同时，及时分析服务脱贫攻坚的内外部形势，作出科学准确判断，既提振全行扶贫工作信心，也确保始终保持攻坚态势，一鼓作气、顽强作战，不获全胜决不收兵。

（二）聚焦年度重点工作进行专门部署

根据脱贫攻坚不同阶段的形势任务和工作重心，特别是围绕习近平总书记每年脱贫攻坚座谈会的主题，进行重点部署。

1. 2015年底至2016年。习近平总书记先后主持召开了中央扶贫开发工作会议和东西部扶贫协作座谈会，对脱贫攻坚的顶层设计、体制机制进行了系统谋划。农发行召开首次脱贫攻坚工作会议，围绕以服务脱贫攻坚统揽全局、系统谋划政策性金融扶贫的顶层设计、全面对接国家扶贫战略，部署"十三五"时期服务脱贫攻坚工作。

2. 2017年。习近平总书记在山西太原主持召开深度贫困地区脱贫攻坚座谈会，部署推进深度贫困地区脱贫攻坚。农发行在山西吕梁召开首次支持深度贫困地区脱贫攻坚现场会议，以产业扶贫为突破口部署支持

深度贫困地区。

3. 2018年。习近平总书记在四川成都召开打好精准脱贫攻坚战座谈会，明确开展脱贫攻坚三年行动，并将2018年作为脱贫攻坚作风建设年，集中力量提高脱贫攻坚质量。农发行召开全行脱贫攻坚工作会议，以扶贫领域作风问题专项治理为抓手，部署年度扶贫工作。

4. 2019年。习近平总书记在重庆主持召开解决"两不愁三保障"突出问题座谈会，部署解决"两不愁三保障"突出问题，确保脱贫成色和质量。农发行在全行脱贫攻坚工作会议上，紧盯脱贫攻坚重点领域和关键薄弱环节，重点部署支持解决"两不愁三保障"突出问题。

5. 2020年。习近平总书记在北京主持召开决战决胜脱贫攻坚座谈会，发出总攻动员令，强调坚决克服疫情影响、多措并举巩固成果，确保高质量完成脱贫攻坚目标任务。农发行随即召开决战决胜脱贫攻坚工作视频会议，坚决克服新冠肺炎疫情影响，强力实施挂牌督战，全力服务决战决胜脱贫攻坚。

（三）分解部署政策性金融扶贫中长期规划任务

对照政策性金融扶贫《五年规划》和《三年行动方案》的框架体系，将五年跨度内的目标任务分解至每一年度，全面部署当年各项扶贫工作，逐步实现"积小胜为大胜"。同时，每年总结前期扶贫经验，分析存在的问题和下一步措施，及时校正偏差，安排先进单位和个人交流服务脱贫攻坚经验做法，为全行提供经验借鉴。

（四）强化年度重点任务督办落实

将每年脱贫攻坚工作会议议定的重要事项分解至各责任部门，纳入服务脱贫攻坚"任务清单"，逐项研究制定目标措施、完成时限等要求，定期开展督办，确保件件有落实、事事有回音。同时，要求各省级分行在全行脱贫攻坚工作会议召开后的一定时限内报告会议精神贯彻落实情况，压实省级分行责任，确保会议精神及时传达和落实到各地区各级分支机构。

二、连续五年召开全行脱贫攻坚工作会议

（一）2015年贯彻落实中央扶贫开发工作会议精神动员会

中央扶贫开发工作会议于2015年11月27日至28日在北京召开，会议深入分析了脱贫攻坚面临的形势和任务，对脱贫攻坚战进行了全面部署。这是党的十八届五中全会后召开的第一个中央工作会议，体现了党中央对扶贫开发工作的高度重视。11月29日，农发行召开党委（扩大）会议，传达学习中央扶贫开发工作会议精神，研究贯彻落实意见。11月30日，农发行召开全系统贯彻落实中央扶贫开发工作会议精神动员会，对支持脱贫攻坚工程进行动员部署。中央扶贫开发工作会议提出确保2020年所有贫困地区和贫困人口一道迈入全面小康社会的目标，支持脱贫攻坚是农发行的政治责任，农发行坚决贯彻会议精神，全力支持脱贫攻坚。

1. 统一思想，提升站位。中央扶贫开发工作会议紧紧围绕打赢脱贫攻坚战，作出了一系列部署，出台了一系列配套措施。农发行党委要求各级行、各部门干部员工切实增强政治意识、责任意识和担当意识，秉承家国情怀，提升站位、主动作为，坚决贯彻落实党中央决策部署，举全行之力、集全行之智，深入研究，准确把握，不折不扣抓好落实。同时，强调要主动与国家部委、地方党政沟通协调，形成支持脱贫攻坚的工作合力，全力支持脱贫攻坚。

2. 全面部署，安排落实。农发行紧扣"扶持谁""谁来扶""怎么扶"问题和"五个一批"工程，准确把握区域投向、支持方式和受益人口，结合农发行"五个全力服务"的履职重点，加大对易地扶贫搬迁、贫困地区基础设施建设和特色优势产业的支持力度，实行投贷结合、融资融智结合，大力推动政策性金融扶贫实验示范区建设。同时，专门成立了由党委书记、董事长担任组长的脱贫攻坚工程领导小组，健全和完善全行脱贫攻坚工作领导体制和组织体系，实行专项规模、专项管理、

专项考核，确保资产质量，努力打造专业队伍，实现业务长期健康可持续发展。

（二）2016年脱贫攻坚工作视频会议

中央扶贫开发工作会议召开后，全党、全国、全社会参与的脱贫攻坚战正式打响。经过半年多的创新探索，中央统筹、省负总责、市县抓落实的管理体制迅速完善，国家层面和贫困地区的脱贫攻坚规划、政策、制度密集出台，《"十三五"脱贫攻坚规划》对金融扶贫特别是政策性金融扶贫作出了一系列部署，这些外部政策都需要密切对接落实。

同时，农发行的扶贫工作取得初步成效，率先在金融系统成立扶贫金融事业部，易地扶贫搬迁业务快速发展，围绕扶贫工作，与国家部委、地方党政建立了良好的合作关系，构建起内外联动、上下协同、合力推进的工作机制，确立了扶贫银行的品牌形象。农发行需要在前期经验的基础上，结合实践中发现的问题，对事关政策性金融扶贫方向的重大问题，特别是服务脱贫攻坚的目标任务、顶层框架等予以明确。为此，农发行于2016年5月20日首次召开脱贫攻坚工作视频会议，对落实中央扶贫开发工作会议进行了全面系统的再部署。

1.统一全行思想，增强服务脱贫攻坚的政治自觉。扶贫开发事关全面建成小康社会，事关人民福祉，事关巩固党的执政基础，事关国家长治久安，事关我国国际形象。此次工作会议强调，农发行是专司支农职责的政策性银行，必须把思想和行动统一到党中央、国务院的战略部署上来，坚持以服务脱贫攻坚统揽全局，围绕脱贫攻坚落实"五个全力服务"，把农发行的扶贫融入全党全国扶贫格局。农发行党委站在全面建成小康社会的高度，强调要深刻理解领会脱贫攻坚的战略部署和重大使命，认识农发行服务脱贫攻坚的独特优势，尽心竭力助推全面建成小康社会。

2.制定落实规划，以服务脱贫攻坚统揽业务全局。此次会议首次提出了"以服务脱贫攻坚统揽业务发展全局"的战略定位，明确了"争当金融扶贫先锋主力模范"的目标任务，专门对构建全行全力全程扶贫工作格局进行了系统部署，对五年脱贫攻坚期内的总体思路、目标任务和工作措施进行了深入研究讨论。

3.强化组织保障，推进服务脱贫攻坚落实到位。农发行党委首次对推进规划落实的保障措施进行专门部署，在扶贫金融事业部下设五个一级部，各级行都健全责任体制。对832个重点贫困县，相关省级分行领导班子成员分片包干，加强机制保障和基础管理。

（三）2017年脱贫攻坚工作会议

脱贫攻坚战打响一年多以来，党中央确定的中央统筹、省市负责、市县抓落实的管理体制得到了贯彻，国家层面"四梁八柱"的顶层设计基本完成。同时，2016年作为农发行全面服务脱贫攻坚战的首战之年，各项扶贫工作成效明显，全年累放精准扶贫贷款4883亿元，增幅是全行贷款平均增幅的3倍。但对照中央要求，农发行工作中存在不少问题，落实精准扶贫、精准脱贫具体措施还不到位，全行全力全程脱贫攻坚的体制机制还不够健全，政策性金融扶贫外部配套支持政策还不够健全。基于此，2017年2月23日至24日，农发行召开脱贫攻坚工作会议，研究部署2017年重点任务，并强调要进一步优化体制机制、创新产品模式。

1.突出支持易地扶贫搬迁、贫困村提升工程和产业扶贫三个重点。继续全力支持易地扶贫搬迁，完成340万人易地扶贫搬迁计划，易地扶贫搬迁贴息贷款规模份额不低于50%。积极支持实施贫困村提升工程，"一村一策"采取针对性措施，精准对接，帮助贫困群众培育可持续发展的产业。在统筹推进各类扶贫业务的基础上，将产业扶贫作为业务拓展的重点，因地制宜扶持特色优势产业。

2.着力构建顺畅高效的体制机制。完善精准扶贫制度体系，健全完善扶贫金融事业部组织体系和运行机制，深入研究精准扶贫信贷规律和特点，完善扶贫信贷制度和工作流程。

3.着力加大产品和模式创新。聚焦"五个一批"，抓好光伏扶贫、旅游扶贫、教育扶贫、网络扶贫、批发扶贫、扶贫过桥等专项扶贫信贷产品落地推广。积极探索创新产业扶贫模式，特别是支持贫困村提升工程的有效方式。尽快研究新的贷款运作模式，解决政府购买服务贷款模式发展受限问题。

（四）2018年脱贫攻坚工作会议

党的十九大对打好精准脱贫攻坚战作出总体部署，将其作为决胜全面建成小康社会三大攻坚战之一，并提出推进实施乡村振兴战略。习近平总书记在四川成都召开打好精准脱贫攻坚战座谈会，部署开展打赢脱贫攻坚三年行动，将2018年作为脱贫攻坚作风建设年，对脱贫攻坚的质量提出了更高要求，要求实现"四个转变"。

这一年，农发行政策性金融扶贫"四梁八柱"基本形成，但服务脱贫攻坚工作还存在一些短板和不足，特别是在扶贫作风方面，与党中央打好精准脱贫攻坚战的要求还有差距。例如，业务推进不平衡、工作措施不精准、聚焦深度贫困不够、产品服务模式比较单一、运行机制亟待完善等问题不同程度存在。与此同时，外部政策环境发生了变化，传统业务发展模式难以为继。基于此，农发行于2018年4月16日召开年度脱贫攻坚工作会议，明确要求保持力度不减，并围绕扶贫领域作风治理对下一步工作进行系统部署。

1.确保扶贫力度不减。对标《中共中央　国务院关于打赢脱贫攻坚战三年行动的指导意见》，保持扶贫工作力度不减、目标不变、工作不松，在保持政策连续性、稳定性基础上，突出支持重点，坚持稳中求进、高质量发展，做到"三个匹配"，即投入力度与扶贫责任相匹配，投入力度与能力相匹配，投入力度与可持续发展相匹配。

2.以扶贫领域作风问题专项治理为抓手，坚决助力打好精准脱贫攻坚战。重点围绕"四个意识"不强、责任落实不到位、工作措施不精准、扶贫信贷资金管理使用不规范、服务客户意识不强、工作作风不扎实、考核监督从严要求不够七个方面的内容，推进作风治理，聚焦深度贫困，牢牢把握精准，突出支持重点，坚持引领创新，完善运行机制。

（五）2019年脱贫攻坚工作会议暨中央脱贫攻坚专项巡视整改工作会议

2019年是脱贫攻坚极为关键的一年，在易地扶贫搬迁融资模式调整后，全行扶贫业务发展的重点发生转变，需要更加聚焦深度贫困地区脱贫攻坚，紧盯脱贫攻坚重点领域和关键薄弱环节，重点支持解决"两不愁三保障"突出问题，把支持产业扶贫摆在重中之重。同时，中央巡视组对农发行党委开展了脱贫攻坚专项巡视，充分肯定了扶贫成绩，但也指出了一些突出问题，特别是在履行脱贫攻坚主体责任方面，落实中央脱贫攻坚任务不够精准，党委贯彻落实党中央脱贫攻坚方针政策不够深入。基于此，2019年2月27日，农发行召开脱贫攻坚工作会议暨中央脱贫攻坚专项巡视整改工作会议，紧紧围绕巡视整改，研究部署2019年全行脱贫攻坚工作。

1. 对标三年行动方案，坚定目标任务。明确全年脱贫攻坚工作的总体目标和要求，全年要确保实现扶贫贷款累计发放2600亿元，产业扶贫贷款投放比例力争达到40%，"三区三州"等深度贫困地区扶贫贷款增速高于全行扶贫贷款增速，全行国家级贫困县分支机构实现扶贫贷款业务全覆盖。这个目标是总行党委充分听取各方面意见，结合2018年任务完成情况以及全行支持打赢脱贫攻坚战《三年行动方案》中的目标，通盘考虑确定的。完成上述目标，必须坚定目标任务，加大投放力度，付出加倍努力。

2. 以巡视整改为抓手促进服务脱贫攻坚提质增效。对照中央巡视反馈的问题，深入开展扶贫领域腐败和作风问题专项治理，进一步优化脱贫攻坚政策，完善工作机制，强化作风纪律保障，确保如期完成脱贫攻坚任务。

（六）2020年决战决胜脱贫攻坚工作会议

2020年是全面建成小康社会和"十三五"规划目标实现之年，也是脱贫攻坚收官之年，中央对攻克剩余贫困进行了专项部署，要求对52个未摘帽贫困县开展挂牌督战。同时，突如其来的新冠肺炎疫情对脱贫攻坚收官工作带来新的冲击，习近平总书记主持召开决战决胜脱贫攻坚座谈会，强调要以更大决心、更强力度推进脱贫攻坚，确保取得最后胜利。为落实习近平总书记重要指示批示精神，2020年3月17日，农发行召开决战决胜脱贫攻坚工作会议。受疫情影响，这次会议首次以视频形式开到县级支行，直接动员每一名员工，聚焦剩余贫困加大支持力度，切实抓好脱贫攻坚专项巡视"回头看"反馈意见整改落实，做好各项收官工作。

1. 克服疫情影响完成收官任务。把支持完成剩余脱贫任务作为重中之重，聚焦"三区三州"等深度贫困地区和52个未摘帽贫困县、2707个贫困村，持续加大对疫情防控、"三保障"和饮水安全、产业扶贫、定点扶贫、基础设施扶贫、消费扶贫等的支持力度，全面完成服务脱贫攻坚各项目标任务。

2. 以"回头看"问题整改为抓手促进脱贫攻坚提质增效。坚持不懈抓好中央脱贫攻坚专项巡视和"回头看"问题整改，深化扶贫领域腐败和作风问题专项治理，全面做实挂牌督战，明确挂牌督战的目标、范围、内容、方式等。系统谋划2020年后的金融扶贫工作任务和政策举措，接续推进全面脱贫与乡村振兴有效衔接。

三、连续三年召开支持深度贫困地区脱贫攻坚现场会

（一）2017年支持深度贫困地区脱贫攻坚现场会

随着脱贫攻坚的不断深入，支持深度贫困地区思路不断完善。2017年6月23日，习近平总书记在山西太原主持召开深度贫困地区脱贫攻坚座谈会，对加大力度推进深度贫困地区脱贫攻坚作出了全面部署。为进一步响应中央关于攻克深度贫困堡垒的号令，9月20日，农发行在山西吕梁

率先召开深度贫困地区脱贫攻坚现场推进会。

1. 首次出台支持深度贫困地区意见。采取更多过硬的举措，加强顶层设计，把握基本原则，聚焦重点区域，全力支持深度贫困地区打赢脱贫攻坚战。

2. 大力支持产业扶贫的"吕梁模式"。激发贫困地区内生动力，发展致富产业，整合各方优势，补短板、降标准，服务实体经济。

（二）2018年支持"三区三州"脱贫攻坚工作现场推进会

随着脱贫攻坚的逐步深入，"三区三州"成为深度贫困地区脱贫攻坚战主战场。2018年，全国人大、全国政协在"三区三州"之一的四川凉山召开专题研讨会，研究支持凉山脱贫攻坚的政策措施。人民银行也组织召开了金融精准扶贫经验交流暨工作推进会，要求进一步加大对深度贫困地区的金融支持力度。农发行紧跟国家有关部委的工作部署，于2018年6月26日在四川凉山召开现场推进会，研究部署支持深度贫困地区的措施。

1. 完善脱贫攻坚差异化政策。在信贷政策、资源保障、定向帮扶三个方面，首次提出了28条差异化支持政策举措，切实加大对"三区三州"深度贫困地区政策倾斜力度。这次会议既是中央脱贫攻坚最新精神的传达贯彻会，也是一次脱贫攻坚政策深度解读会。以此次会议为开端，农发行在未来三年内先后分4批出台了支持深度贫困地区脱贫攻坚的59条差异化政策。

2. 部署全行脱贫攻坚工作。2018年，脱贫攻坚进入最后三年的冲刺期，各项工作更加紧锣密鼓地推进。农发行通过召开深度贫困地区现场推进会，实际上形成了每半年全面部署一次脱贫攻坚工作的惯例，这为全行上下及时有效聚焦工作重心、支持攻坚冲刺打下了基础。

（三）2019年支持深度贫困地区脱贫攻坚工作推进会

在全党开展"不忘初心、牢记使命"主题教育期间，2019年8月3日，农发行在贵州贵阳市召开支持深度贫困地区脱贫攻坚工作推进会，紧紧围绕"不忘初心、牢记使命"主题教育，将全力服务脱贫攻坚作为践行初心使命的体现，全面部署下半年脱贫攻坚各项工作任务。

1.保持初心使命。抓住主题教育这一重要契机，强化使命担当，保持定力韧劲，切实把主题教育成效体现在农发行服务脱贫攻坚的实践中。加强巡视整改，正确把握巡视整改的要求和内涵，健全长效机制。同时，积极跟进国家2020年后的减贫战略，提前研究2020年后政策性金融扶贫战略，谋划好脱贫攻坚与乡村振兴的有效衔接。

2.用好差异化支持政策。聚焦"三区三州"和中西部169个深度贫困县，进一步推广完善28条差异化支持政策，加大对深度贫困地区支持力度，找准找实支持深度贫困地区脱贫攻坚的攻击点位，因地制宜创新推广业务模式。

第二章
组织体系

　　打赢脱贫攻坚战，组织领导是保证[①]。农发行以服务脱贫攻坚统揽业务发展全局、构建全行全力全程扶贫工作格局，关键是要建立一套运行高效的组织体系，从而充分动员全行力量参与扶贫工作，就是解决"谁来扶"的问题。具体来说有三个维度：

　　一是加强党委对脱贫攻坚工作的集中统一领导，充分发挥"把方向、管大局、促落实"作用。具体是坚持以习近平新时代中国特色社会主义思想和习近平总书记关于扶贫工作重要论述为指引，以服务脱贫攻坚统揽业务发展全局，建立脱贫攻坚工程领导小组等制度，有效落实党中央脱贫攻坚决策部署，确保政策性金融扶贫始终保持正确的前进方向。

　　二是将各部门横向有机整合起来，既充分发挥各部门各条线在服务"三农"和脱贫攻坚领域的特色和专长，又保持银行前中后台相互制约运行机制的优势，还充分动员各种资源向扶贫倾斜。具体是建立扶贫金融事业部制度，有效凝聚力量、提高效率、解决问题、狠抓落实。

　　三是将服务脱贫攻坚的压力、部署、要求等层层向每一级分支机构传导，总行做好顶层设计，提供政策、资金并加强监管，省分行承上启下研究具体实施方案，市县级行因地制宜抓落实。具体是建立总省市县分支机构"四级一体"的扶贫组织架构，解决"上热中温下凉"问题。

　　农发行扶贫组织体系的建立，是以习近平总书记关于扶贫工作的重要论述为指引，基于农发行原有的组织架构进行创新和完善的结果。与"四梁八柱"一样，它也经历了前期探索和不断完善两个阶段。需要特别指出的是，农发行扶贫组织体系的建立和完善，一方面是响应党中央扶贫开发战略部署、做好金融扶贫工作的需要，另一方面也融入政策性银行体制机制改革的大背景，例如将党的全面领导深度融入公司治理、推进全行部门职能的调整优化等。政策性金融扶贫组织体系的探索与完

[①] 2017年12月28日，习近平总书记在中央农村工作会议上的讲话。

善，成为全行体制机制改革的有机组成部分。

第一节　党委对政策性金融扶贫集中领导体制

坚持党的领导，发挥社会主义制度可以集中力量办大事的优势，这是我们最大的政治优势①。习近平总书记强调，加强领导是根本，发挥各级党委领导作用，建立并落实脱贫攻坚一把手责任制，实行省市县乡村五级书记一起抓，为脱贫攻坚提供坚强政治保障②。各级党委和政府要高度重视扶贫开发工作，把扶贫开发列入重要议事日程③。对于农发行而言，国有企业党组织发挥领导核心和政治核心作用，归结到一点，就是把方向、管大局、促落实④。

一、把方向

农发行党委将服务脱贫攻坚作为重大政治任务，作为增强"四个意识"、坚定"四个自信"、做到"两个维护"的"试金石"，自觉在思想上政治上行动上同党中央保持高度一致，坚决贯彻党的理论和路线方针政策，确保政策性金融扶贫始终坚持正确前进方向。

（一）坚持科学理论指引

坚持以习近平新时代中国特色社会主义思想为指引，将习近平总书记关于扶贫工作重要论述作为金融支持打赢脱贫攻坚战的根本遵循、精神动力和行动指南，建立党委会"首议题"学习制度，全面深入学习领

---

① 2015年6月18日，习近平总书记在部分省区市扶贫攻坚与"十三五"时期经济社会发展座谈会上的讲话（节选）。
② 2017年2月21日，习近平总书记在十八届中央政治局第三十九次集体学习时的讲话。
③ 2021年12月29日、30日，习近平总书记在河北省阜平县考察扶贫开发工作时的讲话。
④ 2018年10月10日、11日，习近平总书记在全国国有企业党的建设工作会议上的讲话（节选）。

会习近平总书记重要讲话和指示批示精神、党中央国务院脱贫攻坚战略部署，强化扶贫理论武装。特别是将学习《习近平扶贫论述摘编》作为"不忘初心、牢记使命"主题教育的重要实践载体，纳入各级行理论学习中心组学习计划，并作为各级党组织书记述职评议的重要内容。在科学先进的扶贫开发理论指导下，农发行党委对中国扶贫开发工作的基本特征和科学规律、现阶段扶贫开发工作的发展方向和实现途径，有了更加精准深刻的理解。在此基础上，对标对表党中央最新脱贫攻坚决策部署，谋划金融扶贫目标任务，丰富金融扶贫措施手段，完善金融扶贫体制机制，始终沿着先进理论的方向，正确认识问题、科学分析问题、有效解决问题。

（二）制定扶贫目标任务

党委对脱贫攻坚工作的坚强领导，来源于正确的路线方针政策。脱贫攻坚战全面打响后，农发行党委在习近平总书记新时期精准扶贫、精准脱贫战略思想的指引下，对照党中央、国务院对农发行提出的各项要求，针对贫困地区脱贫攻坚金融需求，立足农发行职责使命、业务领域、独特优势，科学分析面临形势，准确研判内外条件，制定了"十三五"时期政策性金融扶贫的总体目标：在打赢脱贫攻坚战中成为金融扶贫的先锋主力模范。五年攻坚期内，特别是在金融扶贫业务面临瓶颈制约的特殊时期，农发行党委始终坚持这一目标不动摇，每年制定可量化、可考核的年度目标任务，逐步积小胜为大胜。

（三）通过规划引领方向

精准对接党中央打赢脱贫攻坚战决定及国家"十三五"脱贫攻坚规划，以《五年规划》和《三年行动方案》的形式谋划政策性金融扶贫工作。制定规划过程中，总行党委成员分赴重点贫困地区开展调查研究，广泛征求意见，反复协商研究，凝聚全行共识，充分吸纳借鉴前期规划落实中的经验教训。建立顶层规划及其配套政策体系，将具有前瞻性的发展规划同具有可行性的具体措施相结合，既保持政策性金融扶贫总体方向稳定延续，又促进提升政策体系的创新力和适应力。

二、管大局

农发行党委坚持在党中央、国务院脱贫攻坚战略大局下行动，把脱贫攻坚作为分内职责，始终坚持以服务脱贫攻坚统揽业务发展全局，加强对脱贫攻坚的组织领导，构建全行全力全程扶贫工作格局，统筹运用系统内外资源做好金融扶贫工作，做到扶贫项目优先安排、扶贫资金优先保障、扶贫工作优先对接、扶贫措施优先落实。

（一）以服务脱贫攻坚统揽业务发展全局

把政策性金融扶贫作为"十三五"时期的主场主业和中心工作，自觉摆在重中之重的突出位置，确立以服务脱贫攻坚统揽业务发展全局的战略定位，贯穿农发行改革创新、业务发展、履行职能的全过程和各方面。农发行党委发挥总揽全局、协调各方的作用，成立脱贫攻坚工程领导小组，研究分析政策性金融扶贫形势，决定政策性金融扶贫重大问题，制定全行服务脱贫攻坚方针、政策和目标任务，举全行之力集中力量办大事，营造有利于金融扶贫工作的内外部政策环境，推动中央各项脱贫攻坚决策部署和农发行党委工作要求落实落细。

（二）构建全行全力全程扶贫工作格局

建立总行统筹、省级分行负总责、市县级行抓落实的全行扶贫工作机制，建设上下贯通、执行有力的服务脱贫攻坚组织体系，打造懂扶贫、会帮扶、作风硬的政策性金融扶贫干部队伍。推动各项工作、各种资源、各方力量向服务脱贫攻坚聚合，全行各类业务都在自身领域内落实精准方略，各部门各条线都结合工作职责为金融扶贫贡献力量，各级分支机构政策制定、业务开展、队伍建设、党的建设都向服务脱贫攻坚聚焦，全行各类资源配置都优先考虑脱贫攻坚的需要，全行决策、业务、管理流程都适应金融扶贫需要不断优化，全流程服务脱贫攻坚。

三、促落实

农发行党委将严格执行党中央、国务院脱贫攻坚方针政策作为生命线，始终遵循政策抓好落实，增强服务脱贫攻坚的精准性和有效性，并向各级党组织层层传导压力，确保党中央决策部署在农发行及时、坚决、有力地贯彻执行，不出偏差。

（一）层层传导压力

坚持"四级书记"抓扶贫，建立分片包干的扶贫责任制，农发行党委班子成员包片指导推动分支机构扶贫工作，带头落实责任。组织各级党组织层层签订脱贫攻坚责任书，立下"军令状"，作出郑重承诺。建立脱贫攻坚考核体系，充分发挥"指挥棒"的激励导向作用。

（二）强力督促落实

对年度脱贫攻坚重点任务进行分解，纳入扶贫"任务清单"定期督办。开展脱贫攻坚挂牌督战，既"督"又"战"，建立完善常态化督导约谈机制，着力解决"上热中温下凉"问题，着力推动问题整改和梗阻解决，确保"军令"畅通、令行禁止。推动各项工作部署有效落实。

（三）严明纪律规矩

将服务脱贫攻坚工作情况列入农发行党委向党中央请示报告、省级分行党委向总行党委请示报告的重大事项清单，定期汇报政策性金融扶贫决策部署和重点任务落实情况。把全面从严治党要求贯穿脱贫攻坚工作全过程和各环节，建立监督检查工作机制，确保农业政策性银行扶贫务实扎实真实。

第二节　脱贫攻坚工程领导小组制度

服务脱贫攻坚是一项政治任务，覆盖面广，政策性、专业性都很强。习近平总书记强调，要充分发挥各级扶贫开发领导小组的作用，加强扶贫机构队伍建设[1]。农发行切实落实中央指示精神，成立总行和省级分行脱贫攻坚工程领导小组，研究分析政策性金融扶贫形势，决定政策性金融扶贫重大问题，制定全行服务脱贫攻坚方针、政策和目标任务，营造了有利于金融扶贫工作的内外部政策环境，推动中央各项脱贫攻坚决策部署和农发行党委工作要求落实落细。

一、农发行脱贫攻坚工程领导小组的成立

（一）成立脱贫攻坚工程领导小组是落实中央脱贫攻坚决策部署的重要举措

打响脱贫攻坚战之初，党中央、国务院就强调，要稳定和强化各级扶贫开发领导小组和工作机构，扶贫开发任务重的省（自治区、直辖市）、市（地）、县（市）扶贫开发领导小组组长由党政主要负责同志担任，强化各级扶贫开发领导小组决策部署、统筹协调、督促落实、检查考核的职能[2]。对农发行而言，有必要在总行党委的集中统一领导下，成立专门的领导机构，从战略层面对接党中央、国务院的脱贫攻坚战略部署、政策要求和融资需求，加强对政策性金融扶贫的领导。

（二）第一时间成立脱贫攻坚工程领导小组

2015年11月29日，中央扶贫开发工作会议召开后第二天，农发行召开党委（扩大）会议，决定在总行成立专门的扶贫开发领导小组。11月30日，在贯彻落实中央扶贫开发工作会议精神动员会上，农发行党委又对各级分支机构提出明确要求，强调：各分支行都要成立由"一把手"任组长的脱贫攻坚工程领导小组，各级行要积极争取成为当地扶贫开发领导小组成员单位。2015年12月3日，农发行脱贫攻坚工

---

① 2015年11月27日，习近平总书记在中央扶贫开发工作会议上的讲话。
②《中共中央　国务院关于打赢脱贫攻坚战的决定》。

程领导小组正式成立[①]。

（三）脱贫攻坚工程领导小组的成员组成

农发行脱贫攻坚工程领导小组由党委书记、董事长任组长，党委副书记、行长任副组长，分管涉及扶贫工作相关部室的党委委员、副行长任成员。领导小组下设办公室，办公室设在扶贫金融事业部，领导小组办公室主任由扶贫金融事业部总经理兼任[②]。同时，农发行根据实际情况及时对领导小组成员等进行调整。

二、脱贫攻坚工程领导小组的主要职责及作用

农发行脱贫攻坚工程领导小组负责对全行服务脱贫攻坚的组织领导，作为全行服务脱贫攻坚的决策、审议、协调机构，统筹推进全行扶贫开发金融服务工作[③]。其主要有五个方面职能。

（一）加强对全行支持脱贫攻坚工程的组织领导

2015年12月，领导小组第1次会议研究了在扶贫开发事业部基础上组建扶贫金融事业部、建立分支机构扶贫组织体系等重要事项，上述制度安排成为农发行扶贫组织领导体系的重要组成部分。2016年2月，领导小组第2次会议专门研究了扶贫金融事业部组织架构问题，审议了扶贫金融事业部的组织架构思路、职能和人员配备、分支机构建设、牌照申领等重要事项。2016年4月，领导小组第3次会议首次提出探索建立领导干部包干负责制，进一步加强对扶贫开发工作的组织领导，成为加强党对政策性金融扶贫工作的领导、压实服务脱贫攻坚责任的重要举措。

[①]《关于成立中国农业发展银行脱贫攻坚工程领导小组的通知》（农发银办〔2015〕214号）。
[②] 2016年5月，农发行成立扶贫综合业务部，承接原扶贫金融事业部职能，脱贫攻坚工程领导小组办公室日常工作由扶贫综合业务部承担。
[③]《关于印发〈中国农业发展银行脱贫攻坚工程领导小组议事规则〉的通知》（农发银办〔2015〕228号）。

（二）定期研究分析政策性金融扶贫形势，审定全行金融扶贫业务发展战略和规划

领导小组每次会议均学习传达习近平总书记关于脱贫攻坚指示批示精神、党中央国务院最新决策部署、国务院扶贫开发领导小组会议精神等，分析金融扶贫形势任务，结合农发行实际研究政策性金融扶贫的顶层规划，部署下一步扶贫工作。例如，2016年6月，领导小组第4次会议专门研究审议政策性金融扶贫五年规划有关问题。会议强调以国家"十三五"扶贫规划为依据，提出要牢牢把握国家脱贫攻坚最新的政策要求，结合政策形势的变化进行完善，比如针对当时有关部门最新出台的交通扶贫、健康扶贫政策，补充农发行落实措施，并增加政策性金融扶贫资金来源安排等内容。脱贫攻坚工程领导小组通过审议全行金融扶贫顶层规划并提交党委审定，以规划形式指导全行落实中央脱贫攻坚决策部署、国家部委政策要求、总行党委具体工作安排，有效发挥了把方向作用。

（三）审定政策性金融扶贫重大政策、制度办法

脱贫攻坚战全面打响后，党中央、国务院和相关部委先后出台了一系列脱贫攻坚政策和配套文件，也对农发行提出了各项明确要求。为了深入贯彻落实这些政策制度要求，脱贫攻坚工程领导小组督促指导各部门，在全行服务脱贫攻坚顶层设计体系的框架下，结合自身职责分工，深入研究制定扶贫政策制度办法，并提交领导小组审定。例如，2016年4月，领导小组第3次会议强调，要建立金融扶贫政策制度体系，研究制定扶贫信贷制度、操作流程、风险管理制度，形成完善的扶贫贷款管理制度体系，并提出了制定研发光伏扶贫、旅游扶贫等贷款管理办法等具体任务。2016年6月，领导小组第4次会议专门审定了省级政策性金融扶贫实验示范区工作方案、加快推动定点扶贫有关工作的意见等重要制度文件。

（四）审定全行金融扶贫业务发展规划、年度经营计划以及年度执行情况的报告

脱贫攻坚工程领导小组通过制订经营计划、审定计划执行情况，督

促落实年度金融扶贫重点任务，统筹推进全行服务脱贫攻坚工作。例如，每年年初召开领导小组会，根据中央最新脱贫攻坚工作部署，结合农发行战略定位和资源禀赋，综合考虑《五年规划》和《三年行动方案》中明确的贷款投放目标任务，科学制定和审定年度扶贫工作目标和扶贫贷款投放任务，并根据各地实际情况科学分解下达。每年年末或不定期召开领导小组会，听取扶贫金融事业部工作情况汇报和年度贷款任务完成情况汇报，跟踪评估目标任务完成情况，作为重要的决策依据，有针对性地部署推动下一步工作。

（五）争取有利的外部环境和政策支持

脱贫攻坚工程领导小组通过多种形式直接或间接参与国家扶贫开发方针政策规划的制定，从而及时掌握和贯彻落实党中央、国务院脱贫攻坚战略部署，参与研究拟定国家扶贫开发工作的方针、政策、规划，更好地实现政策性金融与国家扶贫政策的有效对接。同时，积极加强同相关部委的沟通协调配合，结合金融扶贫具体情况提出政策建议，为更好地履行政策性金融扶贫职责争取有利的外部政策环境。

（六）发挥脱贫攻坚工程领导小组办公室职能作用

领导小组办公室负责领导小组的日常工作，承担综合、协调、沟通、督办、服务等职能，推进落实领导小组各项决策部署。领导小组办公室设在扶贫金融事业部（后由扶贫综合业务部承担），相关职能先后由综合处（扶贫秘书处）、扶贫金融事业部秘书处等处室具体承担。

三、脱贫攻坚工程领导小组的议事与督办制度

议事规则是确保脱贫攻坚工程领导小组高效有序运行、督促领导小组各项决策部署有效落实的重要制度保障。自成立以来，领导小组通过建立和完善议事制度、督办与报告制度，不断增强对金融扶贫工作的决策协调、督办落实能力。

（一）出台领导小组议事规则

脱贫攻坚工程领导小组筹备之初，农发行就根据现行工作规则和会议议事机制，结合服务脱贫攻坚的特殊要求，研究制定领导小组的配套规则。2015年12月28日，经脱贫攻坚工程领导小组第1次会议审议通过，领导小组议事规则正式印发[①]。该规则明确了领导小组议事总则、人员、职责、议事制度、督办与报告制度等。

1.议事制度。领导小组作为全行服务脱贫攻坚的决策、审议、协调机构，统筹推进全行扶贫开发金融服务工作，其审议的事项，可视性质和重要程度，分别提交党委会或董事会决策，这就进一步保证了党委对全行服务脱贫攻坚工作的集中领导。此外，领导小组会议由组长提议召开并主持，可根据需要邀请其他行领导、部门负责人和专业人员参加会议，并将领导小组会议记录作为重要档案保存，在控制参会人员范围、切实精文简会的同时，聚焦主题，提高了领导小组会议效率。

2.督办与报告制度。该规则明确，领导小组议定事项需有关部门和分行落实的，由办公室将会议纪要送达有关部门和分行，并提交办公室列入督办事项。同时，扶贫金融事业部应定期向领导小组报告全行政策性金融扶贫工作情况。这就确保了领导小组及时准确掌握全行扶贫工作进展、科学作出决策，并保证了领导小组议定任务的有效落实。

（二）完善脱贫攻坚工程领导小组制度

2019年5月，作为做实扶贫金融事业部、健全政策性金融扶贫领导体制和运行制度的一项关键举措，农发行着力构建总行党委领导下的"一组两会"运行制度[②]。其中，"一组"即为完善脱贫攻坚工程领导小组制度，对领导小组的职能和议事频次等进行了明确，将"每年召开2次

①《关于印发〈中国农业发展银行脱贫攻坚工程领导小组议事规则〉的通知》（农发银办〔2015〕228号）。
②《关于印发〈关于做实扶贫金融事业部的工作方案〉的通知》（农发银发〔2019〕87号）。

以上脱贫攻坚工程领导小组会议"等要求进一步固化为制度。

第三节　扶贫金融事业部制度

在农发行设立扶贫金融事业部，是党中央关于金融服务脱贫攻坚的重要制度安排，也是政策性金融扶贫组织体系乃至整个"四梁八柱"当中最具有农发行特色的制度设计。农发行长期根植"三农"、贴近"三农"、深耕"三农"，各部门、各业务条线都积累了服务脱贫攻坚的经验基础和特色领域。在农发行单独成立一个各相关部门参与、事业部形式的组织，专门负责推动政策性金融扶贫工作，核心是为了解决这样一个问题：如何在充分动员和凝聚各部门、各条线合力的同时，保持银行前中后台之间的分离制约关系，从而更好发挥专业分工的优势。这是农发行以服务脱贫攻坚统揽业务发展全局、构建全行全力全程扶贫工作格局的客观需要，也是贯彻党委脱贫攻坚工作部署的重要手段。

农发行扶贫金融事业部的制度设计重点考虑两个关键要素：一是组织架构问题，即扶贫金融事业部由谁组成、如何分工；二是工作机制问题，即扶贫金融事业部以什么机制流程来运行，各成员间以什么机制实现相互配合。五年来，农发行围绕这两个关键要素，探索建立扶贫金融事业部制度，并不断完善形成了权责清晰、科学规范的"1+N+M"组织架构，建立了激励相容、运行高效的执行委员会和总裁办公会工作机制，有效地实现了上中下纵深贯通和内外部协调联动。

一、扶贫金融事业部是具有政策性金融特色的制度安排

（一）设立扶贫金融事业部是党中央关于金融扶贫的重要部署

习近平总书记在中央扶贫开发工作会议上强调，"特别是要重视发挥好政策性金融和开发性金融在脱贫攻坚中的作用"。《中共中央　国务院

关于打赢脱贫攻坚战的决定》明确："国家开发银行、中国农业发展银行分别设立'扶贫金融事业部'，依法享受税收优惠。"《中共中央　国务院关于打赢脱贫攻坚战三年行动的指导意见》进一步明确，"支持国家开发银行和中国农业发展银行进一步发挥好扶贫金融事业部的作用"。人民银行等六部门印发的《关于金融助推脱贫攻坚的实施意见》对扶贫金融事业部作出专门部署："国家开发银行和农业发展银行加快设立'扶贫金融事业部'，完善内部经营管理机制，加强对信贷资金的管理使用，提高服务质量和效率，切实防范信贷风险。'扶贫金融事业部'业务符合条件的，可享受有关税收优惠政策，降低经营成本，加大对扶贫重点领域的支持力度。"可见，从脱贫攻坚战伊始，设立扶贫金融事业部就是党中央关于金融服务脱贫攻坚的一项重要部署。

（二）设立扶贫金融事业部是加大金融扶贫投入力度的客观需要

设立扶贫金融事业部的主要考量是如何通过制度设计，加大政策性银行对脱贫攻坚的支持力度。首先，设立专门负责金融扶贫的机构，有利于更好地服务国家脱贫攻坚战略，对接国家扶贫政策和融资需求，统筹谋划和制定金融扶贫政策措施，从而切实加大金融扶贫支持力度。其次，设立专业推动金融扶贫的机构，有利于按照中央精准扶贫、精准脱贫基本方略和"五个一批"工作部署，提高金融扶贫的精准度。最后，设立涵盖多个部门的事业部制架构，有利于广泛动员和凝聚各部门合力，更好发挥先锋主力模范作用。

（三）设立扶贫金融事业部是立足农业政策性银行实际的制度选择

组织架构问题事关管理体制、干部队伍、工作流程等多个复杂维度，不可能脱离农发行实际另起炉灶、从头再来，必须因地制宜、谨慎设计，从而保障事业部能够高效合规运转。首先，不同于国家开发银行的扶贫金融事业部，农发行长期深耕"三农"，各条线均与服务脱贫攻坚有直接关系，不可能跳出现有组织架构另起炉灶单设扶贫部门。因此，符合农发行实际的组织体系就是在现行组织框架下，设立事业部制的专门扶贫机构，实行扶贫业务集中管理、职能部门提供支撑。其次，在公司治理框架下设立扶贫金融事业部，总体遵循农发行原有运作模式、业务流程、管理要求和规章制度，合理布局组织框架，严格控制机构数量，体现了"精干高效"的设计理念，有利于提高效率。最后，保持事业部独立运作，有利于实施差异化的金融扶贫政策制度；有利于单独核算、分账管理，实现扶贫业务与其他业务财务隔离，便于单独评估和利益补偿；有利于建立差别化的激励约束机制和监管制度。

二、扶贫金融事业部的成立与演进

扶贫金融事业部及其配套制度是一个适应脱贫攻坚形势任务变化、落实外部监管要求、结合实践探索经验，不断开展能动创新和适应性演进的过程，分为三个阶段。

（一）前期筹备阶段（2015年6月至2016年6月）

这一阶段的核心问题是尽快成立专门的扶贫机构，解决"有没有"的问题，从而及时对接中央密集出台的脱贫攻坚系列决策部署。在中央明确提出成立"扶贫金融事业部"前，农发行成立了"扶贫开发事业部"，有力推动了易地扶贫搬迁和专项扶贫业务，也就是后来扶贫金融事业部的前身。

1. 筹备组建扶贫开发事业部。2015年6月，习近平总书记在贵州主持召开部分省区市党委主要负责同志脱贫攻坚座谈会后，农发行党委立即作出了全力服务脱贫攻坚的战略决策，成立扶贫开发事业部筹备组，在短短一个月时间内，先后3次召开党委会议，研究筹备扶贫开发事业部。7月13日，农发行召开党委会议，决定成立扶贫开发事业部。8月4日，农发行正式成立扶贫开发事业部，成为全国银行业率先成立支持扶贫开发专门机构的金融单位。

2. 在扶贫开发事业部基础上组建扶贫金融事业部。2015年12月，按照中央扶贫开发工作会议精神，农发行将扶贫开发事业部更名为扶贫金融事业部。随后，召开2次脱贫攻坚工程领导小组会议，研究在扶贫开发事业部基础上组建扶贫金融事业部，负责统筹推动落实全行扶贫工作。

3. 请示成立扶贫金融事业部。2016年4月，先后向财政部、银监会提交请示。4月20日，中国银监会批复同意农发行设立扶贫金融事业部。

（二）正式组建阶段（2016年6月至2019年4月）

这一阶段，落实党中央要求，正式成立了具有清晰组织架构和运行规则的扶贫金融事业部，在运行过程中，根据金融扶贫工作的需要，不断探索并主动进行调整。

1. 正式成立事业部、执委会。2016年6月27日、28日，正式印发通知，成立扶贫金融事业部和扶贫金融事业部执行委员会，明确了5个事业部组成部门、7个执委会成员单位。7月，成立扶贫综合业务部，承接原扶贫开发事业部、扶贫金融事业部职能。

2. 事业部内设部门职能调整。2018年10月，根据脱贫攻坚需要调整优化事业部职能部门，扶贫综合业务部加挂产业发展扶贫部牌子，信贷管理部将扶贫风险管理职能划归风险管理部。

（三）做实事业部阶段（2019年4月至2021年2月）

这一阶段，主要是落实中央巡视组两次提出的反馈意见，解决事业部运行过程中的问题，全方位优化组织架构、运行机制等，推进扶贫金融事业部制度走向成熟。

1. 做实扶贫金融事业部。2019年5月，按照中央脱贫攻坚专项巡视要求，从六个方面做实事业部，建立了成形的"一组两会"领导体制和"1＋N＋M"组织架构。

2. 进一步做实扶贫金融事业部。按照中央脱贫攻坚专项巡视"回头看"要求，进一步做实事业部，2020年5月，将执委会、总裁办公会的工作规则进一步制度化。

三、"1+N+M"组织架构

由于农发行是专司"三农"的农业政策性银行，各条线都与脱贫攻坚密切相关，不可能仅靠一两个部门就承担全部扶贫任务，必须是在各部门共同参与的同时，做好分工协调。为此，农发行在设计扶贫金融事业部组织架构时，将其分为事业部组成部门和执委会成员单位两个维度。前者直接负责推动金融扶贫工作，后者在前者的配合下，开展资金管理、财务核算、风险管理、统计分析等工作。

（一）扶贫金融事业部组织架构的发展与演变

扶贫金融事业部组织架构不是一成不变的，总的演变方向是"职责更加清晰、运行更加高效、体系更加科学规范"，这一演变过程反映出农发行对政策性金融扶贫"谁来扶"问题的规律性认识不断深化。

1. 初步探索。2016年6月17日，汪洋副总理主持召开金融扶贫工作座谈会，强调要增加对贫困地区产业发展、基础设施建设、易地扶贫搬迁等的金融资金供给。农发行围绕这三个重点对扶贫金融事业部内设机构进行设计，最初包含了4个内设职能部门，即扶贫综合业务部、产业发展扶贫部、基础设施扶贫部、易地扶贫搬迁部。其中，易地扶贫搬迁部加挂在扶贫综合业务部。这样就实现了对农发行扶贫的三类业务的集中管理，而相应的支撑保障工作则由农发行现有职能部门提供，例如资金管理、授信评审、信贷管理、运营管理、IT管理、人力资源、财务管理、审计监督、风险控制等。

2016年6月，扶贫金融事业部正式成立时，将信贷管理部纳入事业部组成部门，形成了"五马拉车"工作格局。主要考虑是发挥银行前中后台分工制约的制度优势，单独明确一个部门负责制定扶贫信贷基本制度、基本流程、信贷政策、信贷管理指导意见，组织扶贫贷款风险防控等。此时事业部架构可以概括为"5＋3"，"5"是指事业部组成部门，即扶贫综合业务部（易地扶贫搬迁部）、粮棉油扶贫部、基础设施扶贫部、扶贫信贷管理和风险管理部，"3"是指扶贫金融事业部执委会的其他成员单位，即战略规划部、创新部、财务会计部。

2. 调整完善。随着对金融扶贫的规律性认识，以及对全行全力全程扶贫工作格局的理解不断深化，扶贫金融事业部及执委会的组织架构也在不断扩充和调整。有两个典型例子：一是粮棉油扶贫部不再加挂产业发展扶贫部牌子，扶贫综合业务部加挂产业发展扶贫部牌子，负责统筹全行支持产业发展扶贫，并直接负责新兴产业扶贫板块的业务，粮棉油扶贫部和创新部根据职责分别负责粮棉油板块产业扶贫业务和国家产业扶贫专项行动，金融支持产业扶贫的格局更加清晰。二是将风险管理部纳入执委会成员单位，并将扶贫信贷管理和风险控制部承担的部分风险管理职能移交给风险管理部，从而使扶贫贷款贷后管理、风险防控的权责更加清晰。

3. 成熟定型。2019年以来，农发行按照巡视组要求推动做实事业部，"1＋N＋M"的组织架构走向成熟。从部门数量上，资金部、信用审批部、风险管理部、内控合规部、人力资源部纳入了执委会成员单位，这些部门的职责基本涵盖了金融扶贫的各个方面。从组织结构上，在原有的事业部组成部门中，更加注重剥离"1"（扶贫综合业务部）的作用，从而更好地实现了对全行扶贫工作的综合统筹。从工作职责上，通过不断明确各部门之间的分工，使职责边界越来越清晰，实现了"各司其职、各计其功"。

4. 扶贫金融事业部组织架构调整与政策性金融扶贫思路完善深化。扶贫金融事业部组织架构的不断调整完善，反映出农发行对政策性金融扶贫"谁来扶"这一问题的认识不断深化。具体来说，最初农发行主要依靠扶贫综合业务部、粮棉油扶贫部、基础设施扶贫部、创新扶贫部等前台业务部门，通过贷款投放的方式直接对易地扶贫搬迁、产业扶贫、专项扶贫、基础设施建设予以支持。随着实践的深入，农发行逐渐意识到，通过合理配置信贷资源（战略规划部）、出台差异化信贷政策并理顺信贷业务流程（扶贫信贷管理部）、提供低成本扶贫资金（资金部、财务会计部）、平衡好让利于贫和防控风险的关系（风险管理部）等多种途径，都可以实现服务脱贫攻坚的目的。随着这些部门越来越多地加入扶贫金融事业部、直接参与服务脱贫攻坚，金融扶贫的内涵与外延也相应得到了拓展。

（二）扶贫综合业务部及其职责

扶贫综合业务部是扶贫金融事业部中唯一为服务脱贫攻坚新成立的部门，其核心职能有五大类。

1. 对外政策对接。脱贫攻坚是有明确时限的攻坚战，五年来，国家层面的扶贫政策密集出台，国家各部委对本行业的扶贫政策也有一系列专门部署，这些政策部署有很强的时效性，而农发行各条线都涉及扶贫业务，如果分头对接可能各自为政、贻误时机。为此，农发行成立扶贫综合业务部，负责牵头对接国家各类扶贫政策，并及时对外汇报农发行扶贫工作和诉求，凝聚行内各条线的合力，开展各类扶贫合作。

扶贫综合业务部自2016年5月成立之初，就明确承担"跟踪研究国家扶贫开发政策""与国务院扶贫办等相关国家部委的扶贫政策对接和沟通协调"的职能，并专门设立了政策制度与产品设计处、合作扶贫处两个处室负责具体承担相关职能。在历次机构职能调整中，对接国家政策一直是扶贫综合业务部最重要的一项职能。

2. 对内统筹协调。在扶贫金融事业部"1+N+M"架构中，扶贫综合业务部发挥了重要的综合统筹作用，主要是综合、协调、沟通、督办、考核等。扶贫金融事业部成立之初就将领导小组办公室设在扶贫综合业务部，后来为落实中央巡视组关于做实事业部的要求，又专门成立了"扶贫金融事业部秘书处"，具体负责事业部的内部协调工作。

3. 创新扶贫业务。农发行将全部原有业务都应用于扶贫领域，同时，为了适应中央专项扶贫行动的需要，还需要创新研发许多新的产品和业务。每一项新业务都对应一个专项扶贫行动、一家牵头国家部委，为提高对接响应效率，需要由一个部门牵头对接相关部委，并创新研发适用的贷款产品。

脱贫攻坚期间，扶贫综合业务部专门成立了政策制度与产品设计处，牵头研发了光伏扶贫、旅游扶贫、教育扶贫、健康扶贫、贫困村提升工程等一系列专项扶贫产品。在这一制度安排下，由一个部门专门负责设计和孵化贷款产品，孵化成形后再移交给相应业务领域的部门使用，有效提高了响应政策和分工协作的效率。除了设计产品，扶贫综合业务部还牵头出台了一系列差异化政策，将扶贫金融事业部各部门的优惠政策充分整合集成起来，打出了政策措施的"组合拳"。

4.牵头定点扶贫。脱贫攻坚期，农发行明确总行定点扶贫工作由扶贫综合业务部牵头推动，并专门成立了定点扶贫处。这一制度设计至少有三点考虑：一是由负责扶贫工作的前台业务部门牵头定点扶贫工作，能够通过用好各类专项产品，有力加大对定点扶贫县的信贷支持；二是扶贫综合业务部本身就负责对外扶贫交流合作，可以牵头同其他承担定点扶贫任务的中央和国家机关开展扶贫合作；三是扶贫综合业务部负责扶贫金融事业部的对内统筹协调，有利于动员各部门各条线的力量支持定点扶贫。

实践证明，在这一制度安排下，农发行定点扶贫工作的维度逐步丰富，从以信贷支持和无偿捐赠为主，逐步实现了向融资、融智、融商、融情"四融一体"，各级行各条线广泛参与的工作格局转变。

5.扶贫贷款管理。精准是新时期扶贫开发最突出的特点，也是政策性金融扶贫的生命线。人民银行对金融精准扶贫贷款的管理有明确的要求，但仍需要将外部监管要求融入农发行的信贷流程、将精准扶贫、精准脱贫的思想内涵融入工作的各环节，转化为可操作、可落地、可检验的执行标准。为此，扶贫综合业务部专门设立精准扶贫管理处，主要承担精准管理、考核评价、风险监测、基础台账建设等职能，对上承接监管要求，对下响应基层需要，推动政策性金融扶贫的精准度和质效持续提升。

扶贫综合业务部的职能演进。随着脱贫攻坚的持续深入，政策性金融扶贫的组织架构和职能分工必然也需要根据中心工作的调整而不断演进，从而更好地适应各阶段不同的工作重心。总体的脉络是：2015—2018年，农发行需要尽快搭建起政策性金融扶贫的总体框架，扶贫综合业务部的职能以推动产品政策创新为主；2018年以后，随着政策性金融扶贫的框架逐步完善、内涵逐渐丰富，扶贫金融事业部的成员单位越来越多、分工越来越细化，事业部内部的统筹协调显得越发重要，综合协调职能便成为扶贫综合业务部职能中越来越重要的一部分。扶贫综合业务部职能的演进，成为农发行全行全力全程扶贫工作格局不断健全的一个缩影。

（三）扶贫金融事业部组成部门及其职责

扶贫金融事业部组成部门是扶贫金融事业部落实中央部署的承载主体，是为脱贫攻坚提供信贷支持和金融服务的核心部门，是制定全行扶贫政策制度的主要牵头部门，由4个前台业务部门（扶贫综合业务部、粮棉油扶贫部、基础设施扶贫部、创新扶贫部）和扶贫信贷管理部组成。

1.前台业务部门的职责。除扶贫综合业务部承担的综合统筹等职能外，4个前台业务部门在扶贫金融事业部中主要承担两个方面职责。

一是对接落实国家扶贫政策，做好本条线扶贫业务。发挥行业优势，主动对接本行业的国家扶贫政策和贫困地区的金融需求，分别研究提出条线扶贫政策、产品、服务等。实践中，4个部门都围绕国家专项扶贫政策，结合本条线业务实际，出台了一系列贯彻落实意见或政策产品办法，明确扶贫贷款边界和具体操作要求，并指导本条线分支机构抓好落实。典型的例子是，粮棉油扶贫部结合粮棉油购销封闭管理运行的工作实际，把人民银行的金融精准扶贫认定要求细化为粮棉油收购扶贫贷款认定标准，依据粮食收购码单材料进行带贫人数的认定。此外，还结合藏区农业生产的实际情况，将参照粮棉油收储的方式和办法，为"三区三州"深度贫困地区的青稞、苦荞等特色作物收储提供信贷支持。

二是发挥本条线客户和行业优势，做好定点扶贫工作。2015—2018年，农发行总行定点扶贫工作统一由扶贫综合业务部牵头，从2018年开始，各前台部门分别对口帮扶1个定点扶贫县。在分工中，充分考虑了定点扶贫县的资源禀赋、致贫原因与对口部门业务特性的匹配。例如，吉林省大安市位于粮食主产区，主要依靠粮食产业实现脱贫，农发行安排粮棉油扶贫部对口帮扶，为该市粮食购销提供充足资金，并帮助引进了大量粮油加工企业；云南省马关县位于西南边境地区，基础设施建设长期滞后，成为脱贫摘帽和经济社会发展的突出短板，农发行安排基础设施扶贫部对口帮扶，重点支持其补齐公路等短板。

2.扶贫信贷管理部的职责。扶贫信贷管理部主要承担三方面职能。

一是制定全行扶贫的基本信贷制度、政策、流程、指导意见等，例如制定全行扶贫贷款信贷指引，提出扶贫信贷业务授权方案，统筹规范全行扶贫产品政策等。2018年以后，扶贫信贷管理部进一步增强了规范扶贫信贷政策和产品的牵头职能，推动整合扶贫产品政策，纳入全行信贷管理体系建设。

二是牵头组织扶贫信贷风险管理工作。从2018年10月开始，为进一步厘清扶贫金融事业部内部职责分工，该职能划归风险管理部，信贷管理部按职责分工只负责扶贫贷款的信用风险管理。

三是负责组织扶贫贷款的放款监督、贷后管理等，以及配套的信贷管理系统（CM2006系统）建设等。

3.推动扶贫金融事业部组成部门高效运行的制度设计。5个组成部门之间协调配合、高效运行，是扶贫金融事业部高效运行的基础和关键。为了实现"职责清晰、运行高效、科学规范"，扶贫金融事业部主要进行了三个方面制度设计。

一是建立了组成部门之间相对清晰的职能边界，防止工作落空、推诿扯皮。例如，扶贫金融事业部成立之初，农发行的产业扶贫贷款业务主要集中在粮棉油收储领域，因此由粮棉油扶贫部加挂产业发展扶贫部牌子，牵头做好产业扶贫工作。随着脱贫攻坚的不断深入，中央强调要因地制宜发展特色产业扶贫，扶贫综合业务部、粮棉油扶贫部、创新扶贫部均在各自职责范围内支持贫困地区产业发展。为进一步整合相关资源，2018年10月，农发行明确由扶贫综合业务部加挂产业发展扶贫部牌子，统筹推动全行产业扶贫工作。

二是形成了组成部门之间相对清晰的业务边界，防止业务交叉、监管套利。例如，按照脱贫攻坚专项巡视反馈意见的要求，农发行对林业资源开发与保护贷款的责任部门进行了调整，将部分业务领域存在交叉的贷款进行了区分。经过这样的调整和安排，4个前台部门形成了相对清晰的业务边界，更能聚焦主责主业开展创新，对于基层行和贫困地区来说，也更加清晰、方便、易行。

三是强化各组成部门之间的沟通联络。作为推动做实扶贫金融事业部的重要举措，农发行一方面建立了扶贫金融事业部总裁办公会制度，以事业部5个组成部门为主体，采取相比执委会而言更加灵活机动的方式进行议事协调；另一方面在各个组成部门分别明确1个处室加挂扶贫牌子，实现了同一部门内的扶贫工作"一口进一口出"，进一步提高了日常沟通效率。

（四）扶贫金融事业部执行委员会成员单位及其职责

执委会主要有两个方面职责：一是贯彻落实总行党委重大决策和议定事项，对扶贫金融事业部权限内的重大事项进行决策，二是为事业部提供支撑和保障。除事业部5个组成部门外，执委会还有7个成员单位，分别是战略规划部、资金部、信用审批部、风险管理部、内控合规部（法律事务部）、财务会计部、人力资源部（党委组织部）。这7个成员单位，一方面要发挥本条线优势为脱贫攻坚提供资源保障，确保政策性金融扶贫"粮多弹足"；另一方面也要配合5个组成部门，为扶贫金融事业部的高效运行提供支撑。

1. 资源倾斜保障方面。一是提供信贷资源保障。包括优先配给扶贫信贷资源，制定差异化的扶贫贷款利率优惠政策，由战略规划部、资金部负责；拓宽扶贫贷款低成本资金来源，由资金部负责；对创新性的扶贫产品和模式，进行合规论证，提供法律支撑，由内控合规部（法律事务部）负责。二是提供财务资源保障。包括推动实现"三个倾斜"，完善"两个专门"，争取"三项政策"，由财务会计部负责。三是提供人力资源保障。包括做好干部交流、贫困地区分支机构人员配备、选拔任用等，由人力资源部（党委组织部）负责。

2. 事业部运行支撑方面。一是科学设定全行扶贫业务的目标任务，主要由扶贫综合业务部牵头，战略规划部配合。二是做好扶贫贷款的统计监测，主要由扶贫综合业务部单设扶贫监测考评处负责，战略规划部配合。三是对扶贫贷款信贷风险进行监测，由扶贫信贷管理部、风险管理部分别负责。四是对全行扶贫任务落实情况进行考核，主要由扶贫综合业务部、人力资源部分别负责。

四、"一组两会"领导体制和运行制度

纵观扶贫金融事业部制度的演进过程，有这样一个趋势：一方面，由于扶贫工作的需要，事业部的组成部门越来越多、分工越来越细，经过几轮部门职能调整，事业部内部的职能分配越来越合理，精细分工带来的效率提升越来越明显。另一方面，内设部门的增加对内部沟通协调提出了更高的要求，在强化扶贫综合业务部综合协调职能的同时，需要有一套明确的规则、制度、机制，以明晰职能边界、强化沟通协调、解决问题争议。因此，"一组两会"制度应运而生，即脱贫攻坚工程领导小组制度和扶贫金融事业部执行委员会、总裁办公会制度。

（一）扶贫金融事业部执行委员会制度

扶贫金融事业部执行委员会是贯彻落实总行党委支持脱贫攻坚决策

部署的专门执行机构，也是扶贫金融事业部重要扶贫政策、制度办法和重大事项的审议和决策机构。执委会在成立之初就制定了工作制度[1]，明确了执委会工作的总则、人员组成、主要职责、工作程序等，并根据工作制度和总行党委授权开展工作。2020年，作为进一步做实扶贫金融事业部的举措之一，农发行对执委会工作规则进行了修改完善[2]，进一步发挥扶贫金融事业部对全行扶贫业务统筹谋划、牵头协调和推动落实的职能，实现上中下纵深贯通和内部协调联动。

1. 人员组成。执委会由主任、常务副主任、秘书长和部门委员组成，主任由行长、事业部总裁担任，常务副主任由事业部常务副总裁担任，秘书长由扶贫综合业务部主要负责人担任，部门委员由执委会成员单位主要负责人担任。随着金融扶贫工作范畴的拓展，部门委员由最初的7人扩充到12人。

2. 主要职责。执委会主要负责贯彻落实总行党委和脱贫攻坚工程领导小组决策部署和议定事项，对扶贫金融事业部权限内的重要事项进行决策，研究制定全行扶贫业务战略规划、经营计划、政策规章制度、扶贫考核方案等，并对执委会议定事项落实情况进行督办检查。

3. 工作程序。执委会的工作程序是在农发行现行工作规则和会议议事机制基础上制定的，同时，为适应事业部沟通协调、凝聚共识、解决争议的需要，提高部门间议事效率和督办成效，工作程序作了若干特殊安排。例如，强调原则上每季度召开1次以上执委会会议；对涉及政策性金融发展战略规划、事业部政策制度办法、脱贫攻坚考核方案和考核结果、年度扶贫业务经营计划和执行情况等重要事项，应按程序提交执委会审议；提交执委会审议的问题应有解决方案，重大问题应提出两种

---

[1]《关于成立中国农业发展银行扶贫金融事业部执行委员会的通知》（农发银办〔2016〕125号）。

[2]《关于印发〈中国农业发展银行扶贫金融事业部执行委员会工作规则（2020年修订）〉和〈中国农业发展银行扶贫金融事业部总裁办公会工作规则〉的通知》（农发银办函〔2020〕109号）。

以上的解决方案。

4. 督办落实。执委会会议议定事项纳入全行扶贫"任务清单"管理，相关责任部门按照会议纪要要求抓好落实，并由扶贫综合业务部按季督办。执委会成员单位实行"双线报告制"，即向本部门分管行领导汇报执委会会议召开情况和议定事项落实情况，同时向执委会主任和常务副主任汇报议定事项落实情况和成员单位协调推动情况。

（二）扶贫金融事业部总裁办公会制度

为了进一步强化对全行扶贫工作的统筹抓总、推动落实，解决职能部门合力不够问题，增强事业部统筹协同能力，2019年5月，农发行成立扶贫金融事业部总裁办公会，作为做实扶贫金融事业部的重要举措[①]。2020年5月，农发行印发总裁办公会工作规则，以制度形式对总裁办公会的职责、工作程序等予以明确。

1. 主要职责。总裁办公会主要负责推动贯彻落实总行党委、脱贫攻坚工程领导小组、扶贫金融事业部执行委员会关于扶贫工作的决策部署，协调解决具体问题。具体包括监督检查扶贫决策部署落实情况、听取有关部门扶贫工作进展情况汇报、研究推动有关专项扶贫工作的具体措施、协调解决扶贫工作推进中的有关问题等。

2. 工作程序。总裁办公会根据工作需要，由总裁主持召集，定期或不定期召开，总裁、常务副总裁、副总裁、事业部组成部门总经理或分管扶贫业务的副总经理等参加。相比扶贫金融事业部执委会会议，总裁办公会的会议范围更小、议题更具体，有更明确的针对性。总裁办公会召开流程分为发起、准备、召开、纪要、督办。总裁办公会议定事项纳入"任务清单"管理，由扶贫金融事业部秘书处根据会议纪要定期督办，并向总裁和常务副总裁汇报落实进度。

---

① 《关于印发〈关于做实扶贫金融事业部的工作方案〉的通知》（农发银发〔2019〕87号）。

第四节 "四级一体"扶贫垂直架构

脱贫攻坚战取得全面胜利的重要经验之一，就是强化中央统筹、省负总责、市县抓落实的工作机制，构建全党动员促攻坚的局面。农发行提出，建立健全总行统筹、省级分行负总责、总行部室对口联系、市县分行抓落实的扶贫工作机制，这一工作机制有效运行的基础，就是要建立健全各级分支机构服务脱贫攻坚的组织体系。

一、"四级一体"扶贫垂直架构的设计思路

农发行建立和完善分支机构服务脱贫攻坚组织体系主要解决两个方面问题：一方面要实现对贫困地区（省、市、县各级）金融服务全覆盖，另一方面要实现分支机构扶贫工作高效运行，确保总行党委脱贫攻坚决策部署有效传达落实。解决这两个方面问题，是在政策性金融扶贫业务发展的前后两个阶段，应对内外部政策环境变化探索"四梁八柱"体系的客观需要。

（一）实现贫困地区金融服务全覆盖

2015年，党中央全面打响脱贫攻坚战后，为全面对接中央"五个一批"工程，以及贫困地区的扶贫开发规划政策和金融需求，有必要将农发行的扶贫分支机构向贫困地区作针对性的延伸和倾斜。2015年11月，农发行就提出要在有扶贫开发任务的省级分行和二级分行成立扶贫金融机构，在贫困县支行建立扶贫金融事业部机构[①]。

2016年初，农发行在全国1549个县市设有分支机构，机构覆盖率达79%，在832个国家扶贫开发工作重点县中，515个有农发行机构，机构覆

[①] 2015年11月30日，中国农业发展银行贯彻落实中央扶贫开发工作会议精神动员会。

盖率为62%，低于农发行全国机构覆盖率17个百分点。无论是从落实中央脱贫攻坚决策部署，还是从拓展金融扶贫业务的角度看，都需要尽快优化完善贫困地区机构布局。农发行的主要思路是，区分轻重缓急，通过新成立或派出专门的扶贫机构，或者在现有机构基础上加挂扶贫牌子两种方法，在贫困地区快速铺开扶贫机构。

（二）实现扶贫分支机构高效运行

2016年，农发行在总行层面的扶贫组织架构和决策体系已经建立并正常运转，在省、市、县三级分支机构的扶贫组织体系建设也已基本完成，有效支撑了政策性金融扶贫在全国金融系统率先发力。但是从运行机制上看，四级分支机构对服务脱贫攻坚重视程度逐级递减的现象客观存在，对于以服务脱贫攻坚统揽全局的战略共识还需要深化。2017年，政策性金融扶贫进入承前启后的关键之年，但由于外部融资政策环境发生重大变化、内部扶贫运行机制还不够完善等原因叠加，农发行扶贫信贷业务发展遇到瓶颈。

在"总行统筹、省级分行负总责、市县级行抓落实"的工作体制中，省级分行居于承上启下的关键位置。农发行党委作出判断，"上热中温下凉"，关键要解决"中温"问题。因此，作为破解扶贫业务发展面临问题的一项重要举措①，必须要在省级分行强化以服务脱贫攻坚统揽全局的扶贫工作运行机制，从而将服务脱贫攻坚政治责任"一竿子插到底"。农发行的主要思路是，参照总行扶贫组织架构和运行机制，建立省级分行脱贫攻坚工程领导小组、扶贫金融事业部分部及执委会制度，进一步厘清扶贫工作机构职责，同时实行扶贫工作双线报告制度，各部门扶贫工作除了要向本级党委汇报，还要向本条线的上级部门汇报，增进了四级机构间的纵向协同。

---

① 2017年6月19日，扶贫金融事业部执委会2017年第5次会议。

二、建立贫困地区全覆盖的分支机构扶贫组织体系

农发行服务脱贫攻坚的优势之一，就是拥有健全的总省市县四级组织体系，人员和机构重心都在基层。为了在脱贫攻坚中争当各级金融扶贫先锋主力模范，就必须要实现对贫困地区金融服务全覆盖。

（一）在省市县分支机构专设扶贫部门

2015年12月，作为脱贫攻坚工程领导小组第1次会议的重要议题，农发行党委专题研究了完善政策性金融扶贫组织体系。这次会议初步提出了农发行分支机构扶贫组织体系建设的思路，即按照"先急后缓"原则，在扶贫开发任务较重的省级分行先行设立扶贫金融处，暂时不设处的省级分行也要明确承担金融扶贫职责的处室；在832个国家级贫困县有农发行分支机构的县级支行加挂扶贫部门的牌子，实行一套人马、两块牌子。

2016年2月，脱贫攻坚工程领导小组第2次会议专门研究扶贫金融事业部组织架构问题，进一步细化了扶贫分支机构建设的思路，更加突出省市县三级全覆盖。除了省级分行和有分支机构的国家级贫困县支行，进一步提出：在有扶贫开发任务的二级分行现有客户部门加挂扶贫业务部牌子；在没有机构的贫困县，从全行层面统筹谋划，既可派驻工作组负责扶贫信贷业务对接工作，也可通过内部结构调整增加贫困县基层分支机构数量。

2016年4月，农发行正式建立分支行扶贫组织体系[1]。省级分行层面，在向中央签署脱贫攻坚责任书的22个省（自治区、直辖市）分行设立扶贫业务处，人员可按3~5人配备。二级分行层面，有扶贫开发任务的二级分行，在客户业务部门加挂扶贫业务部的牌子。县级支行层面，

---

[1]《关于建立健全分支行扶贫金融组织体系有关问题的通知》（农发银发〔2016〕66号）。

全国832个国家级贫困县，有农发行机构的，在县级支行加挂"中国农业发展银行××县（市）扶贫金融事业部"的牌子；无农发行机构的，由各省级分行根据扶贫工作需要，可派工作组负责扶贫信贷业务。同时明确了省级分行扶贫业务处主要职责，以及市县行机构设置要求、人员配置、时间限制等。

东部地区9个省、直辖市承担的脱贫攻坚工作任务相对较轻，农发行本着精简机构人员的原则，不单独设立扶贫分支机构。但考虑到牵头推动各省扶贫开发任务、开展东西部扶贫协作、扶贫宣传和合作、扶贫贷款管理等需要，农发行东部地区9家省级分行结合本省实际，明确由粮棉油处、基础设施处、创新处中的1个处室作为扶贫业务职能处室，对接总行扶贫金融事业部、扶贫综合业务部，牵头本省服务脱贫攻坚工作。

（二）在贫困地区增设分支机构和扶贫工作组

为了优化扶贫机构布局，2016年，农发行正式向财政部申请在国家扶贫开发重点县增设营业机构[①]。此次增设机构的原则是，农发行在国家级贫困县的信贷投放达到一定规模（2亿元及以上），设立机构后能够实现自负盈亏，保本经营；对于扶贫任务重、设立机构后能够在脱贫攻坚中发挥重要作用的国家级贫困县，也可适当设立营业机构。根据这两项原则，农发行在全国范围筛选出了7家省级分行拟增设的13家市县级分支机构，包括农发行定点扶贫县贵州锦屏、云南马关等。2017年2月，经财政部正式批复同意后，13家分支机构正式成立[②]。

2016年10月，为了进一步强化对无分支机构的国家级贫困县金融服务，农发行决定设立扶贫工作组[③]，名称为"中国农业发展银行××市

---

① 《中国农业发展银行关于在国家扶贫开发重点县增设营业机构的请示》（农发银发〔2016〕240号）。
② 《关于在江西省安远县等13个国家扶贫开发工作重点县增设分支机构的通知》（农发银发〔2017〕28号）。
③ 《关于在我行无机构的国家级贫困县设立扶贫工作组的通知》（农发银发〔2016〕287号）。

（州）分行驻××县（市、区、旗）扶贫工作组"，负责在无机构贫困县开展脱贫攻坚相关工作。扶贫工作组由3人组成，2人由国家级贫困县所在地的二级分行从辖内分支行派出，1人由国家级贫困县的政府及有关部门在当地推荐熟悉经济、金融、扶贫等工作的兼职人员。扶贫工作组的主要职责与国家级贫困县支行类似，包括宣传推介金融扶贫政策产品，对接地方政府扶贫开发工作，协助地方政府编制脱贫攻坚规划和融资方案，制定和实施政策性金融扶贫业务发展规划和年度计划，扶贫项目营销、客户维护和金融服务，扶贫贷后管理、数据统计、风险监测等工作。

随着新增设县级支行和扶贫工作组的成立，农发行实现了省、市、县三级分支机构对贫困地区的金融服务全覆盖。

三、健全上下贯通的分支机构扶贫运行工作机制

农发行在总行层面建立脱贫攻坚工程领导小组、扶贫金融事业部制度后，党委对脱贫攻坚工作的集中统一领导得到进一步加强，部门间扶贫工作的协调配合效率明显增强。在此基础上，农发行抓紧研究推动将扶贫金融事业部制度向省级分行延伸，指导省级分行扶贫工作高效有序开展[1]。在2017年全行脱贫攻坚工作会议上，农发行党委专门部署，在省级层面加强机制创新，建立健全省级分行服务脱贫攻坚统筹协调机制[2]。经过扶贫金融事业部执委会3次专题研究审议，2017年，农发行对于完善省级分行扶贫工作运行机制作出部署[3]。

---

[1] 2016年8月2日，扶贫金融事业部执行委员会第5次会议。
[2] 2017年2月23日，中国农业发展银行脱贫攻坚工作会议。
[3]《关于完善省级分行扶贫工作运行机制的通知》（农发银发〔2017〕193号）。

（一）强化省级分行脱贫攻坚工程领导小组

自脱贫攻坚战伊始，农发行就明确要求，各分支行都要成立由"一把手"任组长的脱贫攻坚工程领导小组①。在政策性金融扶贫实践中，各级脱贫攻坚工程领导小组有效对接国家和地方党政的扶贫开发战略和金融需求，发挥了重要的决策、审议、协调职能。2019年，作为落实"不忘初心、牢记使命"主题教育关于形式主义、官僚主义突出问题专项整治的一项重要举措，农发行对全行议事协调机构进行清理整合，提出一般不在县级支行设立议事协调机构，相应职能由支行领导班子成员履行主体责任。自此，农发行脱贫攻坚工程领导小组仅设置到省级分行，二级分行及以下相应机构全部撤销②，更加突出省级分行党委的统筹领导，强化其在扶贫工作中把方向、谋大局、定政策的作用，进一步提高了运行效率。

（二）设立省级分行扶贫金融事业部分部

农发行在向中央签署脱贫攻坚责任书的22个省份的省级分行设立扶贫金融事业部分部，同时成立扶贫金融事业部分部执行委员会，在省级分行党委领导下开展扶贫经营管理，同时接受总行扶贫金融事业部的业务指导和管理。在9个东部省份的省级分行，结合东部地区自身扶贫工作实际和东西部协作等需要，参照建立了相应扶贫工作运行机制。

1.扶贫金融事业部分部机构设置。扶贫金融事业部分部设总裁1名，由省级分行行长担任；设常务副总裁1名，由省级分行分管扶贫业务的副行长担任。扶贫金融事业部分部一般由省级分行行领导和扶贫业务处、产业发展扶贫处、基础设施扶贫处、扶贫信贷管理和风险控制处组成。

扶贫金融事业部分部执行委员会由主任、常务副主任、秘书长和委

① 2015年11月30日，中国农业发展银行贯彻落实中央扶贫开发工作会议精神动员会。
②《关于调整业务行政类议事协调机构等事项的通知》（农发银办函〔2019〕228号）。

员组成。扶贫金融事业部分部总裁担任执行委员会主任，常务副总裁担任执行委员会常务副主任，扶贫业务处主要负责人担任执行委员会秘书长，产业发展扶贫处、基础设施扶贫处、扶贫信贷管理和风险控制处、资金计划处、创新处、财务会计处等处室主要负责人担任委员。

2.扶贫金融事业部分部工作职责。扶贫金融事业部分部是省级分行扶贫金融业务的综合部门和扶贫贷款的管理部门。其主要职责有：根据总行金融扶贫战略规划和年度计划，结合实际制订本省扶贫业务发展规划和年度计划并组织实施；跟踪研究和沟通对接本省扶贫开发政策，开展扶贫开发合作；贯彻落实总行扶贫金融政策，结合实际制定本省实施细则、操作流程等；开展扶贫贷款的业务营销、调查评审和贷后管理；推进实施总行定点扶贫工作和政策性金融扶贫实验示范区工作；开展扶贫金融事业部分部的资金管理、信贷管理、财务核算、风险管理；组织本行扶贫贷款的认定、项目清单制管理，以及扶贫工作的检查、指导、考核和经验推广等。

扶贫金融事业部分部执行委员会作为事业部分部的议事协调机构，其主要职责有：贯彻落实总行扶贫金融事业部决策部署和交办的任务；对扶贫金融事业部分部权限内的事项进行决策；研究制定扶贫金融事业部分部相关政策和制度办法；对执行委员会议定事项落实情况进行监督检查。

扶贫金融事业部分部执行委员会的日常办事机构设在扶贫业务处。扶贫业务处在履行好前台业务部门职能的同时，突出强化综合协调职能，一方面做好统筹协调、任务分工、督办落实、监测分析、考核评价等工作，另一方面加强与地方各级政府及有关部门扶贫工作的沟通联系，密切跟踪扶贫政策动态，做好工作对接，强化窗口平台作用。

（三）做实完善省级分行扶贫工作机制

2019年7月，农发行落实中央脱贫攻坚专项巡视整改要求，部署22个中西部省级分行参照总行做实扶贫金融事业部工作方案，完善省级分行扶贫金融事业部分部建设①。各分部在总行框架下，因地制宜探索各种有助于扶贫工作开展的机制创新，并指导辖内分支机构建立相适应的运行机制。

1. 强化扶贫业务处综合统筹职能。进一步强调扶贫业务处的综合、协调、督办、考核等职能，并作为前台业务处室牵头本省产业扶贫贷款的营销、推动和管理工作，以及负责教育扶贫、健康扶贫、贫困村提升工程等国家重大专项扶贫工程信贷支持工作。同时，对扶贫业务处人员配置予以特别强调，要求原则上不少于5人，其中"三区三州"省级分行扶贫业务处人员配置不少于7人，并明确1名副处长专职分管"三区三州"金融扶贫工作。

2. 完善分部组成处室工作职能。各分部参照总行扶贫金融事业部组织架构和部门职能，进一步完善和厘清扶贫业务处、粮棉油扶贫处、基础设施扶贫处、创新扶贫处、扶贫信贷管理处的架构和职能。其中，前台业务处室按职责分别负责牵头本省本条线扶贫信贷业务营销、推动和管理工作；信贷管理处在原职责基础上负责省级分行扶贫业务信贷管理政策制定、信用风险管理、贷中贷后管理等工作。在人员配置上，明确各组成处室分别确定1名副处级干部负责本条线扶贫工作。

3. 完善分部执行委员会体制。参照总行执委会制度，将分部执委会成员单位扩展到资金计划处、信用审批处、风险管理处、内控合规处、财务会计处、人力资源处等相关处室，建立重大事项与日常事项相结合的议事机制，加强对重要扶贫政策、重大扶贫事项的审议和决策，推动全面贯彻落实各类脱贫攻坚决策部署。

（四）四级扶贫机构间的协调联动

在总行和省级分行扶贫工作体系的总体框架下，农发行进一步完善市县级机构扶贫工作机制，形成了四级机构间有机衔接、高效运作的工

---

① 《关于完善省级分行扶贫金融事业部分部建设有关问题的通知》（农发银发〔2019〕109号）。

作格局。总的来看，总行党委发挥把方向、谋大局、定政策的作用，推动以服务脱贫攻坚统揽业务发展全局；总行脱贫攻坚工程领导小组、扶贫金融事业部及相关部门做好谋划、协调、推动、督办等工作，确保党委脱贫攻坚部署有效向下传导。省级分行扶贫机构落实双线报告制度：一方面，省级分行党委负总责，将总行党委决策部署与本省实际相结合，因地制宜研究政策措施，并通过省级脱贫攻坚工程领导小组、扶贫金融事业部分部等制度有效落实；另一方面，省级分行扶贫金融事业部分部成员部门向总行相关部门汇报扶贫工作，强化条线专业分工，提高工作效率。市县级机构发挥在扶贫政策落地方面的主体作用，层层传导压力，逐级抓好落实。

第三章
责任体系

2016年10月，中共中央办公厅、国务院办公厅印发了《脱贫攻坚责任制实施办法》，按照中央统筹、省负总责、市县抓落实的工作机制，构建起责任清晰、各负其责、合力攻坚的脱贫攻坚责任体系。在以习近平同志为核心的党中央坚强领导下，以战略思维谋大局，一套中国特色、行之有效的脱贫攻坚责任体系、政策体系、投入体系汇聚形成，解决了"扶持谁""谁来扶""怎么扶""如何退"等关键问题，开辟了中国特色减贫道路。

作为专司支持"三农"领域和贫困落后地区的政策性银行，农发行高度重视构建全行金融扶贫的责任体系，坚决贯彻落实习近平总书记关于打赢脱贫攻坚战的一系列重要指示精神，将服务脱贫攻坚作为重大政治任务和历史使命，始终坚持以服务脱贫攻坚统揽业务发展全局，构建了全行全力全程的扶贫工作格局，建立了"四级书记抓扶贫"的责任制机制、清单式任务管理督办的责任督办机制、覆盖分行和总行部门的责任考评机制、驻行纪检监察组监督问责的责任追究机制、攻克贫困堡垒的挂牌督战机制，形成了纵向到底、横向到边、环环相扣的农发行金融扶贫责任体系，充分调动凝聚全行的合力，是农发行金融扶贫顶层设计的重要组成部分。

第一节 "四级书记抓扶贫"责任制

"上下同欲者胜"。打赢打好脱贫攻坚战，必须将责任落到实处。农发行始终坚持发挥各级党委总揽全局、协调各方的作用，坚持总省市县四级行书记抓扶贫，形成了总行统筹、省分行负总责，市县行抓落实的"四级书记抓扶贫"的责任体系。总行统筹，做好顶层设计，主要管两头，一头是在政策、资金等方面为各分支机构服务脱贫攻坚创造条件，另一头是加强扶贫质效监管。省级分行负总责，做到承上启下，把总行的政策转化为实施方案，促进工作落地。市县行抓落实，因地制宜，从当地实际出发推动农业政策性银行扶贫各项政策措施落地生根。

一、行领导包片扶贫制度

为全面贯彻落实党中央、国务院脱贫攻坚战略部署，切实加强农发行金融扶贫工作组织领导，全力助推脱贫攻坚工程，2016年6月，农发行印发《关于建立总行行领导包片扶贫联系制度的通知》，建立总行行领导分片包干扶贫联系的责任制度。

（一）总行行领导包片扶贫的主要任务

总行行领导分别包片负责中西部22个签订脱贫攻坚"军令状"的省级分行的脱贫攻坚工作和4个定点扶贫县、1个对口支援县的对口帮扶工作。总行行领导包片扶贫的主要任务是：

1. 开展扶贫调研。每年至少到联系行所在省和联系点开展一次扶贫专题调研，了解贫困状况及贫困人口需求、地方政府脱贫攻坚政策措施，帮助联系行厘清脱贫攻坚工作思路，明确工作重点，指导联系行创新工作方式，破解工作难题。

2. 推动重大合作。指导联系行与地方政府及有关部门开展金融支持脱贫攻坚战略合作，对接重大项目，开展业务营销。加强与省委、省政府的沟通协调，帮助解决扶贫金融工作推进过程中遇到的困难和问题，推动工作开展。

3. 指导对口帮扶。指导扶贫金融事业部、联系点所在省级分行和联系点统筹协调，制定定点扶贫和对口支援工作规划，协调省级分行和总行各部室优化配置资源，落实帮扶措施，支持定点扶贫和对口支援县尽早实现脱贫攻坚目标。

4. 督导重点工作。定期听取联系行、联系点和挂职干部口头或书面工作汇报，了解总行党委部署的脱贫攻坚各项重点工作贯彻落实情况，加强对联系行和联系点的工作督导和帮扶。

（二）分支行包片扶贫的主要任务

各分支机构（联系行）的主要任务是加强组织领导，切实做好包片扶贫工作措施的落实。

1. 建立分片包干制度。对832个重点贫困县，相关省级分行领导班子成员分片包干，带头落实责任，服务脱贫攻坚。

2. 承担扶贫主体责任。各联系行是贯彻落实总行脱贫攻坚任务的第一责任行，确保省级分行和辖内国家级贫困县中有机构的县级支行的金融扶贫工作成效。

3. 落实对口帮扶措施。对于总行行领导的联系点，所在省级分行行长同时联系。省级分行要明确对口帮扶工作的责任部门，结合地方政府脱贫攻坚政策措施，研究提出农发行对口帮扶工作规划，组织各类资源，配合总行加大对定点扶贫县和对口支援县的支持力度。

4. 加强总结汇报工作。定期总结金融服务脱贫攻坚的好经验、好做法，及时向包片负责的总行行领导汇报工作开展情况，主动向地方政府有关领导汇报工作开展情况。

同时，包片扶贫联系责任制明确了轻车简从，看到真实情况，了解真实情况，找准问题，指导到位等要求，严格遵守中央八项规定和总行有关贯彻落实细则。

（三）行领导包片扶贫联系制度的完善

自建立包片扶贫制度以来，农发行根据工作需要，先后3次印发文件（农发银办〔2017〕99号、农发银办〔2018〕135号、农发银发〔2020〕27号），调整完善了总行行领导分片包干扶贫的任务分工，进一步向"三区三州"深度贫困地区、未摘帽贫困县聚焦，强化责任包干，有力帮助贫困地区分支机构解决实际问题，推动金融扶贫工作落实。2016—2020年，农发行扶贫贷款累计发放2.32万亿元，其中深度贫困地区扶贫贷款累计发放4963亿元。截至2020年12月末，农发行扶贫贷款余额1.5万亿元，较2015年末增长166%，其中深度贫困地区扶贫贷款余额2981

亿元，较2015年末增长422%。

二、四级行扶贫责任制

为进一步压实各级行"一把手"脱贫攻坚第一责任人责任和班子成员脱贫攻坚包干责任，农发行层层签订脱贫攻坚责任状。四级行通过"四级一体"扶贫垂直架构、职责分工及履职机制，分别发挥统筹协调、承上启下、抓好落实的作用，紧盯扶贫任务落实，充分调动凝聚各方合力，层层压实脱贫攻坚责任。

（一）总行统筹协调责任

总行统筹做好顶层设计，主要是坚决落实国务院脱贫攻坚战略部署和总行党委全力服务脱贫攻坚决策部署，在政策、资金等方面为各分支机构服务脱贫攻坚创造条件，同时加强扶贫质效监管。总行除行领导分片包干扶贫责任制之外，总行各部门围绕服务脱贫攻坚，根据业务流程、部门职能定位及业务经营的关联程度，分为业务发展组、业务支持组、基础保障组三种组别，统筹协调金融扶贫工作。各部门立足自身职责，把服务脱贫攻坚作为重大任务置于部门履职的优先地位。

扶贫综合业务部、产业发展扶贫部、基础设施扶贫部、创新部4个部门为业务发展组，直接推动扶贫信贷业务，如产业发展扶贫部抓实特色粮食产业支持帮扶，围绕未摘帽贫困县特色优势杂粮品种，纳入粮食收购贷款支持范围，支持未摘帽贫困县特色粮食产业全产业链发展；战略规划部、国际部、投资部、资金部、营业部、信用审批部、扶贫信贷管理部、风险管理部、法律与内控合规部、财务会计部、运营管理部11个部门为业务支持组，在政策、资金等方面为各分支机构服务脱贫攻坚创造条件，如信贷管理部制定印发信贷政策指引，明确对深度贫困地区的差异化准入和风险容忍度要求，将有关"三区三州"和未摘帽贫困县、深度贫困地区差异化支持政策纳入《营销产品规范》；办公室、政策研究室、信息科技部、人力资源部、企业文化部、内部审计部、监察部、巡视工作办公室、工会团委工作部、机关党委、行政服务部、农村金融发展研究院12个部门为基础保障组，围绕自身职责为全行服务脱贫攻坚提供保障，如人力资源部通过召开座谈会、慰问等多种方式，关注帮助解决扶贫干部实际困难，关心关爱扶贫干部。

（二）省级分行负总责

省级分行对辖内的金融扶贫任务完成负总责，需要承上启下，把服务脱贫攻坚作为重大政治任务，严格落实党委主体责任和党委书记第一责任人责任，把总行的政策转化为实施方案，瞄准"两不愁三保障"加大贷款投放力度，坚决完成扶贫贷款年度目标任务，促进工作落地。

2018年4月16日，为全面落实各级行"一把手"脱贫攻坚责任制，农发行在2018年度脱贫攻坚工作会议上，首次组织22家中西部省级分行向总行党委签订了《服务脱贫攻坚责任书》，5家省级分行向总行党委签订了《定点扶贫责任书》和《对口支援责任书》。在2019年度脱贫攻坚工作会议上，签订《服务脱贫攻坚责任书》的范围进一步扩大至全部31家省级分行，对东部地区9家省级分行支持东西部扶贫协作、"万企帮万村"扶贫行动、消费扶贫等重点任务提出了明确的量化指标。

省级分行对辖内的金融扶贫任务完成负总责体现在以下五个方面：

一是以习近平新时代中国特色社会主义思想为指导，深入贯彻习近平总书记关于扶贫工作重要论述，进一步增强"四个意识"，坚定"四个自信"，坚决做到"两个维护"。坚决落实党中央、国务院脱贫攻坚战略部署和总行党委全力服务脱贫攻坚决策部署，把服务脱贫攻坚作为重大政治任务，坚决落实党委主体责任和党委书记第一责任人责任，争当本省金融扶贫先锋主力模范。

二是深入学习贯彻习近平总书记关于巡视工作的重要指示精神，坚决做好中央脱贫攻坚专项巡视整改，把巡视整改作为树牢"四个意识"的"试金石"，切实增强巡视整改的思想自觉、政治自觉和行动自觉。列出问题清单、任务清单和责任清单，实行销号式管理，确保问题逐一整改到位。深刻剖析问题根源，举一反三、标本兼治，完善制度、强化管理，进一步提升服务脱贫攻坚的能力水平。

三是坚持精准扶贫、精准脱贫基本方略，瞄准"两不愁三保障"，加大扶贫投入力度，确保完成总行下达的扶贫贷款年度计划。西部地区分行聚焦深度贫困地区攻坚，确保实现"三区三州"等深度贫困地区扶贫贷款增速高于全行扶贫贷款增速。突出支持产业扶贫，力争产业扶贫贷款投放量达到扶贫贷款投放量的40%。在国家级贫困县分支机构实现扶贫贷款业务全覆盖。东部地区分行积极支持东西部扶贫协作和"万企帮万村"扶贫行动。主动对接地方政府，省级分行成为东西部扶贫协作联席会议成员，建立东西部扶贫协作贷款项目库，平均每年引导辖内2~3家带贫成效显著、符合国家相关政策要求的企业到西部贫困地区投资。充分利用各类贷款产品为参与"万企帮万村"行动的扶贫企业量身定做金融服务方案，着力支持一批实力强、效益好、诚信好、有良好社会声誉、内部管理规范、精准扶贫成效显著的示范企业。

四是坚持以党建统领脱贫攻坚工作，推动党建工作和扶贫工作深度融合，坚持党建和扶贫同部署、同推动、互相支撑、互相促进，以党的政治优势凝聚扶贫之心，以党的组织优势整合扶贫之力。加强组织领导，层层压实责任，狠抓工作落实，高质量助推打好精准脱贫攻坚战。

五是西部地区分行每年向总行党委报告服务脱贫攻坚工作情况，自觉接受监督考核。东部地区分行加大全方位帮扶力度，加强定点扶贫县投入帮扶，积极开展消费扶贫。

（三）层层压实脱贫攻坚责任

1.市分行、县支行抓落实责任。市县行抓落实，负责因地制宜，从当地实际出发推动农业政策性银行扶贫各项政策措施落地生根。为进一步压实"一把手"第一责任人责任和班子成员包干责任，与省级分行向总行党委签订责任书同步，各省级分行辖内分支机构也参照执行，层层签订脱贫攻坚责任书，进一步压实脱贫攻坚责任。

2. 全行通过调研全覆盖行动、脱贫攻坚报告制度、离任审计制度，层层压实脱贫攻坚责任。一是开展农发行书记脱贫攻坚调研全覆盖行动。总行行领导对联系行调研全覆盖。省级分行党委书记对辖内有农发行分支机构的贫困县调研全覆盖，二级分行党委书记对辖内脱贫攻坚任务重的乡镇调研全覆盖，支行党支部书记对贫困村调研全覆盖，以调研全覆盖行动带头转变作风。二是坚持脱贫攻坚报告制度。总行每年按要求向中央报告本年度全行脱贫攻坚工作情况，各省级分行每年向总行党委报告本级行脱贫攻坚工作情况。三是贫困地区分支行"一把手"离任审计制度。将服务脱贫攻坚工作情况纳入贫困地区分支行"一把手"离任审计，进一步压实脱贫攻坚责任。

第二节 任务督办机制

为了不折不扣落实党中央脱贫攻坚各项决策部署以及总行党委脱贫攻坚安排部署，农发行将加强脱贫攻坚任务督办作为重要抓手，在组织上，加强扶贫金融事业部执委会的作用，成立扶贫秘书处，强化统筹协调和督办落实；在制度上，建立了以清单式任务管理督办为代表的责任督办机制，确保金融扶贫"军令"畅通、全面贯彻。

一、重点任务分解督办和业务通报机制

（一）重点任务分解督办机制

2017年8月8日，农发行印发《关于调整扶贫综合业务部（易地扶贫搬迁部）主要职责及内设处级机构的通知》。综合处加挂扶贫秘书处牌子。2019年4月16日，印发《关于调整扶贫金融事业部机构设置的通

知》，增设扶贫金融事业部秘书处。扶贫秘书处负责脱贫攻坚工程领导小组会议、扶贫金融事业部执行委员会会议、扶贫金融事业部总裁办公会等会务组织、会议记录和会议纪要编发工作；负责对行领导有关扶贫工作的指示批示，脱贫攻坚工作会议、脱贫攻坚工程领导小组会议、扶贫金融事业部执行委员会会议、扶贫金融事业部总裁办公会等议定事项、重点任务进行分解，如印发《关于对打赢2020年脱贫攻坚收官战重点工作任务进行分解落实的通知》，制定扶贫任务清单；负责对扶贫任务清单落实情况进行督办，定期督办重点任务，分析汇报督办情况。重点任务分解督办机制有效推动了全行扶贫格局的形成和金融扶贫任务的完成。通过专门处室对全行扶贫业务发展存在的障碍和问题进行梳理分析，有针对性地提出建议措施，明确责任部门和办理时限，提交执委会审议并督促落实，有效促进了扶贫制度体系的完善，推动了扶贫业务的发展。

（二）业务通报机制

总行扶贫综合业务部对各分行扶贫项目实施情况进行监测分析，对于22个与中央签署脱贫攻坚责任书的省份的省级分行，每季末比年初的扶贫贷款增量与全部贷款增量的占比低于规定要求的，将相关省份或区域名单提交总行战略规划部，原则上由战略规划部暂停配置相应行除粮棉油购储销类贷款之外的非扶贫贷款信贷规模。

二、扶贫任务"三清单"督办机制

自2017年开始，农发行逐渐建立起扶贫任务清单、项目清单、整改清单"三清单"督办机制，推动全行扶贫工作统筹协调和督促落实，并以此为抓手，不断推动政策性金融扶贫高质量发展。

（一）扶贫任务清单机制

2017年8月，农发行印发《关于实行扶贫任务清单制管理的通知》，建立扶贫任务清单制度，以全行重点扶贫任务为基础、以任务清单为载体，由清单制归口管理部门根据任务要求，向总行有关部室分解交办扶贫具体工作，并定期对承办部门进行督促、评价、考核，确保各项扶贫工作目标任务落到实处，真正做到每项工作有责任主体、有目标任务、有具体举措、有完成时限。每年将全年扶贫重点工作层层分解至相关分行及部门，明确具体要求，持续跟踪督办。扶贫任务清单制管理有利于进一步贯彻落实以服务脱贫攻坚统揽全局的战略部署，有利于理顺农发行扶贫工作运行机制，有利于加强全行扶贫业务管理，促使各部门真正把服务脱贫攻坚责任扛在肩上、贯彻到行动上。

1.扶贫任务清单制管理基本原则。一是归口管理。扶贫任务清单制实行归口管理，由总行扶贫综合业务部负责任务清单制的组织实施、日常管理和综合汇总。二是明确任务。纳入任务清单制管理的事项，任务目标要明确，工作责任要清晰，完成时限要具体。三是强化管控。加强对各项扶贫任务的督促落实，实行任务交办、反馈、督办、评价、考核全流程管理。四是务实高效。任务清单制要坚持简便易行的原则，围绕任务目标的落实，高效管理、密切协作、有序推进。

2.扶贫任务清单制管理主要内容。纳入清单制管理的事项要有明确的任务依据，有具体的任务目标、承办部门和完成时限。为避免重复督办，原则上，总行办公室督查督办的事项不再纳入扶贫任务清单制管理。任务范围主要包括总行脱贫攻坚工程领导小组议定的扶贫工作事项，总行扶贫金融事业部执委会议定的扶贫工作事项，总行行领导批示、批转的扶贫工作事项。

3.扶贫任务清单制管理分工。总行扶贫综合业务部负责全行扶贫任务清单制的建立健全、组织实施和日常管理；负责下达任务清单，掌握任务进展情况，督促承办部门落实，向行领导报告落实情况，对任务完成情况进行评价考核。总行各有关部室是扶贫任务的承办部门，承办部门接到扶贫任务通知书后，按照通知书的要求认真抓好落实，并及时反馈。承办部门分为主办部门和协办部门。主办部门要发挥牵头作用，进一步细化、分解任务，主动与协办部门沟通协调，提出需配合完成的相关事项及完成时限；协办部门要按照职责分工，积极配合主办部门落实有关任务要求，并及时向主办部门反馈。

4.扶贫任务清单制管理工作流程。工作流程包括任务下达、任务反馈、任务督办、任务评价、评价结果应用。扶贫综合业务部对承办部门评价，评价结果以交办任务领导意见和任务完成时间为标准，分为A、B、C三档。交办任务领导对任务完成情况认可，且在规定时限内完成的为A档；交办任务领导对任务完成情况认可，但超过规定时限的为B档；交办任务领导对任务完成情况不认可的为C档。

（二）扶贫贷款项目清单机制

2017年3月，为贯彻精准扶贫、精准脱贫基本方略，保障扶贫贷款优先优惠支持政策精准落实到位，切实发挥在金融扶贫中的骨干引领作用，农发行印发《关于实行扶贫贷款项目清单制管理的通知》，从扶贫成效、区域、产品、客户、项目五个维度，建立全行精准扶贫贷款项目清单，实行按月监测、按季通报，推动各级行项目营销、信贷资源向扶贫领域、贫困地区倾斜。扶贫贷款项目清单机制有利于及时掌握和指导各级行营销储备精准扶贫贷款项目，有利于从源头上做好精准扶贫贷款的认定准入，有利于落实总行扶贫优先优惠的特殊支持政策，有利于科学配置全行信贷规模和推动各项资源向扶贫重点区域、重点领域、重点项目聚合，有利于准确核算扶贫贷款和全面反映扶贫成效，对深入贯彻落实总行党委以服务脱贫攻坚统揽全局的战略部署具有十分重要的意义。

1.扶贫贷款项目清单的内容机制。各级行在项目营销过程中，全面收集扶贫贷款项目信息，从扶贫成效、区域、产品、客户、项目五个维度，建立标准的项目清单。其中，扶贫成效维度主要关注项目带动或服务的建档立卡贫困人口数量及占比、产生的经济社会效益；区域维度主要关注项目所在区域的类型；产品维度主要关注农发行信贷产品的创新性和风险度；客户维度主要关注承贷主体的层级和类型；项目维度主要关注政府投资或纳入政府规划情况。

2. 扶贫贷款项目清单的管理机制。各省级分行要根据项目营销情况，及时组织开展精准扶贫贷款项目的认定，将通过认定的新营销项目以及已审批未发放完毕的扶贫项目（均不含粮棉油购销储类扶贫贷款）全部纳入清单，实行从营销到发放全流程管理，并将纳入清单作为扶贫贷款核算和信贷资源配置、绩效考核的重要依据。纳入清单管理的项目实行按月调整，有进有出，动态管理。对于因环境变化导致不符合要求或者无法实施的项目，及时从清单中予以剔除。

3. 扶贫贷款项目清单的评价机制。围绕扶贫成效、区域、产品、客户、项目五个维度的信息，区分总行审批权限、省级分行审批权限两个层级，对纳入清单管理的项目实行综合打分排序。根据项目得分情况，明确优先支持、一般支持的档次，其中优先支持的项目得分应在60分（含）以上。对纳入清单管理，特别是列入优先支持档次的扶贫项目，各级行、各部门要集中资源、重点保障，扶贫、粮棉油、基础设施、创新等前台营销部门要优先调查评估，信用审批、风险管理、法律合规等部门要优先审查审议，战略规划部门要根据实际需求优先匹配信贷规模，资金部要优先供应资金。

4. 扶贫贷款项目清单的工作流程。二级分行和县级支行加强与地方政府及其相关部门的工作联系，积极做好扶贫项目营销培育，全面收集项目资料，准确填制项目清单要素，初步评分和划分档次，每月按业务条线逐级上报至省级分行。省级分行重点审核扶贫项目信息的完整性、扶贫贷款认定和项目评分的准确性等内容，对总行审批权限的扶贫贷款项目清单进行复核、汇总后上报至总行；对省级分行审批权限内的清单项目，主管扶贫业务的职能处室要及时发送相关业务处室和二级分行、县级支行推动实施。总行扶贫综合业务部对各省级分行上报的项目清单进行汇总、分类；总行相关业务部门要依据本条线负责的贷款品种制度要求，对扶贫贷款认定的准确性、信贷政策执行的合规性和各省级分行之间项目评分的一致性等内容进行审核，进行排序和划分档次，总行扶贫综合业务部复核、汇总后，分送相关分行和部门执行，并按季度对清单实施情况进行通报。

（三）扶贫整改清单机制

为加强督促检查，确保整改落实到位，2018年，农发行对全行金融精准扶贫贷款政策效果和易地扶贫搬迁贷款专项检查、市场乱象整治、贷后管理年检查中发现的问题建立整改台账，制定统一整改标准，加强督促检查，确保整改落实到位。扶贫整改清单全面梳理2016年以来扶贫领域内外部检查发现的问题，及时将各业务领域、各条线在经营管理中发现的短板及内外部检查中发现的问题纳入管理，明确责任部门、责任人、整改措施及工作要求等，定期收集、汇报整改进度，统一整改台账内容和格式，逐项目建立整改台账，实行销号式管理，推动形成发现问题、研究问题、解决问题并举一反三的工作机制，督促各省完善整改措施、落实责任追究，确保件件有着落、事事有回音，各类问题整改成效明显。

农发行以扶贫任务清单、项目清单、整改清单"三清单"管理为抓手，加大督办落实力度，推动了全行扶贫工作统筹协调和督促落实，构建了顺畅高效的运行机制，夯实了管理基础。

第三节 考核评价机制

为了贯彻落实党中央、国务院脱贫攻坚战略部署，坚持将服务脱贫攻坚作为全行重大政治任务统揽全局，构建全行扶贫、全力扶贫的工作格局，自2016年开始，农发行逐步建立起省级分行、总行机关部门、业务条线三个维度全覆盖的脱贫攻坚考核体系，充分发挥考核的"指挥棒"作用，推动各项工作、各种资源、各方力量向服务脱贫攻坚聚合。

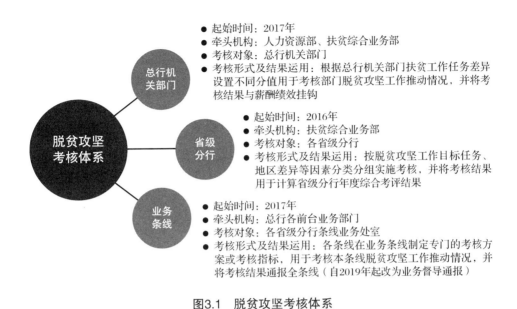

图3.1　脱贫攻坚考核体系

一、省级分行脱贫攻坚考核体系

2016年11月16日，农发行扶贫金融事业部执行委员会2016年第8次会议议定："扶贫综合业务部要牵头加强全行脱贫攻坚工作督查通报，各部室要加强条线扶贫工作考核通报，加大检查监督力度，发挥好考核的指挥棒和牛鼻子作用，全力推动各项工作落实；由人力资源部、扶贫综合业务部负责，尽快出台2016年度脱贫攻坚工作考核办法。"2016年12月12日，农发行总行党委会审议通过《中国农业发展银行省级分行支持脱贫攻坚工作考核暂行办法》，明确脱贫攻坚考核目标、职责、方法、步骤，以"政策导向、目标管理，统筹兼顾、突出重点，定量为主、定性为辅"为原则建立省级分行脱贫攻坚考核指标体系，将考核结果按照10%~40%的权重纳入年度综合绩效考核。

（一）差异化考核评价机制

1.制定考核办法的文件依据。文件依据包括：一是《中国农业发展银行政策性金融扶贫五年规划》（农发银发〔2016〕179号），主要围绕《五年规划》目标设置考核指标，发挥"指挥棒"作用。二是《中国人民银行关于建立金融精准扶贫贷款专项统计制度的通知》（银发〔2016〕185号），根据通知提出的精准扶贫贷款认定标准，明确了考核范围。三是《中国农业发展银行2016年省级分行绩效考评办法》（农发银发〔2016〕57号），主要采用考评办法计分规则和相关的结果运用。

2. 考核范围与分组。为了支持建档立卡贫困人口全部脱贫、贫困村全部摘帽，深入贯彻落实总行党委以服务脱贫攻坚统揽全局的战略部署，有效对接人民银行金融精准扶贫贷款统计考核和东西部扶贫协作等重要工作，农发行将31个省级分行全部纳入考核范围。为了体现客观公正，31个省级分行按照扶贫任务轻重进行分组，其中向中央签订脱贫攻坚责任书的22个中西部省份的省级分行划分为两组，辖内建档立卡贫困人口数位列前11位省份的省级分行为第一组，辖内建档立卡贫困人口数位列后11位省份的省级分行为第二组；另外9个未向中央签订脱贫攻坚责任书的省份的省级分行单列为第三组。

3. 考核指标设定。考核指标紧紧围绕农发行金融扶贫五年规划的目标设定，从贷款规模、精准扶贫、保本经营、风险可控、创新引领、基础工作、社会认可等方面采用定量和定性指标评价支持脱贫攻坚成效。第一组、第二组定量指标权重为75%，包括产业精准扶贫万人贷款增量、项目精准扶贫万人贷款增量、精准扶贫贷款增量占比、产业精准扶贫贷款带动建档立卡贫困人口覆盖率、项目精准扶贫贷款服务建档立卡贫困人口覆盖率、精准扶贫贷款按还款计划收回率、精准扶贫贷款利息收回率、精准扶贫贷款增长率与同业平均增长率比值、国家级贫困县金融扶贫保本经营情况9个指标；定性指标权重为25%，包括脱贫攻坚工作获奖情况、扶贫金融基础工作与执行扶贫政策情况、扶贫金融宣传工作情况、扶贫金融创新情况4个指标。第三组采取定性指标考核，包括东西部扶贫协作工作情况、扶贫金融基础工作与执行扶贫政策情况、扶贫金融宣传工作情况、扶贫金融创新情况4个指标。

（二）经营压力有效传导机制

脱贫攻坚工作考核采取与全行绩效考核办法相一致的计分规则，确定贡献和进步标准值以及相应的计分公式。为鼓励业务发展，产业精准扶贫万人贷款增量、项目精准扶贫万人贷款增量从贡献和进步两个维度考察，比例设置为4∶6。省级分行年度综合考评结果根据脱贫攻坚工作考核结果与现有的省级分行绩效考评结果加权计算确定，即综合考核结果=脱贫攻坚工作考核结果×脱贫攻坚工作考核权重+绩效考评结果×（1−脱贫攻坚工作考核权重）。根据综合考核结果确定省级分行考核排名，并与有关激励机制挂钩。脱贫攻坚工作考核结果权重根据各省脱贫攻坚任务量确定。其中，第一组和第二组的22个省级分行的考核权重为30%~50%，根据各省建档立卡贫困人口数、贫困发生率和国家级贫困县数等因素确定，具体原则是：本省国家级贫困县占比超过50%的，权重为50%；本省国家级贫困县占比低于50%，但贫困发生率大于10%或建档立卡贫困人口数大于300万人的，权重为40%；其他的省份，权重为30%。第三组的9个省级分行考核权重全部为10%。

（三）科学高效的动态调整机制

作为专注服务农业农村领域的政策性银行，国家政策目标的调整和变动深刻影响着全行的工作重点和努力方向。而政策的变动具有外生的不确定性，从而对农发行内部考核制度的稳定性和灵活性构成挑战。为适应服务国家战略的政策性银行特点，农发行在绩效考核框架总体稳定的前提下，实行考核办法与考核方案相分离的双层运行机制。

在考核办法层面确定考核工作的总体要求、指标框架及基本规范，从而保持考核导向、指标框架的总体稳定。在考核办法框架内，每年年初下达年度初步考核方案，确定当年度的具体考核目标、重点考核任务等内容。如果宏观政策或监管要求发生重大变化，随之动态调整考核方案的具体内容，从而实现架构稳定与动态调整的有机结合。

结合年度全行脱贫攻坚目标任务，紧密对接内外部政策变化，农发行每年都对考核指标体系进行完善和细化，持续加大对重点区域、重点领域的业务推动力度。

表3.1　省级分行脱贫攻坚考核主要文件

考核文件	时间	主要内容
《中国农业发展银行省级分行支持脱贫攻坚工作考核暂行办法》（农发银发〔2016〕351号）	2016年12月	建立脱贫攻坚考核指标体系，明确考核方法以及组织和实施方式
《中国农业发展银行省级分行支持脱贫攻坚工作考核办法（2017年修订）》	2017年11月	进一步突出扶贫业务五大基础工程及最新的管理要求
《中国农业发展银行省级分行支持脱贫攻坚工作考核方案（2018年）》	2018年7月	突出精准、聚焦深贫，对接扶贫领域作风问题专项治理等新管理要求
《关于完善〈省级分行支持脱贫攻坚工作考核方案（2018年）〉的通知》	2018年12月	根据国家易地扶贫搬迁融资政策发生的调整，适当调整相关考核基数和权重；增加对扶贫贷款投放情况考核
《中国农业发展银行省级分行支持脱贫攻坚工作考核方案（2019年修订）》	2019年3月	进一步加大对深度贫困地区、产业扶贫、定点扶贫、精准管理和风险防控等方面的考核力度
《中国农业发展银行省级分行支持脱贫攻坚工作考核方案（2020年修订）》	2020年3月	进一步强化对投放任务的考核，进一步突出对深度贫困地区、"三保障"扶贫和易地扶贫搬迁后续扶持、定点扶贫和精准管理等重点方面的考核
《关于调整2020年省级分行脱贫攻坚考核方案部分考核指标的通知》	2020年10月	调整部分指标，引导全行狠抓扶贫贷款精准质效管理，加大对易地扶贫搬迁后续扶持专项行动的支持力度

二、总行机关部门脱贫攻坚考核体系

2017年2月23日，农发行2017年度脱贫攻坚工作会议指出，"完善考核督查，进一步完善省级分行脱贫攻坚考核体系，研究制定对总行相关部门扶贫工作的考核办法"。根据脱贫攻坚工作会议精神，人力资源部、扶贫综合业务部制定了总行机关部门脱贫攻坚工作专项考核指标，自2017年起，按照业务流程、部门职能定位及业务经营的关联程度，总行27个部门分为业务发展组、业务支持组、基础保障组三个组别，根据扶贫任务清单完成情况，客观评价脱贫攻坚工作质量和成效。考核结果在总行机关部门年度综合绩效考核"部门履职"指标中设置10%~30%的考核权重，与薪酬绩效挂钩，助力构建全行扶贫、全力扶贫的工作格局。

三、业务条线脱贫攻坚考核体系

2017年12月，为进一步增强扶贫综合业务条线工作执行力，促进扶贫业务条线脱贫攻坚任务顺利完成，扶贫综合业务部印发《中国农业发展银行扶贫综合业务条线考核方案（2017年度）》并组织实施。

（一）条线考核的内容

业务条线考核范围为22家省级分行扶贫业务处，重点考察业务发展和综合管理情况，其中业务发展主要包括条线扶贫贷款、易地扶贫搬迁贷款、专项扶贫贷款，综合管理主要包括定点扶贫、政策性金融扶贫实验示范区、基础管理、党建及队伍建设。

（二）条线考核结果的运用

扶贫综合业务部设立考核小组，考核小组根据各业务处室掌握的相关数据和有关情况，对考核对象进行综合考核，计算得分，确定考核档次。考核结果高于各组平均分的为优秀和良好，其中，第一组前4名为优秀，其余为良好；第二组前3名为优秀，其余为良好。考核结果低于（含等于）平均分且高于平均分的60%的，为合格；低于（含等于）平均分的60%的，经分管行领导批准后，为不合格。考核结果经考核小组审议，报行领导审定后，在全行通报。

（三）条线考核的完善

2018年9月，根据条线任务目标和管理要求，针对考核过程中存在的问题，对易地扶贫搬迁贷款、专项扶贫贷款、定点扶贫等考核指标进行了修订，印发《中国农业发展银行扶贫综合业务条线考核方案（2018年修订）》。自2019年起，改为发布业务督导通报，自上而下层层传导压力，查缺补漏，督战促战，切实提高条线扶贫工作的质效。

省级分行、总行部门、业务条线全方位脱贫攻坚考核体系的构建，全面客观反映了各层级服务脱贫攻坚工作业绩，有效形成全行扶贫合力，发挥"指挥棒"作用，引导全行完成总行党委既定的脱贫攻坚任务目标，有力推动了服务脱贫攻坚各项工作落实落细。

第四节　监督问责机制

监督问责机制是农发行金融扶贫责任体系的重要组成部分。农发行党委坚持以习近平新时代中国特色社会主义思想为指导，深入贯彻习近平总书记关于扶贫工作重要论述和指示批示精神，严格履行党委全面监督责任，把全面从严治党要求贯穿脱贫攻坚工作全过程和各环节，确保农业政策性银行扶贫务实扎实真实，在实践中形成了最严格的扶贫监督机制。中央纪委国家监委驻中国农业发展银行纪检监察组（以下简称驻行纪检监察组）始终坚持把监督推动农发行脱贫攻坚工作作为重要政治任务，狠抓扶贫领域腐败和作风问题专项治理，强化监督检查，严格执纪问责，推动农发行脱贫攻坚各项工作取得明显成效。

一、监督工作机制

为深化全面从严管党治行，扎实开展中央脱贫攻坚专项巡视反馈问题整改，农发行主动作为，加强党的全面领导，坚持党内监督和其他监督贯通、日常监督与专项监督结合。总行党委全面落实管党治党政治责任，突出抓好对各级行"一把手"和领导班子的监督，突出抓好对选人用人各环节的监督，突出抓好对信贷等业务的监督，构建集中统一、全面覆盖、权威高效的审计监督体系，积极主动配合外部监督，大力支持配合派驻监督，自觉接受舆论和社会监督，确保农发行金融扶贫事业始终沿着正确方向前进。全行以派驻改革为契机，探索建立联合监督机制，体现农发行党委主体责任和驻行纪检监察组监督责任的贯通融合，实现各单一监督主体联合，整合监督资源、共享监督信息、提高监督效能、形成监督合力。总行党委实施党内监督及业务经营管理监督，包括内部巡视巡察、纪委专责监督、党员民主监督、干部选拔任用监督、审计、合规检查、专业检查等，围绕加强监督协同协作，制定《关于建立联合监督机制的实施意见》，总行和各省级分行均成立了联合监督工作委员会及其办公室，明确了工作职责和"五环节"工作机制，搭建联合监督组织架构，统筹内控合规、风险、审计、巡视、党风廉政等监察资源，聚焦关键重点，有效推动主体责任、监督责任贯通协同，实现全行监督检查"大统筹"。

驻行纪检监察组对农发行实施派驻监督，包括纪律监督、监察监督。作为监督专责机关，在联合监督工作中履行"监督的再监督"职责，充分发挥中央纪委国家监委"探头"作用，坚持党中央重大决策部署到哪里，监督检查就跟进到哪里，切实推动习近平总书记重要指示批示精神和党中央重大决策部署在农发行落地见效。驻行纪检监察组坚持与总行党委在工作部署、压实责任、推动落实、整改问效方面做到"四个贯通协同"，同向发力。充分运用调研督导、约谈提醒、专项检查、严肃追责等多种方式，打好监督"组合拳"，对农发行服务脱贫攻坚开展了全程监督、贴近监督，坚决履行监督基本职责、第一职责；突出政治监督，做细做实日常监督，加强对联合监督机制运行的"再监督"，积极推动各类监督有机贯通、系统集成、协同高效；制定《关于派驻监督与其他监督贯通融合的实施办法》，不断完善监督体制机制，充分发挥监督保障执行、促进完善发展作用，切实增强正风肃纪反腐的精准性、针对性和有效性。

通过积极探索监督工作方式方法，建立健全监督体系，农发行内控合规、风险、审计、巡视等部门发现的案件、风险及问题线索及时报送驻行纪检监察组。驻行纪检监察组在监督中发现业务经营管理方面的问题及时向总行相关职能部门反馈，有效促进了信息共享，扩大了线索获取范围，提升了监督效率。如2019年全行对易地扶贫搬迁贷款问题进行全面排查梳理，将其中8个项目移交驻行纪检监察组；驻行纪检监察组督促相关5个省级分行进行整改，并对相关责任人进行了处理。

二、整改落实机制

农发行党委深入学习习近平总书记关于扶贫工作重要论述和关于巡视工作的重要指示精神，把中央脱贫攻坚专项巡视反馈问题整改落实作为重大政治任务。全行高度重视各类监督检查发现问题的整改工作，通过建立整改落实机制，自上而下层层传导压力、压实整改责任，加强组织领导、强力推进整改。总行行领导通过召开督导会等方式，跟踪督办整改进展。为督促和指导重点省份做好巡视整改工作，总行班子全体成员多次深入贫困地区调研督导。建立整改专项督办制度，倒排工期，定期督办，确保各项整改工作按计划稳步推进。强化整改落实日常监督，印发督办函，通报巡视整改工作进展情况，明确整改要求。总行各部门根据工作职责，扎实落实好整改要求。总行机关党委将落实中央脱贫攻坚专项巡视整改任务情况纳入年度党支部书记抓党建述职评议重要内容。各整改单位班子成员切实履行整改主体责任，对具体问题分支行分片包干、带头整改。省级分行党委均按照总行要求，成立了由分行党委书记担任组长的巡视整改工作领导小组，各省级分行整改任务列入向总行党委签订的脱贫攻坚责任书。

驻行纪检监察组找准职能定位，坚决扛起监督推动农发行服务脱贫攻坚政治责任，主动作为，强化脱贫攻坚问题整改监督工作落实。对任务较重的省份开展调研督导，深入基层督办整改；抽调省级分行及辖内分支机构，开展现场检查，对检查发现的有关问题，推动立行立改、及时整改，对涉嫌违规违纪的，严肃追责问责；通过约谈总行有关部门负责人、省级分行党委书记和纪委书记，发出监察建议和督办函，列席指导省级分行专题民主生活会等方式，跟踪关注脱贫攻坚工作落实情况及问题整改质效，强化治理效果。如驻行纪检监察组、农发行扶贫业务部门协作配合，多次开展联合现场监督检查。

2018年至2020年，农发行接受中央脱贫攻坚专项巡视和中央脱贫攻坚专项巡视整改"回头看"，在已有监督检查发现问题的基础上，对问题进行再印证分析，对责任进行再提醒督促，对已有监督成果进行再运用落实。农发行还先后接受国家审计署、银保监会、监事会对农发行扶贫工作的检查。总行党风巡视、审计等监督部门对省级分行开展了扶贫专项巡视和审计。农发行对各类监督检查发现的问题进行整改，特别是对中央脱贫攻坚专项巡视反馈问题高度重视、集中整改、全面落实，有力促进扶贫工作堵漏洞、补短板、强弱项。

三、督导问责机制

为强化脱贫攻坚责任落实，农发行建立了脱贫攻坚督导约谈机制。每年对年度脱贫攻坚重点任务进行分解和定期督办，对扶贫业务不增反降、精准扶贫贷款管理问题突出、内外部检查整改进度缓慢的省级分行开展约谈，层层传导责任压力，推动各项工作部署有效落实。其中，总行直接督导"三区三州"，省级分行督导省级深度贫困县，全面查找工作中的差距和不足，着力推动问题整改和解决。加强扶贫工作的监测评估，对各级行扶贫工作进展情况实行按月监测、按季通报。改进约谈方式，开展常态化约谈，及时敲警钟、拉警报，对工作不力、进展缓慢的，总行视情况对省级分行负责人进行约谈，对工作严重滞后的，启动问责机制。

用好问责利器，有效发挥震慑警示作用。全行积极运用好监督执纪四种形态，依纪依法严肃查办扶贫领域腐败和作风问题，同时在严肃查处违规违纪违法问题的基础上，着力加大警示教育力度，以案明纪、以案释规、以案促改。驻行纪检监察组坚持扶贫领域问题线索单独台账管理，对扶贫领域问题线索优先受理、优先处置、优先办结，用好问责利器，强化对检查发现问题的问责处理，严肃查办扶贫领域案件和处置问题线索。如对涉嫌以贷谋私的广西桂林分行原行长"双开"后移送当地纪委监委，并继续深挖细查，对其他相关责任人给予党内严重警告、开除党籍、解除聘用合同处理。

第五节 挂牌督战机制

挂牌督战是农发行针对金融扶贫的重点、难点，针对攻克贫困堡垒的重要举措。在脱贫攻坚决战决胜收官之年，农发行应对复杂环境，实施挂牌督战，迎难破难、创新发展，取得显著成效，充分彰显了总行党委"越是艰险越向前"的政治担当，深刻诠释了农发行人"不获全胜决不收兵"的坚定信念，生动展现了全行上下"支农为国、立行为民"的家国情怀。

一、挂牌督战协同推进机制

（一）总行党委挂牌督战总体部署

国务院扶贫开发领导小组印发《关于开展挂牌督战工作的指导意见》后，农发行党委第一时间作出督战部署，制订《中国农业发展银行脱贫攻坚挂牌督战工作方案》，明确督战范围，对52个未摘帽贫困县相关分支机构进行挂牌督战；明确督战目标，下达未摘帽贫困县扶贫贷款投放任务108亿元，确定未摘帽县分支机构扶贫贷款投放高于上年同期、扶贫贷款增速高于所在省级分行扶贫贷款平均增速的"一个完成、两个高于"目标任务，坚决助力贫困县如期脱贫摘帽。明确督战机制，建立总行统筹、省级分行负总责、总行部室对口联系、市县分行抓落实的督战工作机制；明确督战分工，建立总行行领导包片督战52个未摘帽县所在的7家省级分行，总行11个部门协助支持，相关省级分行比照总行层层压实责任的工作体系；明确督战内容，重点督战政策性金融扶贫的责任落实、政策落实、工作落实，确保督战取得实效。

（二）行领导以上率下、高位推动

总行行领导签订《挂牌督战责任书》，实行分片包干，直接督战未脱贫摘帽县和定点扶贫县所在省级分行及县支行。加强统筹推动，行领导以上率下、靠前指挥，把推进中央脱贫攻坚专项巡视"回头看"反馈问题整改、落实挂牌督战、定点扶贫、业务发展等各项重点工作有机贯通、统筹推进，有力推动整个脱贫攻坚工作的开展。实施非现场督战，累计召开"四级联动"挂牌督战视频会议17次，听取贫困县当地脱贫攻坚工作重点、难点及需要农发行协助解决的需求等，提出攻坚要求，作出工作部署，压紧压实责任。持续精准指导，定期以视频、电话等形式直接了解包片分行挂牌督战进展情况，每周询问工作进展，每月听取工作汇报。针对分支行反映的问题和诉求，组织相关部门研究针对性帮扶措施，协调解决问题。深入实地督战，在疫情平稳后，深入未摘帽贫困县实地督战，考察扶贫项目，看望慰问贫困户，召开政银座谈会，亲自协调重要政策、重大项目的对接和落地，帮助解决突出问题，有力推动挂牌督战工作落实落细。

（三）驻行纪检监察组强化监督保障

驻行纪检监察组与总行党委在工作部署、压实责任、推动落实和整改问效上做到"四个贯通协同"，以监督推动中央专项巡视"回头看"整改为重要抓手，聚焦深度贫困地区和未摘帽贫困县，开展全程监督、跟进监督、精准监督，为打赢打好脱贫攻坚战提供了有力的纪律保障。2020年，约谈省级分行党委书记、纪委书记和总行部门负责人23人次，深入青海、四川、吉林、宁夏等重点省份调研督导；深入推进扶贫领域腐败和作风问题专项治理，开展专项治理情况"回头看"，对发现的103个问题督促指导各分行全部整改到位；查处扶贫领域腐败和作风问题18起，分别给予80人党纪政务处分、诫勉谈话处理，对13个党组织实施问责；与总行联合发文通报了5起扶贫领域腐败和作风问题典型案例，发挥警示震慑作用，深化了专项治理效果。

（四）总行相关部门和相关分行各负其责、协同作战

总行11个对口联系部室和未摘帽贫困县所在的7个省级分行按照总体部署，分别制订具体挂牌督战实施方案，进一步明确挂牌督战时间表和路线图，实行挂图作业，四级行协同发力，逐级压实责任，层层传递动力。总行对口联系部室切实履行帮扶工作责任，把挂牌督战作为本部室的重要任务，全面强化业务指导，与帮扶分行加强沟通对接，在工作监测督导、特惠政策解读、外部资源引入、捐赠资金投入、支部联学联建、加强消费扶贫、开展条线培训等方面加大工作力度，协助分行整合资源、强化措施、抓好落实。未摘帽贫困县所在的7家省级分行担负挂牌督战主体责任，广西、四川、贵州、云南、甘肃、宁夏、新疆等省级分行党委班子成员共29人、49个处室，分别包片督战24个二级分行和32个县级机构，采取交办、提醒、约谈、督办等多种形式全力推动督战工作落实；相关二级分行和县级支行将助力当地解决剩余脱贫攻坚任务目标作为中心工作，在精准实施、精准落实上下足功夫，全力以赴推进各项政策措施要求落地生根。

二、挂牌督战主要措施

针对未摘帽贫困县脱贫攻坚存在的困难和问题，多措并举、精准督

战，大力推动全行各类资源、各方力量向重点区域聚合，坚决助力攻克剩余贫困堡垒。

（一）强化资源保障，加大未摘帽贫困县差异化支持

加大政策供给，根据基层的需求按需定制特惠政策，在原有38条差异化政策基础上，从延长复工复产政策期限、降低准入门槛、放宽担保要求、实施差异化授权、提高不良贷款容忍度等方面再推出"11+10"条特惠政策，全力支持未摘帽贫困县决战决胜脱贫攻坚。加大资源倾斜，未摘帽贫困县贷款比一般贷款可在整体优惠30个基点基础上再给予首年120个基点的利率优惠，对精准扶贫贷款按其他贷款的140%进行折算后挂钩安排激励费用，信贷规模、扶贫捐赠、财务费用安排和车辆购置等指标向未摘帽贫困县倾斜。

（二）强化考核激励，引导提升挂牌督战工作质效

将挂牌督战任务完成情况及相关工作落实情况纳入2020年度省级分行脱贫攻坚考核，将脱贫攻坚工作考核纳入综合考核的权重提高至12%~42%，充分发挥考核"指挥棒"作用，引导提升挂牌督战工作质效。将"未摘帽贫困县倾斜政策、挂牌督战定点帮扶"等重点工作纳入总行机关部室绩效考核，进一步强化全行全力全程扶贫工作格局。

（三）强化监测督导，紧盯重点任务完成进度

建立52个未摘帽贫困县扶贫贷款专项统计制度，对未摘帽贫困县任务完成进度进行实时全面监测，每周一通报、半月一调度、一月一分析，对于完成进度滞后的，及时下发工作督导函，督促其加大工作推动力度。定期收集汇总行领导相关批示、总省行相关部门和未摘帽贫困县脱贫攻坚工作情况，编制挂牌督战动态，及时掌握一线扶贫工作开展情况，督促相关分支机构狠抓工作落实。

（四）强化精准对接，筑牢贫困县脱贫根基

各分支行精准对接地方政府和相关企业，摸清贫困县在疫情防控和

脱贫攻坚中存在的困难和需求，积极参与落实当地政府脱贫攻坚挂牌督战工作方案，量身打造金融服务方案，一县一策，突出重点，围绕"两不愁三保障"目标，聚焦贫困县脱贫摘帽的短板项目、影响贫困群众脱贫的重点难点项目，切实加大融资支持力度。同时，积极开展融智融商融情，帮助地方政府策划项目、培育主体、建立机制、整合资源等，大力开展消费扶贫专项行动，有力助推贫困县一个不落、如期脱贫摘帽。

（五）强化作风建设，为挂牌督战提供坚强保障

坚持党建统领，将服务脱贫攻坚作为践行初心使命的"试金石"，在挂牌督战中既督业务又督党建，推动党建与扶贫业务深度融合。持续开展扶贫领域腐败和作风问题专项治理，坚决杜绝挂牌督战中督强战弱、重督轻扶的问题，切实把提出问题与解决问题结合起来，做到督战一体、以督促战。通过支部共建、结对帮扶、在线互动等形式，帮扶贫困县加强党员教育和基层党组织建设，切实将党的政治优势、组织优势和制度优势等凝聚转化为挂牌督战的力量。

三、挂牌督战主要成效

挂牌督战实施过程中，总行党委提升站位、统筹谋划，较真碰硬"督"，凝心聚力"战"，推动服务脱贫攻坚各项重点任务全面完成。

挂牌督战全胜收官。2020年，全行努力克服疫情、灾情影响，围绕挂牌督战出实招、用硬招、谋新招，超额完成目标任务。全行累计向未摘帽贫困县投放扶贫贷款239.04亿元，同比多投121.6亿元，完成全年任务的221.33%，扶贫贷款余额537.65亿元，比年初净增145.16亿元，增长35.58%，是全行扶贫贷款平均增速的4.5倍，共支持当地扶贫项目281个，带动14.96万贫困人口增产增收，有力助推贫困县如期脱贫摘帽。

表3.2　2020年52个未摘帽贫困县扶贫贷款投放情况

单位：个、亿元、%

省级分行	贫困县数量	全年投放任务	投放额	完成率
广西	8	13.00	33.35	256.54
四川	7	4.50	14.67	326.01
贵州	9	24.00	48.65	202.71
云南	9	20.00	35.06	175.32
甘肃	8	6.50	26.44	406.77
宁夏	1	0.05	0.85	1690.00
新疆	10	40.00	80.06	200.15

第四章
政策体系

信贷政策是银行为实现一定时期的经营发展战略和风险控制目标，结合外部宏观政策制定的引导信贷投向、优化资源配置、控制信用风险的策略和措施，随着内外部环境的变化而不断调整，具有一定的导向性、灵活性、时效性、差别性。1994年，国家专门设立农业政策性银行，承接原先人民银行、专业银行提供粮棉油收购信贷资金的任务，支持粮棉油等重要农产品收购、储备、调控和调销。在粮棉油信贷实践中，农发行创新了"钱随粮走、购贷销还、库贷挂钩、封闭运行"的封闭运行管理体系，初步建立了适应国家粮食流通体制改革的粮棉油收购资金封闭运行管理信贷政策，有效保障了国家粮食安全。21世纪初，党中央首次提出以统筹城乡为手段解决农业、农村、农民问题，国家对"三农"工作的战略思想发生重大调整。农发行围绕服务国家战略，紧跟国家支农政策变化而不断调整自身信贷政策，将以粮为主的信贷支持政策逐渐转向全方位的农业农村支持政策，将大量信贷资金配置到商业性银行不愿意介入或不能介入、财政又无法兼顾的农业农村基础设施领域，以普惠为目标实施差异化支持政策，发挥政策性银行"补短板"作用，最大限度地满足新时代"三农"主体的金融需求。

2015年，中央召开扶贫开发工作会议，全面打响脱贫攻坚战，党的十九大又把精准脱贫作为三大攻坚战之一进行全面部署。由于脱贫攻坚涉及面广、贫困程度深、扶贫难度大，农发行原有信贷政策已无法满足脱贫攻坚战的特殊信贷需求。在此背景下，农发行以习近平总书记关于扶贫工作重要论述为指引，全面落实中央脱贫攻坚决策部署，强化政策扶持、优化资源配置，聚焦重点领域和薄弱环节，制定扶贫产品信贷策略、扶贫区域信贷策略、扶贫客户信贷策略，配套办贷优先、规模倾斜、利率优惠、期限延长等一系列优惠政策，针对"三区三州"、52个未摘帽贫困县等深度贫困地区，先后制定"28+10+10+11"共59条差异化政策，推动更多扶贫资金、扶贫项目、扶贫举措向深度贫困地区、定点扶贫县、政策性金融扶贫实验示范区集中，逐渐形成了定向、精准、特惠、全覆盖等具有农发行特色的扶贫政策体系,为政策性金融精准扶贫提供了有力保障。

第一节　金融扶贫总体信贷政策

自脱贫攻坚以来,农发行认真贯彻党中央"精准扶贫、精准脱贫"的基本方略,落实国务院关于加大扶贫攻坚力度、全面建成小康社会战略部署,把"精准"贯穿到农发行服务脱贫攻坚的全过程、各领域。农发行全力服务中央和地方政府脱贫攻坚规划实施,在金融系统率先制定了《中国农业发展银行政策性金融扶贫五年规划》(农发银发〔2016〕179号)、《中国农业发展银行扶贫信贷政策指引》(农发银扶贫信〔2017〕2号)等文件,因地制宜,精准施策,分类实施扶贫产品、区域、客户信贷策略,把社会效益放在首位,兼顾财务可持续,实行办贷优先、规模倾斜、利率优惠、期限延长的支持政策,对深度贫困地区给予更加集中的信贷支持和更高的风险容忍度,积极发挥农业政策性金融职能作用,为打赢脱贫攻坚战提供强有力的金融支持,成为金融扶贫的先锋、主力和模范。

一、农发行扶贫信贷政策主要特性

(一)定向

始终坚持以习近平新时代中国特色社会主义思想为指导,坚决落实党中央、国务院脱贫攻坚战略部署,把脱贫攻坚作为"十三五"时期头等大事和第一民生工程来抓,以服务脱贫攻坚统揽全局,举全行之力服务脱贫攻坚,构建全行扶贫的工作格局,推动各项工作、各种资源、各方力量向服务脱贫攻坚聚合,各项优惠政策优先向服务脱贫攻坚倾斜,尽心竭力服务脱贫攻坚,充分发挥政策性金融骨干和引领作用,始终坚持将服务脱贫攻坚作为全行重大政治任务统揽全局，充分发挥政策性银行的职能作用，为坚决打赢脱贫攻坚战提供有力支撑。

（二）精准

脱贫攻坚政策性强，农发行认真贯彻精准扶贫、精准脱贫的基本方略，坚决把严格执行党中央、国务院方针政策作为生命线，遵循政策，落实到位，确保不出偏差，围绕脱贫攻坚目标，全力服务中央和地方政府脱贫攻坚规划实施，精准支持7017万建档立卡贫困人口脱贫，精准对接金融需求，着力解决"两不愁三保障"问题。一是支持领域精准。以易地扶贫搬迁为重点，统筹支持产业扶贫、转移就业扶贫、教育扶贫、健康扶贫等，切实加大对贫困人口脱贫支持力度。二是支持区域精准。精准支持建档立卡贫困村退出，加快改善贫困村生产生活条件；精准支持国家级贫困县摘帽，解决区域性整体贫困。三是扶贫认定精准。突出强化了金融扶贫的精准性，扶贫贷款认定严格执行人民银行精准扶贫贷款认定有关要求[①]，精准实现脱贫成效。

（三）特惠

政策性金融不以利润最大化为经营目标，在财务可持续的前提下，农发行坚持把社会效益放在首位，建立扶贫信贷资源优先配给机制，显著提高脱贫攻坚资源配置比例。强调特惠性，加强政策倾斜，强化资源保障，实行办贷优先、计划单列、资金保障、利率优惠、期限延长等支持政策，长期坚持特惠利率，将抵押补充贷款（PSL）、重大水利专项过桥贷款、专项扶贫再贷款等低息贷款优先用于贫困地区，切实让利于贫穷地区和贫困农户，推动更多扶贫资金、扶贫项目、扶贫举措向深度贫困地区集中，全力助推深度贫困地区打赢脱贫攻坚战。

[①] 中国人民银行《关于建立金融精准扶贫贷款专项统计制度的通知》（银发〔2016〕185号）、中国人民银行《关于2019年金融机构金融统计制度有关事项的通知》（银发〔2018〕346号）。

（四）全覆盖

农发行全面对接贫困地区和贫困群众的金融需求，依据国家明确的相关规划，坚持"六个精准"、聚焦"五个一批"①谋篇布局，形成了紧贴贫困地区和贫困群众金融需求，具有农发行特色的金融产品服务体系。一是产品服务领域全覆盖。实现了对贫困地区易地扶贫搬迁、产业扶贫、专项扶贫、基础设施扶贫等各个领域资金需求的全覆盖。二是机构服务全覆盖。通过完善扶贫金融事业部组织架构，率先向县级延伸扶贫金融服务机构，实现了对国家级贫困县的全覆盖，能够为扶贫开发提供便捷、全面的金融服务。

二、分类实施扶贫产品、区域、客户信贷策略

农发行持续完善扶贫信贷政策制度顶层设计，印发《中国农业发展银行扶贫信贷政策指引》（农发银扶贫信〔2017〕2号），从产品、区域、客户三个维度分别制定了不同的信贷策略，明确对贫困地区、扶贫客户、扶贫重点领域的倾斜政策，细化差异化准入和风险容忍度要求，引导各级行有效开展扶贫信贷工作，严防政策风险。

（一）扶贫产品信贷策略

根据国家政策支持的倾斜程度，分为保证支持、重点支持、限制支持、一般支持四类产品。一是保证支持中央财政贴息易地扶贫搬迁专项贷款、储备、调控类扶贫贷款。二是重点支持教育扶贫、健康扶贫、贫困村提升工程等专项扶贫产品，交通扶贫、水利扶贫、改善农村人居环境等基础设施扶贫产品，产业扶贫、粮棉油购销、产业化龙头企业扶贫贷款等产业扶贫产品。三是限制支持列入国家产业结构调整指导目录的

---

① "五个一批"：发展生产脱贫一批、易地搬迁脱贫一批、生态补偿脱贫一批、发展教育脱贫一批、社会保障兜底一批。

限制类或淘汰类、工信部淘汰落后生产工艺装备和产品指导目录的项目、工艺、设备及产品，落后产能和节能减排控制行业，"两高一剩"目录清单内的项目等。四是未列入保证支持、重点支持和限制支持，而又符合农发行信贷业务范围的，列入一般支持，实行择优扶持。

（二）扶贫区域信贷策略

根据国家政策支持的倾斜程度，分为重点支持和积极支持。一是重点支持西藏、新疆南疆四地州、四省（四川省、云南省、甘肃省、青海省）藏区、甘肃临夏州、四川凉山州和云南怒江州等国家明确的深度贫困区域；国家级政策性金融扶贫实验示范区（广西百色、河北保定、贵州毕节、陕西安康），以及农发行与省级人民政府联合创建的省级政策性金融扶贫实验示范区；农发行定点扶贫县（对口支援县），包括贵州锦屏、广西隆林、云南马关、吉林大安、江西南丰（对口支援县）。二是积极支持839个国家扶贫开发工作重点县和集中连片特殊困难地区县（除重点支持区域外），以及12.8万个建档立卡贫困村；475个省级扶贫开发工作重点县；贫困地区中的革命老区，包括赣闽粤原中央苏区、左右江、大别山、陕甘宁、川陕等重点贫困革命老区和沂蒙、湘鄂赣、太行、海陆丰等欠发达革命老区。

（三）扶贫客户信贷策略

根据国家政策支持的倾斜程度，分为保证支持、重点支持、限制支持、退出支持和一般支持五类客户。

1.保证支持。承接省级政府指定易地扶贫搬迁任务，且享受中央财政贴息的省级投融资客户；承担中央储备（含特种储备）粮油和落实了补贴资金并能及时足额到位的地方储备粮油任务的客户；承担国家储备棉和落实了补贴资金并能及时足额到位的地方储备棉任务的客户；承担执行粮食最低收购价预案政策和国家临时收储粮油收购任务的客户；等等。

2.重点支持。承担国家专项扶贫工程、承接省级"十三五"易地扶贫搬迁规划任务的省级、地市级、县级政府投融资客户；承担国家和省级化肥、储备糖、储备肉等专项储备的收储和轮换的企业，经营与国家或省级储备有关联的化肥、农药、农用机械的农资行业优质企业；棉纺行业中地位突出、发展前景良好，拥有高效纺纱、高速织造、短流程印染等成套装备及工艺的棉纺企业以及具有技术和品牌优势、产品附加值较高的针织、家纺、服装、产业用纺织等下游终端产品精深加工领域的战略性客户；等等。

3. 限制支持。信用等级较低的客户（另有规定的除外）；出资不实，主业不突出，产品附加值低、竞争优势不明显，缺乏诚信、不配合监管，盲目扩张、短债长用、挤占挪用流动资金贷款搞固定资产或是参与高利贷等民间融资的客户；环评不达标、产品或原料质量检验不严、监测体系不健全，产品卫生条件不达标、不符合所属行业生产标准体系或存在重大安全生产隐患的客户，发生重大环境事故或重大安全事故的客户；存在恶性责任事故、拖欠职工工资、关联企业出现重大风险、涉及自身重大责任诉讼等问题，严重影响企业正常生产经营的客户；等等。

4. 退出支持。信用等级较差的客户（另有规定的除外）；经济效益大幅下滑，主要财务及生产经营指标严重低于行业平均水平，近3年连续亏损，扭亏无望的客户；存在抽逃资本金、挤占挪用信贷资金、恶意逃废悬空银行债务等重大违法违规行为或重大不良记录的客户；不配合农发行正常监督管理，情节严重的客户；参与高利贷等民间融资，对农发行债权安全构成明显威胁或产生实质性影响的客户；国家有关政策明令禁止准入的客户；等等。

三、配套系列优惠政策

为助推扶贫政策更好更快落地，农发行从贷款区域、贷款定价、信贷规模与资金供应、贷款期限、贷款模式、担保政策、风险容忍度、开辟绿色通道、尽职免责等方面给予相关的配套政策，明确扶贫信贷业务差异化授权规定。

（一）出台优惠的信贷政策

自开展扶贫贷款业务以来，农发行扶贫贷款准入门槛逐步降低，以往融资难的扶贫贷款客户、扶贫项目等纷纷得到政策性金融支持，农发行帮助贫困地区补齐了诸多短板。一是降低扶贫贷款准入门槛。通过降低信用等级准入要求、降低资产负债率等财务指标准入要求等，实行差别化贷款区域准入要求，取消贫困地区部分信贷产品在贫困地区关于地方政府财力区域准入的要求，项目资本金执行国家规定的最低比例要求等政策。二是延长贷款期限。脱贫攻坚刚性支出大，贫困地区财力有限，为推动脱贫攻坚的可持续性，适度延长扶贫贷款期限即可缓解地方和企业的还贷压力，这也是政策性金融按银行规律办事防范风险的重要措施。在根据借款人综合偿债能力、工程建设进度等合理确定贷款期限的前提下，对于保证支持、重点支持的扶贫信贷产品或客户的相关扶贫信贷业务，适当延长贷款宽限期或贷款期限。三是放宽担保政策。实行差别化的抵（质）押担保要求，在还款来源有保障、风险可控的前提下，完善扶贫贷款抵（质）押方式，创新扶贫贷款担保模式，对精准扶贫贷款进行差异化支持。四是实施贷款定价优惠。对具有重大影响力的保证支持和重点支持的信贷产品、客户以及重点支持区域，给予贷款利率优惠，创新出台"整体优惠＋首年再优惠＋考核利润还原"的组合优惠模式，相比一般贷款可在整体优惠基础上对首年发放的贷款再给予利率优惠。

（二）加大资源的倾斜力度

加大信贷、财务、人力等资源向扶贫领域倾斜的力度，更好满足贫困地区业务发展需求。一是优先供应信贷规模与资金。丰富资金筹集渠道，在发行扶贫专项债券、精准扶贫债券等基础上，创新发行产业扶贫债券；将PSL资金支持范围扩大到脱贫攻坚各领域，并突出支持深度贫困地区扶贫业务；统筹调度信贷资源，监测扶贫贷款信贷计划执行进度和投向，全额供应、优先保障扶贫项目资金需要。二是加大财务资源保障力度。优先满足深度贫困地区业务发展经营的合理财务费用需求，加大激励性财务费用与精准扶贫贷款挂钩的力度，优先保障贫困地区分支机构办公用车用房需求。三是加大人力资源保障力度。从人员招聘、干部交流选拔、薪酬福利待遇及绩效考核等方面实施全方位倾斜。

（三）提供优质的金融服务

通过开辟扶贫贷款办贷绿色通道、创新扶贫贷款支持模式、提高扶贫贷款风险容忍度等方面，全力推进脱贫攻坚金融服务。一是建立绿色通道。对保证支持的扶贫信贷产品，可合并受理与调查环节，尽可能精简办贷材料，提高办贷效率。对重点支持的扶贫信贷产品或重点支持的区域、客户的扶贫信贷业务，应在调查、审查、审议、审批等办贷环节优先安排办理。二是创新贷款模式。推动政府与社会资本合作（PPP）和公司自营项目融资模式，推出了支持产业扶贫"吕梁模式"、产业化联合体模式、"园区租赁"产业扶贫模式、供应链金融等多种模式，实现对贫困村、贫困户产业发展的精准信贷支持。三是提高风险容忍度。对于深度贫困地区发放的扶贫贷款，在最高幅度内确定风险容忍度。四是予以尽职免责。对于遵守有关法律法规和监管规定，恪尽职业操守，严格按照有关信贷业务规定和操作流程进行操作的各环节责任人，不涉及道德风险，视为尽职，有关贫困地区信贷业务一旦发生风险问题，可予以免责。

第二节　重点区域差异化政策

由于经济发展差异，全国各地的贫困程度、致贫原因、扶贫政策差异较大，农发行立足政策性金融职能定位，在总体扶贫信贷政策基础上，针对"三区三州"深度贫困地区、中西部169个深度贫困县、定点扶贫县、政策性金融扶贫实验示范区等不同区域实际情况，根据脱贫攻坚战进程，从信贷支持差异化、资源保证倾斜化、准入门槛降低化等方面出台政策，给予利率、期限等一揽子特惠政策，形成"28＋10＋10＋11"共计59条特惠政策体系，以满足不同区域的特殊扶贫信贷需求。

一、支持深度贫困地区的59条差异化政策

（一）政策实施背景

自脱贫攻坚战打响以来，习近平总书记先后四次[1]主持召开跨省区的脱贫攻坚座谈会，并在2017年深度贫困地区脱贫攻坚座谈会中指出，"脱贫攻坚本来就是一场硬仗，而深度贫困地区脱贫攻坚是这场硬仗中的硬仗，要采取更加集中的支持、更加有效的举措、更加有力的工作，扎实推进深度贫困地区脱贫攻坚"。并深刻阐述了深度贫困地区"两高、一低、一差、三重"[2]突出特征和主要成因，对加大力度推进深度贫困地区脱贫攻坚作出了全面部署。

农发行深入学习领会习近平总书记讲话精神，强化责任担当，把支持深度贫困地区脱贫攻坚作为全行扶贫工作的重中之重，第一时间召开支持"三区三州"脱贫攻坚现场推进会[3]，在前期制定的一系列扶贫贷款优惠政策、配套措施等基础上，针对深度贫困地区，从信贷支持差异

---

[1] 2015年2月，在陕西西安主持召开陕甘宁革命老区脱贫致富座谈会。2015年6月，在贵州贵阳主持召开涉及武陵山、乌蒙山、滇桂黔集中连片特困地区扶贫攻坚座谈会。2016年7月，在宁夏银川主持召开东西部扶贫协作座谈会。2017年6月，在山西太原主持召开深度贫困地区脱贫攻坚座谈会。

[2] "两高、一低、一差、三重"：贫困人口占比高、贫困发生率高，人均可支配收入低，基础设施和住房差，低保五保贫困人口脱贫任务重、因病致贫返贫人口脱贫任务重、贫困老人脱贫任务重。

[3] 2017年9月，农发行在山西省吕梁市召开支持深度贫困地区脱贫攻坚现场会。

化、资源保证倾斜化、准入门槛降低化、担保要求放宽化、融资成本降低化、风险容忍度提高化等维度，先后出台了"28＋10＋10＋11"共计59条差异化支持政策，把"政策"变"实惠"、把"优惠"变"特惠"，把扶贫战略、政策和资源向深度贫困地区和未摘帽贫困县集中。

（二）差异化政策及措施

农发行结合深度贫困地区发展需求，拿出最优惠的支持举措，在金融系统率先出台金融支持意见①，并根据脱贫攻坚战推进情况，先后4次研究制定"28＋10＋10＋11"共计59条差异化政策，进一步推动政策、资金、资源向"三区三州"等深度贫困地区和未摘帽贫困县倾斜。

2018年7月，为贯彻落实习近平总书记在深度贫困地区脱贫攻坚座谈会上的讲话精神和党中央、国务院《关于打赢脱贫攻坚战三年行动的指导意见》精神，出台《关于明确"三区三州"深度贫困地区脱贫攻坚差异化支持政策的通知》（农发银发〔2018〕159号），在差别化信贷政策支持、资源倾斜保障、加大定向帮扶三个方面明确了28条特惠支持政策。

2019年8月，为贯彻落实习近平总书记在解决"两不愁三保障"突出问题座谈会上的讲话精神，农发行召开全行支持深度贫困地区脱贫攻坚工作推进会，将28条差异化政策支持范围扩大到"三区三州"之外的中西部169个深度贫困县、定点扶贫县和对口支援县，惠及全部深度贫困地区。同时，出台《关于进一步加大对"三区三州"等深度贫困地区脱贫攻坚差异化支持力度的通知》（农发银办〔2019〕97号），提出"新10条"差异化政策，进一步降低准入门槛、放宽担保要求、降低融资成本等，更好地满足"三区三州"等深度贫困地区融资需求。

---

① 在金融系统中率先印发《中国农业发展银行政策性金融扶贫五年规划》（农发银发〔2016〕179号）、《中国农业发展银行扶贫信贷政策指引》（农发银扶贫信〔2017〕2号）。

2020年3月，为贯彻习近平总书记在决战决胜脱贫攻坚座谈会上的重要讲话精神，根据银保监会《关于进一步加大"三区三州"深度贫困地区银行业保险业扶贫工作力度的通知》（银保监办发〔2020〕24号）明确的特惠政策和要求，结合农发行服务脱贫攻坚实际，在原来支持深度贫困地区28条和"新10条"特惠政策的基础上，再次明确用好扶贫过桥贷款、择优发放信用贷款、下放贷款审批权限等10条特惠政策专门用于"三区三州"深度贫困地区。

2020年5月，为进一步贯彻习近平总书记在决战决胜脱贫攻坚座谈会上的重要讲话精神，集中兵力打好深度贫困歼灭战，针对全国52个未摘帽贫困县，农发行印发《关于进一步加大未摘帽贫困县金融扶贫差异化支持力度的通知》（农发银办函〔2020〕97号），从延长复工复产政策期限、降低准入门槛、放宽担保要求、实施差异化授权、强化特惠支持、提高不良贷款容忍度六个方面推出11条特惠举措。同时，坚决落实人民银行要求，持续用好用足人民银行专项扶贫再贷款等特殊政策，把特惠资金用在"刀刃"上，全力支持未摘帽贫困县决战决胜脱贫攻坚。

（三）支持成效

2015—2020年，农发行累计向深度贫困地区投放扶贫贷款16321亿元，扶贫贷款余额15011亿元，较2015年末净增9360亿元，增幅165.63%，为全行各项贷款同期平均增长率的5.41倍。

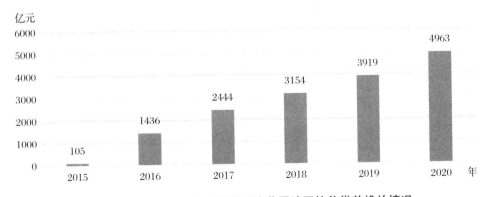

图4.1　2015—2020年农发行深度贫困地区扶贫贷款投放情况

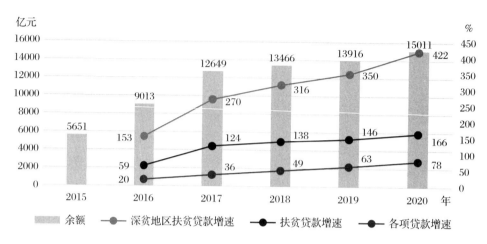

图4.2 2015—2020年农发行扶贫贷款余额及增速情况

二、支持定点扶贫县的"四融一体"优惠政策

（一）政策实施背景

习近平总书记强调："党政军机关、企事业单位开展定点扶贫，是中国特色扶贫开发事业的重要组成部分，也是我国政治优势和制度优势的重要体现。做好新形势下定点扶贫工作，要坚持发挥单位、行业优势与立足贫困地区实际相结合，健全工作机制，创新帮扶举措。"①脱贫攻坚战以来，农发行始终将定点扶贫作为全行重大政治任务，紧紧围绕解决"两不愁三保障"突出问题，对定点扶贫县吉林大安、云南马关、广西隆林、贵州锦屏及对口支援县江西南丰实行特惠支持政策，从加强组织领导、完善组织体系、强化信贷管理、深化银政合作与交流、积极提供融智服务、加强扶贫宣传、强化扶贫资金保障七个方面明确政策保障措施，着力构建融资、融智、融商、融情"四融一体"帮扶机制，全力助力定点扶贫县、对口支援县脱贫摘帽。

---

① 2015年12月8日，习近平总书记就机关企事业单位做好定点扶贫工作作出重要指示。

（二）定点扶贫县差异化政策

农发行充分考虑定点扶贫县的特殊重要性，将支持深度贫困地区的差异化政策应用于定点扶贫县，并实施特惠支持政策，在资源配置、金融产品和服务方式创新等方面给予倾斜。一是量身定制金融服务方案。因地制宜、实事求是地结合当地资源和实际需求，逐县编制政策性金融服务总体方案，逐年制订支持计划和项目融资方案。二是单列信贷计划、保障信贷规模。对定点扶贫县经规定流程审批同意的项目规模予以计划单列，保证供应，并实行利率特惠。三是降低准入门槛。取消财政收入等门槛限制，实行优先评审、优先办贷，简化审批流程，确保定点扶贫县扶贫贷款及时投放见效，实现"项目优先安排、资金优先保障、工作优先对接、措施优先落地"。四是财务资源倾斜。向定点扶贫县农发行支行网点设施建设、交通工具、费用配置方面适当倾斜财务资源。

（三）支持成效

农发行充分发挥行业、系统、政策、客户优势，创新探索完善融资、融智、融商、融情"四融一体"帮扶体系，不断做深做实做细帮扶措施，推动4个县、409个贫困村和25.4万贫困人口全部如期实现脱贫。五年累计向定点扶贫县投放贷款109.06亿元，支持新改建道路5830公里、危房改造40805户、新建搬迁安置房7661套、特色扶贫产业项目17个、新建学校71所、新建医院2所、建设安全饮水工程568个，定点扶贫县贷款加权平均利率较基准利率下浮10%以上，节省利息支出10667万元，各定点扶贫县的贷款余额均占当地金融机构贷款余额的20%以上，切实发挥了金融扶贫先锋主力模范作用，全面助推4个定点扶贫县如期实现脱贫目标。

三、支持政策性金融扶贫实验示范区的优惠政策

（一）政策性金融扶贫实验示范区的创建

为解决贫困地区金融供给不足、金融精准扶贫体制机制创新力度较

弱、政府扶贫资金与银行信贷资金难以发挥整体合力等问题，改善贫困地区金融投入环境和投资状况，引导社会各方形成合力扶贫的局面，农发行、国务院扶贫办、相关省政府探索创建政策性金融扶贫实验示范区，作为支持打赢脱贫攻坚战的重要平台和抓手。

2015年9月，农发行与国务院扶贫办签订了《政策性金融扶贫合作协议》，制订了《政策性金融扶贫实验示范区总体工作方案》（农发银发〔2015〕281号），综合考量贫困程度、致贫因素、革命老区以及历史贡献等多维度指标，率先创建了广西百色、河北保定、贵州毕节、陕西安康4个国家级政策性金融扶贫实验示范区，并逐步向贵州、重庆、江西、新疆、山西、安徽、云南、内蒙古8个脱贫攻坚任务较重的省份推广，设立了省级政策性金融扶贫实验示范区。通过发挥政策性金融特殊融资机制优势和地方政府组织优势，引导各类金融资本、社会资本加大对脱贫攻坚工程的投入，加强金融扶贫、财政扶贫、社会扶贫的结合，形成金融扶贫合力，充分发挥政策性金融在金融扶贫中的引领和骨干作用。

（二）差异化支持政策及措施

农发行充分发挥政策性金融扶贫实验示范区创新引领作用，加大对实验示范区支持力度，实行优惠信贷政策，将新开发的扶贫信贷产品在实验示范区先行试点，对实验示范区项目优先受理、优先审批、优先投放。一是实施扶贫信贷优惠。在优先办贷、贷款期限延长、加大利率优惠等方面给予支持，进一步降低贷款准入门槛，放宽承接主体、担保条件等门槛，适当放宽贷款条件。二是试行整区域扶贫综合授信。结合实验示范区扶贫发展规划、融资需求、财政承受能力和还款资金来源、可担保资源等因素，科学计算资金需求规模，预留投放空间，实施整区域扶贫贷款综合授信，并单列信贷规模，信贷计划单列管理，对贷款规模予以倾斜、重点保障，充分满足实验示范区内扶贫资金需求。三是提供融智金融服务。积极推广支持产业扶贫"吕梁模式"，因地制宜创新金融扶贫模式，将创新推出的扶贫信贷产品优先在实验示范区先行先试，逐步创建形成政策扶持、金融优惠、社会帮扶的融合扶贫模式。

（三）支持成效

2016年以来，4个国家级实验示范区共投放贷款851.89亿元，其中扶贫贷款565.35亿元，占比为66.36%。扶贫贷款余额389.43亿元，余额占比为59.9%；扶贫贷款平均年增速为11.65%，超出所在市级分行平均贷款增速近3个百分点；与辖区内其他金融机构相比，扶贫贷款余额和累放额均居首位。

2017年以来，8个省级实验示范区各项贷款余额20862.05亿元，较2016年末增加11103.66亿元，增长114.02%。其中，精准扶贫贷款余额7925.76亿元，较2016年末增加4317.53亿元，增长119.66%；精准扶贫贷款占各项贷款的37.99%，省级实验示范区辖内377个贫困县（市、区、旗）和贫困人口全部实现脱贫摘帽。

表4.1　国家级和省级政策性金融扶贫实验示范区贷款情况

单位：亿元、%

实验示范区	2016年以来贷款累放额	其中，扶贫贷款累放额	扶贫贷款占比
4个国家级实验示范区	851.89	565.35	66.36
	2017年以来贷款累放额	其中，扶贫贷款累放额	扶贫贷款占比
8个省级实验示范区	19038.50	8511.62	44.71

第三节　重点领域差异化政策

脱贫攻坚是一项复杂的系统工程，涉及面广，既包括贫困地区的人居环境改善、基础设施建设、生态环境保护，也包括特色产业发展、贫困人口脱贫。农发行认真学习领会习近平总书记关于扶贫工作的重要论述，紧紧围绕脱贫攻坚"五个一批"工程，紧扣国家"十三五"脱贫攻坚规划，在服务国家专项扶贫工程、产业扶贫、基础设施扶贫等重点领域，创新研发易地扶贫搬迁、教育扶贫、健康扶贫等专项产品，优化贷款准入、利率优惠、期限延长等特惠政策供给，完善扶贫信贷支持模式，持续加大政策倾斜力度，满足不同领域的扶贫信贷需求，全面支持贫困地区经济社会发展和贫困人口脱贫。

一、重点支持国家专项扶贫工程

（一）国家专项扶贫工程

围绕党中央精准扶贫"五个一批"，全力支持解决"三保障"突出问题，全力支持易地扶贫搬迁、教育扶贫、健康扶贫、农村危房改造和饮水安全等专项扶贫工程。一是全力支持易地扶贫搬迁及后续扶持。紧紧围绕建档立卡贫困人口"搬得出、稳得住、能脱贫"的目标，全力支持易地扶贫搬迁工程及其配套产业发展。二是全力支持教育扶贫。重点支持乡镇寄宿制学校和乡村小规模学校建设，改善深度贫困地区基础教育办学条件，让贫困地区的孩子得到平等的教育机会和良好的教育资源。积极支持发展职业教育，着力提升贫困农民和致富带头人就业创业技能。三是全力支持健康扶贫。大力推进深度贫困地区县乡村三级医疗卫生机构标准化建设，改善深度贫困地区医疗卫生服务能力，防止因病致贫、因病返贫。四是全力支持危房改造。围绕深度贫困地区危房改造计划，重点对接金融需求，助力完成重点存量危房改造任务，帮助贫困户住上安全房。五是全力支持贫困村提升工程。以贫困村脱贫出列为目标，积极支持贫困村基础设施建设和公共服务设施改善，大力推动贫困村特色优势产业和主导产业设施提升，尽快补齐贫困村发展短板。

（二）差异化政策及措施

农发行围绕易地扶贫搬迁、产业扶贫、教育扶贫等专项扶贫工程，着力加大政策倾斜力度。一是创新研发专项产品。认真落实党中央、国务院关于打赢脱贫攻坚战的决策部署，积极对接国家重大扶贫工程，创新推出易地扶贫搬迁贷款、教育扶贫贷款、健康扶贫贷款、贫困村提升工程贷款等信贷产品，着力解决贫困地区教育、健康等领域公共服务能力不足问题。二是优化特惠政策供给。优化教育扶贫贷款、健康扶贫贷款、贫困村提升工程贷款等信贷支持政策，适当延长贷款期限，放宽偿债备付率，增强专项扶贫贷款在脱贫攻坚重点区域的适用性。精准对接"两不愁三保障"资金需求，通过银行间债券市场发行专项扶贫金融债，为脱贫攻坚信贷资金拓宽筹资渠道。三是完善信贷支持模式。针对"三保障"领域公益属性强、现金流缺乏等现状，创新融资模式、风控方式和服务方案，鼓励基层首创，总结提炼了"易地扶贫搬迁+专项贷款""教育扶贫+综合收益""健康扶贫+项目收益""贫困村提升工程+土地增减挂"等十余个典型模式案例，积极推动公益性项目市场化运作。

（三）支持成效

五年来，农发行累计投放易地扶贫搬迁贷款3123.36亿元，贷款余额1709.55亿元，支持了全国有搬迁任务的22个省（自治区、直辖市）的607个易地扶贫搬迁项目，共惠及建档立卡搬迁人口492万人；累计审批易地扶贫搬迁后续扶持贷款1139.78亿元，累计投放贷款639.03亿元，支持项目508个；累计投放教育扶贫、健康扶贫、贫困村提升工程等专项扶贫贷款1359.86亿元，余额975.38亿元，累计服务或带动建档立卡贫困人口2706万人次，为全力支持解决"三保障"和饮水安全突出问题，充分发挥政策性金融扶贫先锋主力模范作用作出了重要贡献。

二、重点支持贫困地区产业发展

（一）产业扶贫支持重点

产业发展是贫困地区摆脱贫困状态、实现可持续发展的基础支撑，也是我国脱贫攻坚战略中最为重要的政策内容。农发行把支持产业扶贫摆在突出位置，推动贫困地区产业扶贫实现实质性突破。一是支持贫困地区粮棉油收储。重点支持深度贫困地区建立地方粮棉油储备，积极支持多元主体在贫困地区收购，优化资金布局，保证贫困地区粮食安全、粮棉油市场稳定和种粮农民收益，防止出现农民卖粮（棉）难。二是支持贫困地区发展特色产业。支持农业龙头企业、农民专业合作社、种植大户等新型经营主体，促进贫困地区粮经饲统筹、种养加一体发展，根据贫困地区不同资源禀赋，支持特色产业和优势产业发展。三是支持产业扶贫专项工程。发展旅游扶贫、网络扶贫、光伏扶贫、贫困村创业致富带头人等专项扶贫工程。四是积极推动贫困地区新产业新业态扶贫。支持与"三农"密切相关的信息产业、生物产业、新能源产业、节能环保产业等各类新兴产业以及田园综合体、一二三产业融合、扶贫车间（扶贫工厂）等各类新兴业态扶贫在贫困地区落地。

（二）差异化支持政策及措施

将现有的产业贷款全部应用于扶贫领域，创新推出产业扶贫专项贷款和产业扶贫的"吕梁模式"，加大政策倾斜，有效强化政策支持力度。一是整合产业扶贫信贷管理办法。创新出台产业扶贫贷款办法[①]，对全行产业扶贫信贷政策、评审要点、申报资料清单等进行规范统一，为基层行有效营销产业扶贫业务提供了制度工具。二是开辟绿色通道。产业扶贫贷款优先受理评审、优先匹配信贷规模、优先匹配低成本资金，实行办贷优先、规模保障、利率优惠。三是放宽贷款准入条件。制定《关于推行产业扶贫"吕梁模式"的信贷指导意见》（农发银扶贫信〔2018〕1号），对于采用"吕梁模式"的产业扶贫贷款，适当放宽贷款准入门槛，缓解"融资难"问题，并推动"吕梁模式"由制度化向模

---

① 《关于印发〈中国农业发展银行产业扶贫流动资金贷款办法〉和〈中国农业发展银行产业扶贫固定资产贷款办法〉的通知》（农发银发〔2018〕338号）。

板化转变。四是加强产业扶贫考核和激励。设置产业扶贫贷款专项考核指标，推行尽职免责和产业扶贫激励机制，引导加大对产业扶贫的支持力度。

（三）支持成效

截至2020年末，农发行累计投放产业扶贫贷款12573.39亿元，贷款余额6150.72亿元，较2015年末净增3774.89亿元，增长158.89%，是全行各项贷款平均增长率的2倍。

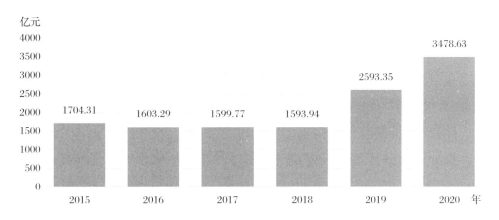

图4.3　2015—2020年农发行产业扶贫累计投放额度

三、重点支持贫困地区基础设施建设

（一）基础设施扶贫支持重点

基础设施建设是制约贫困地区经济社会发展的最突出短板，也是脱贫攻坚工作的基础性工程。农发行着眼于贫困地区的公路交通、水利建设、人居环境等重点领域，对贫困地区基础设施薄弱环节予以精准支持。一是支持实施交通扶贫。支持建设"四好农村路"、百万公里农村公路建设工程、百项交通扶贫骨干通道工程等，支持具备条件的乡镇、建制村通硬化路，支持贫困地区农村公路安全生命防护工程、窄路基路面农村公路（县道、乡道和村道）合理加宽改造、危桥改造和渡口改造项目。二是支持水利扶贫。支持实施贫困地区农村饮水安全巩固提升工程，积极支持贫困地区防洪工程、水资源配置工程、水土保持和水生态建设工程等项目建设。三是支持网络扶贫。支持包括网络覆盖、农村电商、网络扶智、信息服务、网络公益五大工程在内的网络扶贫行动。大力支持贫困地区信息基础设施建设，助力农村及偏远地区网络覆盖和宽带发展。四是支持贫困地区农村人居环境整治。围绕贫困地区农村生活垃圾治理、卫生厕所改造、水电路气信等基础设施建设，支持贫困地区开展农村人居环境整治三年行动。五是积极支持生态扶贫。积极支持国家实施的重大生态建设扶贫工程，帮助深度贫困地区加强"三农"领域内的生态环境建设，助力深度贫困地区打好污染防治攻坚战。

（二）差异化政策及措施

针对贫困地区基础设施建设的需求和特点，农发行大力推行差异化的信贷政策，完善支持模式、深化政银合作，切实加大对贫困地区基础设施建设的信贷支持力度。一是差异化信贷政策。制订了《基础设施扶贫五年实施方案》《基础设施扶贫贷款2016—2020年投放计划》，用足用好深度贫困地区59条特惠政策，根据区域特点和实际需求，采取降低准入门槛、降息减费等方式减少企业融资成本，放宽贫困地区基础设施贷款担保要求，延长贷款期限，创新贫困地区专项扶贫品种等差异化政策措施。二是创新信贷业务模式。加大对基础设施重点领域与脱贫攻坚工作密切相关业务的支持力度，推广水利过桥、扶贫过桥等成熟业务模式，优化公司自营类项目贷款、PPP等信贷支持模式，为基础设施扶贫业务转型发展提供借鉴。三是推进政银合作。政银合作是推动基础设施信贷业务的重要抓手，农发行深化与有关部委的基础设施业务合作，与住房和城乡建设部、水利部、交通运输部等部委签署战略合作协议，与有关部委联合下发10份业务指导文件，联合建立项目库，合力做好项目储备与培育，项目库项目优先受理、优先评审、优先配置信贷资源。

（三）支持成效

"十三五"期间，农发行累计投放基础设施扶贫贷款8461.98亿元，占全行扶贫贷款投放额的36.5%。截至2020年末，农发行基础设施扶贫贷款余额5954.41亿元，占全行扶贫贷款余额的40%，累计支持3682个扶贫贷款项目，服务贫困人口8695.1万人次。支持贫困地区新改建农村公路30.27万公里、疏浚航道5308.51公里，助力生态修复3.47万平方公里。

第五章
产品体系

脱贫攻坚所需资金巨大，仅依靠财政难以满足，需要金融机构发挥资金主渠道作用，而信贷资金扶贫成效的实现主要依赖扶贫信贷产品设计。国务院《"十三五"脱贫攻坚规划》、人民银行等七部门《关于金融助推脱贫攻坚实施意见》等文件鼓励金融机构创新金融产品加大对贫困地区支持力度，推动金融活水灌溉贫困地区和贫困人口。

脱贫攻坚涉及领域广，面向区域基础条件薄弱、致贫原因复杂、资金需求大，对金融信贷投入和服务供给提出了更高要求。在此背景下，农发行积极响应党中央号召，围绕习近平总书记关切的贫困群众就业、子女教育、就医、住房等问题，将原有粮棉油收储、水利建设、农村路网等所有

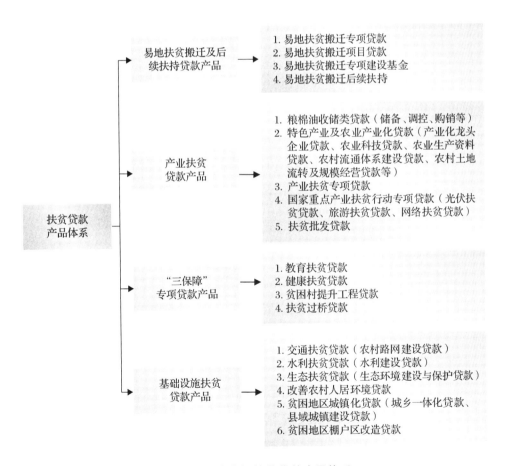

图5.1 农发行扶贫贷款产品体系

贷款产品用于服务脱贫攻坚，全面对接贫困地区和贫困群众的金融需求，坚持"六个精准"、聚焦"五个一批"谋篇布局，创新研发了易地扶贫搬迁、教育扶贫、健康扶贫、贫困村提升工程等10多项专项扶贫信贷产品，推出易地扶贫搬迁及后续扶持、产业扶贫、"三保障"扶贫、基础设施扶贫四大类共计63个贷款营销产品，引导全行把信贷资源精准投向贫困地区和贫困人口，不断扩大信贷支持范围、拓展业务覆盖领域，形成了紧贴贫困地区和贫困群众金融需求，具有农发行特色的金融产品服务体系，全方位、立体式打通金融扶贫供需通道，解决"桥"和"船"的问题。

具体来说，农发行扶贫信贷产品有三个特点：

一是产品覆盖面广。作为我国唯一的农业政策性银行，农发行从成立之时就开办了扶贫业务，履行扶贫职责，在服务"三农"实践中，逐渐形成了粮棉油、水利建设、农村路网、县域城镇建设等完善的农业综合开发与农村基础设施建设贷款产品。自党中央、国务院作出关于打赢脱贫攻坚战的决定后，农发行将现有贷款产品用于服务脱贫攻坚，并全面对接国家"五个一批"专项行动，围绕激发贫困地区和贫困农民脱贫内生动力、构建脱贫长效机制，针对不同地区、不同类型贫困人口，专门研发了易地扶贫搬迁、教育扶贫、健康扶贫等10余个专项信贷产品，探索推出产业扶贫"吕梁模式"等，着力破解贫困地区融资难融资贵问题，为服务脱贫攻坚提供全方位信贷产品体系支持。

二是聚焦精准方略。精准扶贫、精准脱贫是新时期扶贫攻坚最鲜明的特征。农发行围绕脱贫攻坚目标，在信贷产品创新和信贷政策制定中，坚决贯彻落实精准扶贫、精准脱贫的基本方略，围绕精准支持7017万建档立卡贫困人口的脱贫，聚焦支持深度贫困地区脱贫攻坚的重点领域和薄弱环节，着力解决"两不愁三保障"问题，创新易地扶贫搬迁、产业扶贫、教育扶贫、健康扶贫等专项产品，精准支持建档立卡贫困村退出，加快改善贫困村生产生活条件，解决区域性整体贫困，突出强化扶贫产品的精准性。

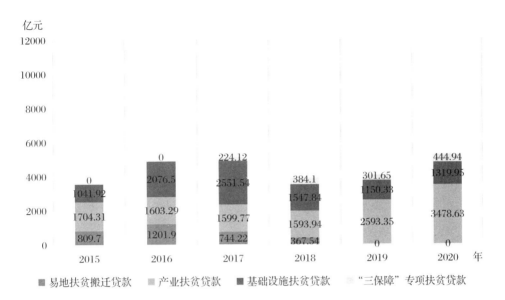

图5.2 2015—2020年农发行扶贫贷款投放情况

三是体现特惠原则。作为政策性银行，农发行始终坚持社会效益优先，扶持弱势领域。针对脱贫攻坚，扶贫信贷产品突出特惠性，在确保财务可持续的前提下，区分不同贷款品种、资金来源、区域投向，对服务脱贫攻坚的贷款实行优惠信贷政策，坚持办贷优先、规模保证、利率特惠、期限延长等原则，彰显农发行的政策优势和社会责任，把国家强农惠农富农政策落到实处。

第一节 易地扶贫搬迁及后续扶持贷款产品

易地扶贫搬迁是党中央明确精准扶贫"五个一批"的重要组成部分，是新时期脱贫攻坚的"头号工程"和标志性工程。农发行按照国家易地扶贫搬迁工作方案要求，把支持易地扶贫搬迁作为服务脱贫攻坚的重点工程，围绕建档立卡贫困人口"搬得出、稳得住、能脱贫"的目标，致力于解决贫困人口和同步搬迁人口购置安置房及恢复再生产等多方面的融资需求，在全国金融系统率先推出易地扶贫搬迁贷款产品，率先启动金融支持易地扶贫搬迁项目，打响金融服务易地扶贫搬迁的"当头炮"，并不断调整完善易地扶贫搬迁贷款产品，逐渐形成了易地扶贫搬迁项目贷款、易地扶贫搬迁专项贷款、易地扶贫搬迁专项建设基金及易地扶贫搬迁后续扶持等完整的易地扶贫搬迁信贷产品体系。

一、易地扶贫搬迁贷款产品

（一）易地扶贫搬迁贷款创新背景

长期以来，我国有相当一部分的农村人口居住在深山石山、荒漠高寒、地方病高发等生存环境恶劣、"一方水土养不起一方人"的地区，长期难以脱贫。为解决这一难题，党中央、国务院作出易地扶贫搬迁的重大决策部署。易地扶贫搬迁是以搬迁为手段、以脱贫为目的的综合扶贫措施，用于解决生态环境脆弱、基础设施与公共服务供给成本过高等贫困地区的贫困问题，是解决这部分贫困人口"挪穷窝、换穷业、断穷根"的治本之策。根据《"十三五"时期易地扶贫搬迁工作方案》（发改地区〔2015〕2769号）、《全国"十三五"易地扶贫搬迁规划》（发改地区〔2016〕2022号），"十三五"时期易地扶贫搬迁的迁出范围涉及全国22个省（自治区、直辖市）约1400个县（市、区），计划用5年时间对"一方水土养不起一方人"的约981万建档立卡贫困人口和约647万同步搬迁人口实施易地扶贫搬迁，资金总需求9463亿元，其中6000多亿元需要多渠道筹措。

根据地方政府推进易地扶贫搬迁资金短缺、迫切需要贷款支持的实际，农发行第一时间在陕西、贵州等10多个脱贫攻坚重点省份开展政策调研，提出了支持易地扶贫搬迁的基本原则、主要思路、信贷操作模式和配套措施，为国家制订新时期易地扶贫搬迁方案提供决策参考。同时，在国家相关政策尚未明确、补偿机制尚未到位的情况下，农发行对易地扶贫搬迁贷款作出超前的精准扶贫认定和利率优惠，以主动预判和底线思维，一体化支持同步搬迁及搬迁安置配套，2个月内在全国金融系统率先创新推出易地扶贫搬迁贷款产品[1]、率先启动金融支持易地扶贫搬迁项目[2]，打响了金融服务脱贫攻坚的"当头炮"。

（二）易地扶贫搬迁贷款的创新与完善

《"十三五"易地扶贫搬迁工作方案》和《全国"十三五"易地扶贫搬迁规划》进一步明确了农发行支持易地扶贫搬迁的工作职责，要求农发行为省级投融资主体提供易地扶贫搬迁长期贷款和专项建设基金，用于规划范围内建档立卡搬迁人口住房建设，以及包括同步搬迁人口在内的安置区配套基础设施、公共服务设施建设。农发行根据易地扶贫搬迁工作形势和任务要求，对前期支持的600个易地扶贫搬迁项目，从纳入"十三五"规划情况、1000万元建档立卡贫困搬迁人口贷款重叠支持情况、项目投资实施及调整情况等方面进行梳理，根据"中央统筹、省负总责、市县抓落实"的原则，精准对接地方政府易地扶贫搬迁规划和相关政策，按照整体推进、统分结合、兼顾中央任务和地方需求的方式，完善推出易地扶贫搬迁项目贷款、易地扶贫搬迁专项贷款[3]、易地扶贫搬迁专项建设基金等产品，构建起较完整的易地扶贫搬迁信贷产品体系，及时为市县级项目实施主体提供了易地扶贫搬迁贷款支持，充分发挥了政策性金融在支持"十三五"易地扶贫搬迁工程建设中的重要作用。

（三）易地扶贫搬迁贷款支持情况及成效

"十三五"时期，农发行累计投放易地扶贫搬迁贷款3123.36亿元，贷款余额1709.55亿元，投放易地扶贫搬迁专项建设基金242.7亿元，支

---

[1]《关于印发〈中国农业发展银行易地扶贫搬迁贷款管理办法（试行）〉的通知》（农发银发〔2015〕151号）。

[2] 2015年8月，湖北省分行发放第一笔易地扶贫搬迁贷款5亿元。

[3]《中国农业发展银行易地扶贫搬迁专项贷款办法（2017年修订）》（农发银发〔2017〕20号）。

持了全国22个省（自治区、直辖市）的607个易地扶贫搬迁项目，惠及建档立卡搬迁人口492万人，实现了易地扶贫搬迁贷款审批、投放、余额、同业占比"四个第一"，成为易地扶贫搬迁主力银行。

案例5.1 农发行支持安徽金寨县易地扶贫搬迁工程项目

2016年6月，农发行审批安徽金寨县易地扶贫搬迁工程项目贷款8亿元，支持全县11个乡镇、102个安置点及其配套基础设施、公共服务设施的易地扶贫搬迁建设，共惠及3605户14255人，新建102所幼儿园，解决了102个安置点3000多住户的孩子就近上学问题。在农发行的信贷支持下，该县拥有了幼儿园、卫生室和文化广场，解决了居住条件差、交通条件滞后、医疗教育资源匮乏等沉疴痼疾。

二、易地扶贫搬迁后续扶持贷款产品

（一）易地扶贫搬迁后续扶持政策背景

习近平总书记强调，"要加大易地扶贫搬迁后续扶持力度"①。在易地扶贫搬迁过程中，"搬得出"只是第一步，后续扶持是更重要、更艰巨的长期任务，需要政策的接续发力。2019年以来，易地扶贫搬迁工作重心由工程建设逐步向后续扶持转移，国家组织召开多次全国易地扶贫搬迁后续扶持工作现场会，相关部门先后印发《关于进一步加大易地扶贫搬迁后续扶持工作力度的指导意见》（发改振兴〔2019〕1156号）、《2020年易地扶贫搬迁后续扶持若干政策措施》（发改振兴〔2020〕244号）、《关于切实做好易地扶贫搬迁后续扶持工作巩固拓展脱贫攻

---

① 2020年3月，习近平总书记在决战决胜脱贫攻坚座谈会上的重要讲话。

坚成果的指导意见》（发改振兴〔2021〕524号）等，要求加大对易地扶贫搬迁建档立卡贫困人口后续扶持力度，着力推进公共服务、产业培育、就业帮扶、社区管理、社会融入、拆旧复垦复绿、权益保障等各项工作，推动易地扶贫搬迁后续扶持工作与推进新型城镇化、压茬推进乡村振兴战略有机衔接，有效提升搬迁群众的获得感、幸福感、安全感。

（二）易地扶贫搬迁后续扶持产品

农发行坚决贯彻落实党中央、国务院关于做好易地扶贫搬迁后续扶持的工作部署，针对贫困地区实际情况和建档立卡贫困户易地扶贫搬迁后多元化融资实际需求特点，以群众脱贫为目标，结合职能定位深入开展调研，积极研究支持政策，出台《关于开展信贷支持易地扶贫搬迁后续扶持专项行动的通知》（农发银发〔2020〕40号），与国家发改委联合印发《关于信贷支持易地扶贫搬迁后续扶持的通知》（农发银发〔2020〕92号），提出以专项行动、专项政策、专项额度、多种产品"三专一多"为工作抓手，持续为易地扶贫搬迁后续扶持提供多元化、市场化、全方位的金融服务。一是开展专项行动。2020年，农发行对22个有搬迁任务省份分行开展专项行动，对搬迁贫困人口超过1万人的特大型集中安置区贷款投放覆盖比例不低于80%，对搬迁贫困人口超过800人的大中型集中安置区贷款投放覆盖比例不低于50%；单独设置易地扶贫搬迁后续扶持考核指标，纳入全年绩效考核体系。二是出台专项政策。开通"绿色通道"，实行办贷优先、规模倾斜、利率优惠、期限延长；对于优质企业及采取风险补偿基金"吕梁模式"的易地扶贫搬迁后续扶持贷款，可以发放信用贷款；提高不良贷款风险容忍度。三是保障专项额度。从2020年起，5年内共安排1200亿元专项贷款额度，其中1000亿元贷款用于支持易地扶贫搬迁后续产业发展，200亿元贷款用于支持易地扶贫搬迁安置区配套设施提升完善。四是整合多种产品。充分利用农发行产业扶贫、教育扶贫、健康扶贫、贫困村提升工程、城乡一体化、水利建设等专项信贷产品，打好产品组合拳，全方位支持对易地扶贫搬迁人口具有带动作用的产业发展，安置点公共服务设施以及配套基础设施提升完善。

（三）易地扶贫搬迁后续扶持情况及成效

围绕"稳得住、能致富"融资需求，农发行创新"三专一多"运作方式，扎实做好易地扶贫搬迁后续扶持金融服务工作，切实巩固易地扶贫搬迁脱贫成果。截至2020年末，农发行累计审批易地扶贫搬迁后续扶持贷款项目508个，审批贷款金额1139.78亿元，累计投放贷款639.03亿元，余额599.51亿元，支持标准厂房和扶贫车间531个、产业园区和扶贫基地127个，覆盖有易地扶贫搬迁任务的22个省（自治区、直辖市）的466个集中安置区，所取得的工作成绩和扶贫成效得到了广大搬迁户和社会各界的认可，进一步彰显了政策性金融在支持易地扶贫搬迁中的先锋主力作用。

案例5.2 **农发行支持山西云州区易地扶贫搬迁与后续产业扶持项目**

2016年5月，农发行审批易地扶贫搬迁贷款2.36亿元，重点支持搬迁新村、配套道路、供排水等基础设施建设，医疗卫生、敬老院、垃圾运转车等公共配套设施建设，惠及建档立卡贫困人口11331人、同步搬迁人口723人。在支持贫困户"搬得出"的基础上，农发行结合地方主导产业和资源禀赋，2019年审批黄花加工龙头企业流动资金贷款2000万元，此外，支持黄花种植龙头企业流转农民土地11416亩，带动520户1318个建档立卡贫困人口直接脱贫增收。

第二节　产业扶贫贷款产品

习近平总书记将"发展生产脱贫一批"摆在精准脱贫"五个一批"

的首位，并反复强调发展产业是实现稳定脱贫的根本之策，要把培育产业作为推动脱贫攻坚的根本出路，同时要求将产业扶贫作为一项长期的重要任务予以推进。农发行全面对接国家产业扶贫规划和工作部署，坚持把产业扶贫作为精准脱贫稳定脱贫的关键之举，聚焦重点区域、重点领域扶贫信贷需求，在原有产业化龙头企业贷款、涉农企业贷款、粮棉油产业扶贫贷款等传统产业扶贫贷款的基础上，规范全行产业扶贫信贷政策，创新产业扶贫专项贷款，全面对接国家政策和重点产业扶贫行动，研发网络扶贫、光伏扶贫、旅游扶贫、扶贫批发贷款等产品，持续加大对贫困地区粮棉油收储、农业产业化发展和特色产业等的支持力度，以增强贫困地区内生动力和自我发展能力，形成了覆盖贫困地区传统产业、特色产业提升、新产业新业态扶贫等综合性的产业扶贫产品体系。

一、支持贫困地区粮棉油收储类贷款

（一）产品支持政策背景

农发行因粮而生、伴粮成长、随粮壮大，粮棉油信贷业务是农发行的立行之本、发展之基。贫困地区大都为粮食主产区，粮食产业是贫困地区最大的产业、最主要的产业，也是贫困人口最主要的收入来源。脱贫攻坚战打响以来，农发行充分利用"粮食银行"品牌优势，积极发挥粮棉油信贷专业优势和特长，推动服务国家粮食安全与服务脱贫攻坚工作有机结合，全力支持贫困地区粮棉油收储，发挥收购资金供应主渠道作用，支持粮棉油政策性收储和市场化收购，加强与粮棉油收购企业合作，确保贫困地区口粮供应和农产品及时变现，助力贫困人口获得持续稳定收入。

（二）主要产品及支持内容

农发行立足粮棉油主业，发挥粮棉油购销储传统业务优势，全力发展粮棉油的生产、流通、加工、进出口业务，持续加大对贫困地区粮棉油收储、调销工作的支持力度。一是政府储备调控贷款，包括中央储备粮油贷款、粮食最低收购价贷款、粮棉政策性财务挂账贷款等产品，用于满足储备粮油存储计划及国家储备调控等政策性收储任务等资金需求。二是农产品购销储贷款，包括粮油调销贷款、购销企业粮油收购贷款、龙头加工企业粮油收购贷款等产品，用于解决借款人从其他企业、粮食批发（交易）市场购入（竞拍）粮食（包含成品粮）和配合国家宏观调控进口粮食以及收购稻谷、小麦、玉米、大豆等合理资金需求。三是注重发挥龙头企业在产业扶贫中的带动作用。优先支持辐射带动作用较强的大型龙头加工企业，积极培育带动贫困人口长期稳定增收的特色优势产业和特色产品品牌，让贫困户更多分享粮棉油全产业链和价值链增值收益。保证贫困地区粮食安全、粮棉油市场稳定和种粮农民收益，防止出现农民卖粮（棉）难，确保国家粮棉油等重要农产品宏观调控政策在贫困地区的落实。

（三）产品支持情况与成效

2015年以来，累计发放粮棉油政策性扶贫贷款7706.3亿元，占全行扶贫贷款投放的29%，其中支持粮棉油收储量约占全社会收购量的67%，继续保持收购资金供应主渠道地位。

二、支持贫困地区特色产业及农业产业化贷款

（一）产品支持政策背景

习近平总书记指出，"发展特色产业、特色经济是加快推进农村现代化的重要举措，要因地制宜抓好谋划和落实"。特色产业扶贫是利用区域特色或稀缺资源、特殊地理区位、原生态自然环境以及传统历史文化等差异化资源优势，并将其转化为经济与市场优势，扶持并壮大本地有市场、有基础、有优势、环境友好型的特色产业。贫困地区农业特色产业

发展存在产业链条延伸空间狭窄、规模化程度较低、经营层次不高、区域品牌效应不显著等问题。2018年6月，国家深入实施贫困地区特色产业提升工程[①]，提出因地制宜加快发展对贫困户增收带动作用明显的种植养殖业、林草业、农产品加工业、特色手工业、休闲农业和乡村旅游，积极培育和推广有市场、有品牌、有效益的特色产品，将贫困地区特色农业项目优先列入优势特色农业提质增效行动计划。

（二）主要产品及支持内容

农发行精准对接贫困县特色产业发展规划，针对不同贫困地区的贫困状态、地理位置、资源环境、产业基础特点，突出支持贫困地区特色产业和农业产业化发展。一是支持农业特色产业发展。用好产业化龙头企业贷款、农业小企业贷款等产品，根据贫困地区不同资源禀赋，支持竞争优势明显、带动贫困户长期稳定增收的特色产业和优势产业发展，带动贫困村、贫困户因地制宜发展种养业和传统手工业等。二是支持现代农业园区建设。研发"现代农业园区贷款"[②]产品，加大对贫困地区"三区三园一体"、富农强农产业集群、扶贫车间等领域的信贷支持力度。三是支持发展多种形式土地适度规模经营。印发《关于做好农村土地流转和规模经营贷款工作的意见》（农发银发〔2016〕167号），全力服务"藏粮于地，藏粮于技"战略，配合国家大规模推进高标准农田建设与服务脱贫攻坚。四是支持农村流通体系建设。结合国家农产品市场、冷链物流、重要物流节点设施建设等政策，研发农村流通体系建设贷款[③]，不断完善贫困地区农村物流市场体系、冷链物流和物流配送建设，为解决贫困地区农产品上行及工业品下乡问题、解决流通中产销衔接和信息不对称等问题发挥了积极作用。

[①]《关于打赢脱贫攻坚战三年行动的指导意见》。
[②]《关于做好国家现代农业产业园金融服务工作的通知》（农发银创新〔2017〕12号）。
[③]《中国农业发展银行农村流通体系建设贷款办法》（农发银规章〔2019〕32号）。

（三）产品支持情况及成效

截至2020年末，农发行累计投放产业化龙头企业扶贫贷款360.61亿元，扶贫贷款余额344.08亿元，带动服务建档立卡贫困人口0.58万人。

案例5.3 农发行支持江西于都蔬菜基地建设（一期）项目

2019年9月，农发行审批江西于都蔬菜基地建设（一期）项目贷款3亿元，支持蔬菜产业园大棚及配套工程建设和种苗培育。项目建成后促进于都县蔬菜基地合作社招收农民工约1万人，人均月收入可达2400~3000元。同时，8215户贫困户入股110家合作社，每年获得约2000元的土地流转租金分红收入，以及依托蔬菜产业园发展起来的旅游产业带来的收入。该项目逐渐形成了集现代农业产业园、休闲度假、观光旅游于一体的生态田园综合体。

三、产业扶贫专项贷款

（一）产品研发背景

产业扶贫是提升贫困地区自我发展能力、增强自身造血功能的根本举措。2015年以来，国家通过实施易地扶贫搬迁、交通扶贫、水利扶贫等，农村基础设施得到极大的改善和提高，支持重点逐渐由"基础设施输血"向"产业发展造血"转变。2017年6月23日，习近平总书记在深度贫困地区脱贫攻坚座谈会上指出："深度贫困地区多是革命老区、民族地区、边疆地区，基础设施和社会事业发展滞后，社会文明程度较低，生态环境脆弱，自然灾害频发，贫困人口占比和贫困发生率高，人均可支配收入低，集体经济薄弱，是脱贫攻坚的坚中之坚。深度贫困地区要改善经济发展方式，重点发展贫困人口能够受益的产业，如特色农业、劳动密集型的加工业和服务业等。"国家相关部门先后下发《关于支持深度贫困地区脱贫攻坚的实施意见》（厅字〔2017〕41号）、《关于金融支持深度贫困地区脱贫攻坚的意见》（银发〔2017〕286号）、《支持深度贫困地区农业产业扶贫精准脱贫方案》（农办技〔2017〕82号）等，要求着力做好深度贫困地区金融服务，加快推进深度贫困地区农业产业扶贫。

（二）创新产业扶贫专项贷款

深度贫困地区存在发展产业欠基础、产业项目结构单一、抗风险能力不足等问题。产业扶贫作为脱贫攻坚战的重中之重和坚中之坚，重点在于通过发展产业并建立利益联结机制带动贫困人口脱贫，既要保持产业可持续运营，更要具有带动贫困人口脱贫的效果，比单纯支持一般产业发展难度更大、要求更高、管理更细。为大力推进贫困地区产业发展，规范全行产业扶贫信贷政策，健全产业扶贫统筹推进机制，农发行创新研发产业扶贫专项产品[①]，制定了产业扶贫流动资金和固定资产贷款两个管理办法，产业扶贫流动资金贷款主要用于满足借款人日常生产经营周转等具有扶贫带动作用的合理流动资金需求，产业扶贫固定资产贷款主要用于解决产业领域借款人新建或改扩建、技术改造、设备购置或更新等固定资产及生产性生物资产投资等具有产业扶贫带动作用的资金需要。

产业扶贫贷款适用于符合农发行贷款条件、满足精准扶贫贷款认定标准并对建档立卡贫困人口具有扶贫带动作用的各类产业扶贫项目，包括良种繁育、畜牧业、林业、海洋资源开发、特色种养业（含糖、麻、丝、烟、茶等）、粮油加工业、棉纺织业、林产品加工业、畜产品加工业、奶制品加工业、其他加工业（含特色农业加工）、农业生产资料、

[①]《中国农业发展银行产业扶贫流动资金贷款办法》和《中国农业发展银行产业扶贫固定资产贷款办法》（农发银发〔2018〕338号）。

农业科技、农村物流体系、风电扶贫、生态保护、旅游扶贫、农业产业园区等各类传统产业，信息产业（含网络扶贫）、生物产业、节能环保等各类新兴产业，田园综合体、一二三产业融合、扶贫车间等各类新兴业态，以及纳入地方政府脱贫攻坚项目库的非传统产业等产业扶贫行业领域。

（三）创新产业扶贫"吕梁模式"

为贯彻落实习近平总书记2017年深度贫困地区脱贫攻坚座谈会"深度贫困地区要改善经济发展方式，重点发展贫困人口能够受益的产业""要发挥政府投入的主体和主导作用，发挥金融资金的引导和协同作用"指示精神和党中央、国务院产业扶贫决策部署，破解产业扶贫信贷投入瓶颈和小微企业融资难题，农发行创新产业扶贫"吕梁模式"[①]。通过与山西省吕梁市政府深挖政银优势，积极发挥财政政策对金融资源的支持和引导作用，把地方政府的组织优势、农发行的专业优势和贫困地区的资源优势充分结合起来，由地方政府出资建立产业扶贫贷款风险补偿基金，撬动农发行5~10倍的信贷资金投入，按照基准利率、信用方式支持吕梁地区特色产业扶贫和小微企业发展。"吕梁模式"的创新试点，是贯彻落实习近平总书记重要讲话精神、深化银政合作支持产业扶贫和小微企业发展的生动实践，实现政府、银行、企业三方风险共担、利益共享，有效解决了政府银行协调配合不够、银行企业信息不对称等问题，在推动贫困地区特色产业发展、破解小微企业融资难题、降低企业融资成本、培育一批能带动贫困户稳定增收脱贫的农村新型经营主体等多个方面，取得了良好的示范效果。

（四）产品支持情况及成效

截至2020年末，农发行累计投放产业扶贫贷款12573.39亿元，贷款余额6150.72亿元，较2015年末净增3774.89亿元，增长率为158.89%，是全

[①]《关于推行产业扶贫"吕梁模式"的信贷指导意见》（农发银扶贫信〔2018〕1号）。

行各项贷款平均增长率的2倍。"吕梁模式"在山西、广西、贵州、湖北等7个省份的13个市县落地，已到位贷款风险补偿基金4.35亿元，入库企业达到197家，农发行已支持113家，审批产业扶贫贷款24.36亿元，累计投放15.64亿元，带动建档立卡贫困人口约3.5万人。

案例5.4 **农发行支持湖南汝城县红色旅游产业扶贫项目**

2019年9月，农发行审批湖南汝城县红色旅游产业扶贫项目贷款5亿元，用于整合汝城"半条被子"、红色沙洲、长征等红色旅游资源，规划建设景区连接道路68479平方米、生态停车场14217平方米、游客接待中心6454平方米、长征主题拓展基地3处、长征学院培训分校2座等，探索出"项目扶贫+产业扶贫"两手扶和"红色旅游+绿色产业"两条腿走路的支持路径，推动红色旅游再次升温，对帮助当地巩固脱贫攻坚成果发挥了至关重要的作用。

四、支持国家重点产业扶贫行动类贷款

（一）创新网络扶贫贷款

习近平总书记指出，"可以发挥互联网在助推脱贫攻坚中的作用，推进精准扶贫、精准脱贫，让更多困难群众用上互联网，让农产品通过互联网走出乡村，让山沟里的孩子也能接受优质教育"[1]。国务院相关部委先后印发《关于印发"十三五"国家信息化规划的通知》《关于印发网络扶贫行动计划的通知》，要求充分发挥互联网在助推脱贫攻坚中的重要作用，通过实施网络扶贫推进精准扶贫、精准脱贫。

---

[1] 2016年4月，习近平总书记在网络安全和信息化工作座谈会上的讲话。

为贯彻落实中央扶贫开发工作会议精神和习近平总书记关于实施网络扶贫行动计划的重要指示精神，2017年2月，农发行创新推出网络扶贫贷款[1]，支持国家网络扶贫行动计划，加大对贫困地区网络扶贫的信贷支持力度，主要用于列入政府网络扶贫规划或年度实施计划的网络覆盖工程、农村电商工程、网络扶智工程、信息服务工程、网络公益工程等所需固定资产贷款和流动资金贷款。网络扶贫贷款是农发行根据习近平总书记关于"要实施网络扶贫行动，推进精准扶贫、精准脱贫，让扶贫工作随时随地、四通八达，让贫困地区群众在互联网共建共享中有更多获得感"的重要指示精神，贯彻落实国家关于构建网络扶贫信息服务体系，加快贫困地区互联网建设步伐的部署而专门推出的专项扶贫信贷产品。

截至2020年末，农发行累计投放网络扶贫贷款31.28亿元，贷款余额20.37亿元，带动建档立卡贫困人口7.51万人。

（二）创新光伏扶贫贷款

光伏发电清洁环保、技术可靠、收益稳定，在光照条件较好的贫困地区因地制宜开展光伏扶贫，是实现精准扶贫、精准脱贫的有效途径，将开启扶贫开发由"输血式"扶贫向"造血式"扶贫的转变。国务院相关部委先后印发《关于实施光伏扶贫工程工作方案》《关于实施光伏发电扶贫工作的意见》，明确组织实施光伏扶贫工程，并列入国家"十大精准扶贫工程"，推动贫困地区经济社会发展和贫困人口脱贫。

光伏扶贫是帮助贫困人口脱离贫困的有效途径之一，并实现扶贫开发与新能源利用、节能减排相结合。农发行将支持光伏扶贫纳入全行践行国家精准扶贫战略的整体工作方案，创新研发光伏扶贫贷款[2]，用于支持纳入国家光伏扶贫目录的光伏扶贫项目建设，满足相关费用支出、营

---

[1]《中国农业发展银行网络扶贫贷款办法（试行）》（农发银发〔2017〕13号）。
[2]《中国农业发展银行光伏扶贫贷款管理办法（试行）》（农发银发〔2018〕314号）。

运资金需求等。光伏扶贫贷款是农发行为切实贯彻《中共中央 国务院关于打赢脱贫攻坚战的决定》中"加快推进光伏扶贫工程"的要求，积极支持国家光伏扶贫工程实施，推动贫困地区经济社会发展和贫困人口脱贫而专门推出的专项扶贫信贷产品。光伏扶贫贷款致力于配合国家有关"十大精准扶贫工程"的实施，推动贫困地区光伏发电市场发展，促进贫困人口稳收增收，推动脱贫攻坚和乡村振兴。

截至2020年末，农发行累计投放光伏扶贫贷款76.24亿元，2020年末扶贫贷款余额63.96亿元，带动建档立卡贫困人口25.88万人。

案例5.5 农发行支持张家口市张北县40兆瓦集中式光伏扶贫电站项目

2019年9月，农发行审批光伏扶贫贷款2亿元，支持张家口市张北县40兆瓦集中式光伏扶贫电站项目。该项目新建40兆瓦集中式光伏扶贫电站、35千伏开关站，总装机容量规划40兆瓦，总占地面积约2640亩。项目建成后可以充分利用当地的太阳能资源，扶贫成效和社会效益明显。一是可使有害物质排放量明显减少，大大减轻了对环境的污染，促进张北县及京津上风区的能源结构的调整；二是可以带动地区相关产业的发展，对扩大就业和发展第三产业将起到显著作用；三是利用农业大棚建设光伏电站，大大提高了土地的利用率和价值，增加了农民收入；四是本项目运营每年电费收入中有480万元用于扶贫资金，大力扶持了当地扶贫事业发展，每年为1600户贫困人口稳定增收3000元。

（三）创新旅游扶贫贷款

旅游扶贫是指通过开发经营旅游资源，带动贫困地区经济发展、贫困人口脱贫致富的一种产业扶贫开发方式。《中共中央 国务院关于打赢脱贫攻坚战的决定》明确要求，依托贫困地区特有的自然人文资源，深入实施乡村旅游扶贫工程。国务院办公厅《关于进一步促进旅游投资和消费的若干意见》提出，到2020年，全国每年通过乡村旅游带动200万农村贫困人口脱贫致富；扶持6000个旅游扶贫重点村开展乡村旅游，实现每个重点村乡村旅游年经营收入达到100万元。

旅游扶贫是一种具有"造血"性质的产业扶贫开发方式，符合国家政策要求，契合贫困地区实际，产业发展空间广阔。2016年8月，农发行将政策与市场有机结合，突出扶贫带动效应，创新推出旅游扶贫贷款[①]，用于支持旅游资源的开发利用、运营与保护，包括景区（景点）及配套基础设施的建设、改造和维护，以及景区（景点）的经营管理等。旅游扶贫贷款是农发行围绕旅游产业贯彻落实国家脱贫攻坚和乡村振兴战略，充分发挥产业优势，带动贫困地区经济发展、贫困人口脱贫致富而设立的信贷产品。旅游扶贫贷款着力促进特色旅游资源科学规划和系统开发，配合宜居宜业特色村镇建设，支持乡村休闲旅游产业发展，助力红色旅游和教育基地建设，围绕有基础、有特色、有潜力的旅游资源，打造农业文化旅游"三位一体"、生产生活生态同步改善、一二三产业深度融合的旅游景区、景点。

截至2020年末，农发行共支持全国旅游扶贫重点项目19个，共发放贷款49.12亿元，贷款余额47.95亿元，带动建档立卡贫困人口4.12万人。

案例5.6 **农发行支持四川成都黄龙溪"科技农业+文旅"创意博览园项目**

农发行审批旅游扶贫贷款3亿元，支持四川成都黄龙溪"科技农业+文旅"创意博览园项目。项目用地总面积2591.33亩，其中，以租

[①]《关于做好旅游扶贫贷款业务的指导意见》（农发银发〔2016〕217号）。

赁方式取得的流转土地面积2224.73亩，建设内容包括农业高科技体验馆、高标准农田、花田草海、四季山林、亲子牧场、湿地景观，并建设具有国际领先技术的灌溉体系及相关配套设施。项目建成后，通过当地土地流转及后期项目的顺利实施，增加了黄龙溪当地农民收入，提高了当地农村集体土地利用率，为农业产业化创造条件。

五、扶贫批发贷款

（一）产品创新背景

2015年4月，时任国务院总理李克强在考察有关金融机构时强调，"小微企业是就业的容纳器，支持小微企业，破解小微企业融资难、融资贵，直接关乎'就业'这个民生之本"。长期以来，小微企业并未获得与其经济贡献相匹配的金融支持，小微企业融资难、融资贵问题突出。2015年12月，国务院印发《推进普惠金融发展规划（2016—2020年）》，明确鼓励开发性政策性银行以批发资金转贷形式与其他银行业金融机构合作，降低小微企业贷款成本。国家积极引导金融机构加大对"三农"、脱贫攻坚等领域的小微企业和民营企业的支持力度，帮助贫困地区培育特色优势扶贫产业，深化产业扶贫利益联结机制，促进金融支持与产业扶贫有效融合。

（二）扶贫批发贷款的创新

为贯彻落实党中央、国务院关于支持小微企业的决策部署，着力实现对建档立卡贫困村、贫困户发展产业增收脱贫的精准信贷支持，2017年3月，农发行研发扶贫批发贷款[1]，通过与政府指定的地方政府投融资

---

[1]《中国农业发展银行扶贫批发贷款办法（试行）的通知》（农发银发〔2017〕32号）。

公司和贫困地区中小银行业金融机构等建立批发转贷合作，满足国家标准建档立卡贫困户和带动建档立卡贫困村、贫困户脱贫的种养大户、家庭农场、专业合作社和农业产业化龙头企业等农村新型经营主体生产经营（含生产性基础设施建设）的各类资金需求。扶贫批发贷款将农发行的资金优势与中小金融机构的服务优势结合起来，打通、拓宽农业政策性银行信贷资金进入小微企业的渠道，以降低小微企业贷款成本，支持贫困地区发展特色产业。

（三）产品支持情况及成效

扶贫批发贷款的推出，简化了农发行贷前调查和贷后检查的手续，有效缓解了人员不足的问题，有效支持了贫困地区小微企业发展特色产业。截至2020年末，农发行已在吉林、青海、宁夏3个省份，分别与5家农村中小金融机构合作开展了批发转贷业务，累计审批贷款5笔、审批金额7.50亿元，贷款余额3.83亿元，服务或带动建档立卡贫困人口10363人。

第三节 "三保障"专项扶贫贷款产品

2017年6月，习近平总书记在深度贫困地区脱贫攻坚座谈会上指出："在脱贫目标上，实现不愁吃、不愁穿'两不愁'相对容易，实现保障义务教育、基本医疗、住房安全'三保障'难度较大。"稳定实现农村贫困人口不愁吃、不愁穿，义务教育、基本医疗、住房安全有保障，是贫困人口脱贫的基本要求和核心指标，直接关系脱贫攻坚战质量。2015年以来，农发行以精准对接"三保障"金融需求为出发点，创新推出教育扶贫贷款、健康扶贫贷款、贫困村提升工程贷款、扶贫过桥贷款，全力支持深度贫困地区改善基础教育和职业教育办学条件，重点支持深度贫困地区三级医疗卫生机构标准化建设和大病集中医疗服务体系建设，大力支持深度贫困地区完成重点存量危房改造任务，全力支持解决"三保障"和饮水安全突出问题，充分发挥政策性金融扶贫先锋主力模范作用。

一、教育扶贫贷款

（一）教育扶贫贷款创新背景

治贫先治愚，扶贫先扶智。教育是阻断贫困代际传递的治本之策。长期以来，因城乡二元结构发展，农村义务教育还存在基本办学条件不平衡、资源配置不平衡、财政投入不平衡等突出问题。党中央、国务院高度重视教育扶贫工作，《中共中央　国务院关于打赢脱贫攻坚战的决定》明确指出，要"加快实施教育扶贫工程，让贫困家庭子女都能接受公平有质量的教育，阻断贫困代际传递"。教育扶贫是新时期脱贫攻坚工作的重要内容，是实现"两不愁三保障"脱贫攻坚目标的重要举措之一，是"五个一批"的主要内容，是阻断贫困代际传递的治本之策。

（二）创新教育扶贫贷款

为更好支持国家教育扶贫工程，贯彻《中共中央　国务院关于打赢脱贫攻坚战的决定》，落实"发展教育脱贫一批"的要求，推动贫困地区经济社会发展和贫困人口脱贫，精准对接教育扶贫多元化需求，农发行创新教育扶贫贷款产品[①]，用于支持纳入国家部委、地方政府或地方政府授权部门脱贫攻坚规划的教育扶贫项目贷款。教育扶贫包括基础教育扶贫、职业教育和职业培训扶贫两大类。其中，基础教育扶贫是指支持贫困地区幼儿园、小学、初中、高中等学校优化布局，改善基本办学条件和标准化建设。职业教育和职业培训扶贫是指支持以培训建档立卡贫困人口就业为导向、社会有需求、办学有质量、就业有保证的现代职业教

[①]《中国农业发展银行教育扶贫贷款办法（试行）》（农发银发〔2017〕21号）。

育和培训，更好地满足贫困人口对提升职业技能的需求。其中，流动资金贷款用于满足借款人为精准扶贫目的开展的职业教育、职业培训的流动资金需求。固定资产贷款用于支持贫困地区幼儿园、中小学校优化布局，改善基本办学条件和标准化建设；满足以培训建档立卡贫困人口就业为导向的职业院校、职业技术教育实训基地的新建、扩建、改造等固定资产投资项目的资金需求。教育扶贫贷款全面覆盖各类教育项目的融资需求，具有支持领域多样、支持模式多样、期限灵活多样、执行优惠政策等特点。

（三）教育扶贫贷款情况及成效

截至2020年12月末，农发行累计投放教育扶贫贷款301.53亿元，支持贫困地区3600多个幼儿园、中小学、职业学校改善办学条件。

案例5.7 **农发行支持云南教育扶贫贷款项目**

农发行审批教育扶贫贷款4.2亿元，用于支持昭通市中小学危房改造，涉及全市1000余所中小学，惠及100多万在校中小学生，其中建档立卡贫困户子女26.6万人，占比超过25%。

二、健康扶贫贷款

（一）健康扶贫贷款创新背景

实现贫困人口基本医疗有保障是"两不愁三保障"的重要内容，是贫困人口脱贫的基本要求和核心指标之一。随着脱贫攻坚战深入推进，贫困地区医疗卫生条件和医疗卫生服务能力得到显著改善，但由于历史欠账多、资金投入不足、融资渠道不畅等原因，贫困地区县乡村三级医疗卫生设施建设不充足、不平衡问题依然突出。《中共中央 国务院关于打赢脱贫攻坚战的决定》明确要求"实施健康扶贫工程，保障贫困人口享有基本医疗卫生服务"，"完成贫困地区县乡村三级医疗服务网络标准化建设"。国家卫生和计划生育委员会等15个部门联合印发《关于实施健康扶贫工程的指导意见》（国卫财务发〔2016〕26号），明确提出"加强贫困地区医疗卫生服务体系建设。按照'填平补齐'原则，实施贫困地区县级公立医院、乡镇卫生院、村卫生室标准化建设，使每个连片特困地区县和国家扶贫开发工作重点县达到'三个一'目标，即每个县至少有1所县级公立医院，每个乡镇建设1所标准化的乡镇卫生院，每个行政村有1个卫生室"，医疗卫生领域金融需求日益旺盛。

（二）创新健康扶贫贷款

健康扶贫是新时期脱贫攻坚工作的重要内容，是实现"两不愁三保障"脱贫攻坚目标的重要举措之一。为贯彻落实党中央、国务院关于脱贫攻坚的重大战略部署，贯彻落实国家健康扶贫重大工程，加大对贫困地区健康扶贫的信贷支持力度，满足医疗卫生领域日益增长的金融需求，2018年5月，在深入研究、逐步试点基础上，农发行研发推出健康扶贫贷款产品[①]，重点支持纳入地方政府脱贫攻坚规划的健康扶贫项目，全面覆盖贫困地区采购医疗药品、耗材等流动资金需求以及建设医疗业务用房、购置医疗设备等固定资产资金需求，改善贫困地区医疗条件，提升农村贫困人口医疗保障水平和贫困地区医疗卫生服务能力，解决农村贫困人口因病致贫、因病返贫问题，全面提高农村贫困人口健康水平。

（三）健康扶贫贷款支持情况及成效

截至2020年12月末，农发行累计投放健康扶贫贷款147.82亿元，支持1300多个医疗卫生机构改善医疗条件、提升医疗服务能力。

---

① 《中国农业发展银行健康扶贫贷款办法（试行）》（农发银发〔2018〕96号）。

案例5.8 农发行支持贵州省紫云县健康扶贫项目

  2019年12月，农发行审批健康扶贫中长期贷款1.68亿元，支持贵州省紫云县健康扶贫项目，用于紫云县4个乡镇卫生院、2个街道卫生院、1个妇幼保健院业务用房建设，以及建筑安全配套工程、室外工程等配套设施建设等。项目建成后，将极大改善紫云县医疗条件，提升医疗服务能力，预计可服务或解决全县近11万建档立卡贫困人口看病难、看病贵问题。

三、贫困村提升工程贷款

（一）贫困村提升工程贷款创新背景

  习近平总书记明确要求，"要实施贫困村提升工程，培育壮大集体经济，完善基础设施，打通脱贫攻坚政策落实'最后一公里'"[①]。贫困村基础设施建设滞后、公共服务能力不足、产业基础薄弱、人居环境条件相对较差，成为制约贫困村经济社会发展的短板和瓶颈。实施贫困村提升工程，补齐贫困村发展短板，有利于瞄准贫困群体、整合各类扶贫资源，推动扶贫资金进村入户；有利于推进贫困村基础设施和公共服务体系建设，改善生产生活条件；有利于促进贫困村发展特色优势产业，壮大村集体经济，增强贫困地区和贫困群众自我发展能力；有利于加快贫困村脱贫出列进度，全面提升贫困村整体发展水平。

（二）创新贫困村提升工程贷款

  为深入贯彻习近平总书记在深度贫困地区脱贫攻坚座谈会和打好精

---

① 2016年12月，习近平总书记在中央政治局常委会会议听取脱贫攻坚情况汇报时的讲话。

准脱贫攻坚战座谈会上的重要讲话精神，按照《中共中央　国务院关于打赢脱贫攻坚战的决定》《关于加快推进贫困村提升工程的指导意见》等要求，农发行创新研发贫困村提升工程贷款产品[①]，用于解决各地实施贫困村提升工程融资需求，包括流动资金贷款和固定资产贷款。流动资金贷款主要用于借款人为实施贫困村提升工程，在贫困村基础设施运营和主导产业设施的运营、提升公共服务水平和提升产业发展动力等方面产生的流动资金需求；固定资产贷款主要用于贫困村基础设施、公共服务设施、主导产业设施、农业社会化服务体系的新建、扩建、改造等固定资产投资项目的资金需求。贫困村提升工程贷款具有支持领域多样、兼顾贫困村提升各个方面、支持对象多样、兼顾各类推动形式、统筹方式多样、兼顾区域差异等特性。

（三）贫困村提升工程贷款支持成效

截至2020年12月末，农发行累计投放贫困村提升工程贷款811.30亿元，支持3800多个贫困村实现脱贫出列或巩固提升。

案例5.9 农发行支持湖北省分行阳新县贫困村提升工程贷款项目

2018年12月，农发行审批贫困村提升工程贷款2.2亿元，支持湖北省分行阳新县贫困村提升工程，通过贫困村提升工程建设景观、停车场、民宿及公共设施、道路等，提升仙岛湖周边贫困村景观风貌，完善道路及停车等相关基础设施，促进当地旅游业发展。项目改善景观及绿化约8万平方米，改善水体环境6000多平方米，新增道路及配套（照明、绿化等）约10千米，改善居住环境建筑2000平方米，新增公共设施建筑2万多平方米等。通过土地流转增租金、商贸销售带动脱贫以及用工务工增收脱贫等方式，促进农民及贫困人口增收。

[①]《关于信贷支持贫困村提升工程的意见》（农发银发〔2018〕124号）。

四、扶贫过桥贷款

（一）扶贫过桥贷款创新背景

《中共中央　国务院关于打赢脱贫攻坚战的决定》明确规定，"对有稳定还款来源的扶贫项目，允许采用过桥贷款方式，撬动信贷资金投入"。人民银行等七部门《关于金融助推脱贫攻坚的实施意见》（银发〔2016〕84号）提出，"国家开发银行、农业发展银行可依法依规发放过桥贷款，有效撬动商业性信贷资金投入"。《中国银监会关于银行业金融机构积极投入脱贫攻坚战的指导意见》（银监发〔2016〕9号）规定，"对有确定、稳定资金来源保障的扶贫项目，可以采用过桥贷款方式，发放特定期限、特定额度的贷款，先期支持项目及时启动"。扶贫过桥贷款是中央和监管部门明确的支持贫困地区脱贫攻坚的特殊金融制度安排，仅由国家开发银行、农发行开办。其不同于一般金融产品或金融模式，是用于特殊时期（脱贫攻坚期）、特殊区域（贫困地区，聚焦深度贫困地区）、特定领域（贫困村提升工程、农村交通扶贫、教育扶贫、健康扶贫、改善农村人居环境扶贫等脱贫攻坚重点领域）的特殊贷款，具有特殊政策属性。

（二）创新扶贫过桥贷款

2016年8月，农发行创新推出扶贫过桥贷款①，是为有确定、稳定还款来源的扶贫项目在国家、省或地市级政府财政投资资金到位前，提供过渡性资金安排，以保证项目及时启动和不间断实施而发放的贷款。支持区域上，重点支持国家级贫困县摘帽，解决区域性整体贫困，积极支持贫困村退出。支持领域上，围绕贫困人口"两不愁三保障"问题，重点聚焦教育、健康、交通、贫困村提升等脱贫攻坚关键领域和薄弱环

---

① 《中国农业发展银行扶贫过桥贷款管理办法（试行）》（农发银发〔2016〕183号）。

节，坚持精准扶贫底线、坚持有确定稳定还款来源、坚持过渡性资金安排、坚持贯彻落实国家关于规范地方负债的各项规定，设定动态还款机制，遵循"政府主导、专款专用、风险可控、封闭运行、到账即收"的原则。

（三）扶贫过桥贷款支持情况及成效

截至2020年末，农发行累计投放扶贫过桥贷款1176.11亿元，余额622.14亿元，涉及21个省份309个县，服务或带动建档立卡贫困人口900余万人，有力支持了贫困地区农村道路、贫困村提升工程、教育扶贫、健康扶贫等薄弱环节，在助推贫困地区决战决胜脱贫攻坚中发挥了重要作用。

案例5.10 农发行支持山西省保德县移民搬迁小学建设扶贫过桥贷款项目

2020年6月，农发行发放6757万元扶贫过桥贷款，支持保德县新城区小学建设项目一期工程项目。本项目包括两栋教学楼、一栋综合楼及室外配套附属用房建设，建筑总面积19727.91平方米。本项目是解决易地扶贫搬迁安置小区教育基础设施建设薄弱问题的跟进项目，是易地扶贫搬迁后续扶持工作的延续和支撑。该项目直接服务保德县新城区易地扶贫搬迁移民小区，据统计，在校学生1620人，其中已脱贫享受政策学生575人，占比约为35%。同时，该项目既解决了易地扶贫搬迁安置区子女就学问题，又显著改善了保德县新城区办学条件，提升了教育基础设施水平。

第四节　基础设施扶贫贷款产品

习近平总书记指出："贫困地区要脱贫致富，改善交通等基础设施条件很重要，这方面要加大力度，继续支持。"①受地理条件复杂、经济基础薄弱等因素制约，不少贫困地区水电路信等基础设施状况较差，很多地方没有打通"最后一公里"。基础设施建设已成为制约贫困地区经济社会发展的最突出短板，也是脱贫攻坚工作的基础性工程。"十三五"规划纲要提出，要支持贫困地区加快发展，完善脱贫攻坚支撑体系，加强贫困地区基础设施建设，提高贫困地区公共服务水平，发挥政策性金融、开发性金融、商业性金融和合作性金融的互补作用。农发行聚焦贫困落后地区，围绕贫困群众出行难、住房难、饮水难、宜居难等突出民生问题，充分发挥基础设施扶贫产品补短板优势，将现有的农村路网建设贷款、改善农村人居环境贷款、城乡一体化贷款、水利建设贷款、棚户区改造贷款等基础设施信贷产品全部运用到扶贫领域，加大对贫困地区农村交通、水利、人居环境、生态环境保护等基础设施项目的支持力度，将脱贫攻坚与乡村振兴、长江大保护、黄河流域生态保护等国家重点战略相结合，有效推进基础设施扶贫共建共享、互联互通，形成基础设施扶贫大格局。

一、交通扶贫贷款

（一）交通扶贫政策背景

打通农村发展"最后一公里"，这不仅意味着弥补贫困地区在交通上的缺陷，也为贫困地区步入全面小康、打赢脱贫攻坚战奠定基础。受地理条件复杂、经济基础薄弱等因素制约，我国贫困地区交通发展仍然相对滞后，对外交通不便，城乡衔接不畅、标准低，服务质量水平落后，农村公路的建、管、养、运还存在许多薄弱环节。脱贫攻坚战

---

① 2013年11月，习近平总书记在湖南吉首市矮寨特大悬索桥考察时的讲话。

打响以来，国家相关部门先后出台《"十三五"交通扶贫规划》、《支持深度贫困地区交通扶贫脱贫攻坚实施方案》（交办规划〔2017〕178号）、《关于推动"四好农村路"高质量发展的指导意见》（交公路发〔2019〕96号）等文件，明确"十三五"时期交通扶贫脱贫攻坚八大任务，进一步加强贫困地区交通基础设施建设，提升运输服务能力和水平。

（二）主要产品及支持内容

交通扶贫建设任务重、资金需求量大，为消除制约农村发展的交通瓶颈，为广大农民脱贫致富奔小康提供更好的保障，农发行紧紧围绕国家交通扶贫"双百工程"[①]，聚焦"三区三州"深度贫困地区、革命老区、民族地区、边疆地区贫困地区等重点区域，全面对接贫困村交通扶贫各项资金需求，切实解决贫困村贫困群众出行"最后一公里"问题。一是支持农村公路建设。重点支持纳入各省（自治区、直辖市）"十三五"交通扶贫脱贫攻坚目标任务、"百万公里农村公路建设工程"的农村公路项目。二是支持普通国道和省道建设。重点支持交通运输部和各省（自治区、直辖市）人民政府制定的"十三五"交通规划中的普通国道项目及重点省道新建和改造项目。三是支持贫困地区其他交通建设项目。重点支持对贫困人口覆盖率较高的县域城镇道路、内河航道等水运基础设施、运输站场及其他道路附属设施等。

（三）产品支持情况及成效

"十三五"时期，农发行累计投放农村路网扶贫贷款1635.44亿元，占农村路网贷款投放总量的45%。截至2020年末，农村路网扶贫贷款余额1006.79亿元，其中"三区三州"贷款余额516.08亿元，为打赢脱贫攻坚战提供了有力的资金保障。

---

① 交通扶贫"双百工程"：百万公里农村公路建设工程和百项交通扶贫骨干通道工程。

案例5.11 农发行支持湖南省新化资江四桥（渡改桥）交通扶贫项目

2020年，农发行审批农村路网建设贷款2.2亿元，支持湖南省新化资江四桥（渡改桥）交通扶贫项目。该项目服务地区总人口152万人，服务贫困人口17.9万人，占比为11.8%。其中，建档立卡贫困人口9987人，占比为0.7%，已脱贫享受政策人口169231人，占比为11.1%。

二、水利扶贫贷款

（一）水利扶贫政策背景

水，既是一些地区贫困的根源之一，也是脱贫致富的希望所在。习近平总书记强调，"要把脱贫攻坚重点放在改善生产生活条件上，着重加强农田水利等基础设施建设"[①]。我国贫困地区分布与水资源禀赋条件高度相关，贫困地区自然条件较差，生态环境脆弱，农田灌排、防洪减灾、水土保持、重大水利等水利基础设施短板突出。2015年11月，《中共中央　国务院关于打赢脱贫攻坚战的决定》对加强贫困地区水利建设提出明确要求。国务院扶贫开发领导小组把水利扶贫纳入"十三五"脱贫攻坚行业扶贫十大行动，水利部先后出台《"十三五"全国水利扶贫专项规划》《水利扶贫行动三年（2018—2020年）实施方案》等一系列专项规划，党的十九大报告把水利摆在九大基础设施网络建设的首位，加快解决贫困人口饮水安全问题，全力补齐贫困地区水利基础设施短板。

（二）主要产品及支持内容

农发行高度重视水利建设贷款业务，积极支持实施贫困地区农村饮

---

① 2015年11月，习近平总书记在中央扶贫开发工作会议上的讲话。

水安全巩固提升工程，加大供水工程建设与改造支持力度。用好水利建设贷款、重大水利工程建设专项过桥贷款等产品，用于满足公益性、基础性、战略性水利建设项目资金需求，支持农田水利建设、防洪工程建设、水资源配置工程建设、水土保持和水生态保护建设等主要与"三农"发展相关的农村地区的水利建设项目。同时，把支持长江大保护和黄河流域生态保护与脱贫攻坚等有机结合，将水利建设及农村人居环境整治和生态环保等与脱贫攻坚工作紧密结合、协调推进，在基础设施重点领域助力解决"两不愁三保障"和农村饮水安全等突出问题，在投入总量、市场份额、导向作用等方面彰显农发行力量，着力打造"水利银行"特色品牌。

（三）产品支持情况及成效

2015年以来，农发行累计投放水利建设贷款7165.55亿元，贷款余额4873.61亿元，居金融业首位，已支持国家172项重大水利工程中的81项。2021年10月12日，水利部专门致感谢信，对农发行信贷支持水利建设发挥的作用给予了高度肯定，感谢"为水利基础设施建设提供了强有力的融资保障"以及"为经济社会高质量发展提供坚实的水利支撑和保障"。

案例5.12 农发行支持安徽省望江县水利建设扶贫项目

2019年8月，农发行审批水利建设贷款10亿元，系农村饮水安全工程，建设内容主要是在漳湖镇、太慈镇、鸦滩镇三个乡镇各建一座水厂并对现有的主管网进行改造，收购现有21座民营小水厂。该项目投入使用后，望江县总供水规模可达到15万立方米/天，新建管网长度3535千米，惠及人口557835人。项目的实施将极大地改善望江县农村饮水质量，改变区域内工业及居民特别是贫困人口生活用水困难的状况。

三、生态扶贫贷款

（一）生态扶贫政策背景

中国是生态环境较为脆弱的国家，最贫困的人口通常在生态环境脆弱区域，还有一些地方处在地质灾害频发地带，贫困和环境问题交叉重叠，实现脱贫和巩固脱贫成果都存在很大不确定性，成为影响经济社会发展的突出问题。党的十八大以来，以习近平同志为核心的党中央把生态保护放在优先位置，创新生态扶贫机制，坚持因地制宜、绿色发展，将扶贫开发与生态保护有机结合，通过实施重大生态工程建设、加大生态补偿力度、大力发展生态产业、创新生态扶贫方式等，加大对贫困地区、贫困人口的支持力度，以达到推动贫困地区扶贫开发与生态保护相协调、脱贫致富与可持续发展相促进的扶贫模式，最终实现脱贫攻坚与生态文明建设"双赢"。

（二）主要产品及支持内容

农发行积极贯彻落实"十三五"时期党中央生态文明建设规划部署，聚焦贫困地区生态环境治理等迫切需要解决的重点领域和薄弱环节，以支持生态修复、环境保护和污染治理项目为主要方向，以区域生态环境保护修复、大气污染综合治理、水污染综合治理等典型项目为突破口，创新推出生态环境建设与保护贷款[①]，印发了《关于进一步做好生态环境建设信贷业务有关工作的通知》《关于开展进一步加大长江大保护和黄河流域生态保护支持力度专项行动的通知》等文件，将生态文明建设与贫困地区人民脱贫增收同步谋划、同步推进、同步落实，并将生态环境建设与保护贷款产品纳入长江大保护和黄河流域生态保护，将脱贫攻坚与长江大保护、黄河流域生态保护等国家重点战略相结合，拓宽生

[①]《中国农业发展银行生态环境建设与保护贷款办法（试行）》（农发银发〔2018〕24号）。

态文明建设脱贫攻坚格局，生动实践了以"两山论"为精髓的习近平生态文明思想。

（三）产品支持情况及成效

截至2020年末，农发行累计发放生态环境建设与保护扶贫贷款251.23亿元，贷款余额180.68亿元，支持项目161个。截至2020年末，林业生态扶贫贷款余额317.88亿元，年均增长75%，带动9.83万建档立卡贫困人口脱贫致富。

案例5.13 农发行支持四川省美姑县饮水工程项目

2020年5月，农发行审批四川省美姑县饮水工程项目2.35亿元，用于美姑县第二水厂暨三个集中安置点饮水工程项目，建设内容包括美姑县第二水厂（设计规模1.5万立方米/天）及当地三个集中安置乡的安全饮水工程（包括取水工程、净水厂工程和配水管网工程）。项目建成后，能够直接服务贫困人口2万余人，其中建档立卡贫困户4000人，建档立卡贫困户占比为5.7%。该项目的实施进一步提高了贫困地区集中供水和安全饮水水平，充分保障了易地扶贫搬迁安置点居民的生活用水。同时，由于解决了当地供水问题，还吸引了港资企业到当地建厂，能够提供约2000个就业岗位，可实现每人每月增收2000元以上，发挥了重大的扶贫作用。

四、改善农村人居环境贷款

（一）改善农村人居环境政策背景

近年来，以习近平同志为核心的党中央高度重视农村人居环境整治，农村人居环境建设取得显著成效。但就全国来看，农村人居环境状况很不平衡，与全面建成小康社会的要求和农民群众的期盼还有较大差距，仍然是经济社会发展的突出短板。2018年中央一号文件《中共中央 国务院关于实施乡村振兴战略的意见》明确提出实施农村人居环境整治三年行动计划。2018年2月，中共中央办公厅、国务院办公厅印发《农村人居环境整治三年行动方案》，进一步指出"改善农村人居环境，建设美丽宜居乡村，是实施乡村振兴战略的一项重要任务，事关全面建成小康社会，事关广大农民根本福祉，事关农村社会文明和谐"。

（二）主要产品及支持内容

做好改善农村人居环境信贷支持工作，是贯彻落实党中央、国务院决策部署，解决农村基础设施建设资金缺乏问题的务实举措。农发行充分发挥农业农村基础设施建设贷款对贫困地区的覆盖支持作用，全面加大对改善农村人居环境扶贫项目的信贷支持力度。2015年创新推出改善农村人居环境建设贷款品种，贷款用途涵盖了贫困地区水、电、路、气、热、信息等农村生活基础设施建设，垃圾污水治理、厕所革命和村容村貌提升等农村环境综合整治，农村居住社区建设、农村危房改造等农村居民住房条件改善，科教文卫、基本养老和普惠养老等公共服务设施建设，民族村寨建设、传统村落保护、农村清洁能源开发利用等乡村开发建设，推动贫困地区全面发展。

（三）产品支持情况及成效

2015年以来，农发行累计投放改善农村人居环境扶贫贷款984亿元。截至2020年末，改善农村人居环境扶贫贷款项目431个，贷款余额863亿元。

案例5.14 农发行支持江西省井冈山市改善农村人居环境项目

2018年11月，农发行审批改善农村人居环境扶贫贷款3亿元，支持江西省井冈山市美丽乡村扶贫建设项目（一期）。该项目共包含6个方面的建设内容：学校基础设施建设、农村基础设施建设、农村道路工程建设、卫生系统改造建设、坟地整治建设、土地整理工程建设。对项目服务区域内16934名贫困人口具有显著的扶贫成效。

五、贫困地区城镇化建设类贷款

（一）贫困地区城镇化建设政策背景

习近平总书记强调，"社会发育滞后，社会文明程度低"是深度贫困的主要成因之一，必须"推进城乡融合发展，城镇化是现代化的必由之路"。城乡发展不平衡不协调，是中国经济社会发展存在的突出矛盾，城镇化是经济发展的必然结果，是产业结构升级、农村人口向城市转移、生产方式由乡村型向城镇型转化的综合过程。《国家新型城镇化规划（2014—2020年）》正式推动新型城镇化建设，明确要求"发挥现有政策性金融机构的重要作用"。党的十八届三中全会作出的《中共中央关于全面深化改革若干重大问题的决定》提出健全城乡发展一体化体制机制，并将坚持走中国特色新型城镇化道路作为其中一项重要内容。2016年，《国务院关于深入推进新型城镇化建设的若干意见》明确提出，"鼓励开发银行、农业发展银行创新信贷模式和产品，针对新型城镇化项目设计差别化融资模式与偿债机制"，对支持新型城镇化发展提出了具体要求。

（二）主要产品及支持内容

农发行认真贯彻落实党中央决策部署，全力服务城乡基础设施和公共服务互联互通、普惠共享、提质增效，切实推进城乡一体化、均等化,对既有支持范围进行优化整合,创新推出县域城镇建设贷款、城乡一体化贷款[①]等专项产品,用于满足县域(包括县级市、城市郊区郊县)范围内城乡融合发展和新型城镇化建设领域中,城乡基础设施公共服务产业支撑建设和均等化一体化、服务农业转移人口市民化以及农村土地整治整理等方面所产生的建设及运营方面的合理资金需求,包括水、电、路、气、热、信息、管网管廊、智慧融合等基础设施建设,科教、医疗、养老、文化、体育等公共服务设施体系建设,服务城乡融合发展和新型城镇化建设目标的新型基础设施建设及其他基础设施、公共服务、产业支撑等相关建设内容。

(三)产品支持情况及成效

截至2020年末,农发行支持城乡一体化扶贫贷款项目544个,贷款余额1117.52亿元,为新型城镇化建设提供了有力的金融支撑。

案例5.15 农发行支持江西省兴国县城乡一体化扶贫项目

2018年12月,农发行审批城乡一体化贷款4.7亿元,支持江西省兴国县城乡一体化扶贫项目,项目总投资6.31亿元,采取政府与社会资本合作(PPP)的运作模式,主要建设内容包括特殊教育学校、乡镇卫生院、西客站站前广场及站前大道、经济开发区标准厂房、中学建设等,共9个子项目。该项目将健康扶贫、教育扶贫和产业扶贫有机统一,形成了立体式、全方位的扶贫态势,有效提升了当地贫困人口和贫困地区脱贫致富、脱贫摘帽的内生发展动力。

---

①《关于全面推进城乡一体化贷款业务高质量创新发展的意见》(农发银办〔2019〕26号)。

六、贫困地区棚户区改造类贷款

（一）贫困地区棚户区改造政策背景

习近平总书记强调，"棚户区改造事关千千万万群众安居乐业，我们的城市不能一边是高楼大厦，一边是脏乱差的棚户区，目前棚户区改造任务还很艰巨。只要是有利于老百姓的事，我们就要努力去办，而且要千方百计办好"[①]。2015年6月，《国务院关于进一步做好城镇棚户区和城乡危房改造及配套基础设施建设有关工作的意见》提出，加大城镇棚户区和城乡危房改造力度，鼓励农发行在业务范围内对符合条件的实施主体，加大城中村改造、农村危房改造及配套基础设施建设的贷款支持。鼓励商业银行对符合条件的实施主体提供棚改及配套基础设施建设贷款。

（二）主要产品及支持内容

为贯彻落实党中央、国务院关于棚户区改造建设的决策部署，有效发挥政策性金融职能，农发行聚焦贫困地区住房困难群众，印发《关于做好棚户区改造贷款业务的指导意见》（农发银发〔2015〕207号），创新棚户区改造贷款，解决纳入国家年度棚户区改造目标任务的城中村改造、国有林区棚户区改造、国有垦区危房改造和城市规划范围外的重点镇棚户区改造，以及列入棚户区改造配套基础设施建设计划的建设项目的资金需求，支持安置住房新建和棚户区住房改建、扩建、修缮、安置住房统筹购买、货币补偿、棚改配套基础设施建设等内容，不断改善棚改户住房条件。

（三）产品支持情况及成效

截至2020年末，农发行累计支持棚户区改造扶贫贷款项目1392个，累计审批2123.35亿元，发放1737.41亿元，贷款余额1540.35亿元，有效改

---

① 2018年4月，习近平总书记在武汉市青山区工人村青和居社区视察的讲话。

善了230个贫困县18632个贫困村住房困难群众的居住条件。

案例5.16 农发行支持贵州省六盘水市水城区百车河棚户区改造项目

2016年8月，农发行审批棚户区改造贷款3.4亿元，支持贵州省六盘水市水城区（原水城县）棚户区改造项目。通过"棚改+产业"模式，最大限度赋予新建棚户区宜居宜业功能，使改造后的新区能充分结合当地资源禀赋和民族风貌，结合地方产业特色和旅游优势，助力发展民宿、农家乐、乡村旅游，推进农文旅一体化融合发展，真正改变棚户区落后面貌，助力地方脱贫攻坚。该项目服务建档立卡贫困人口1450人，实现了贫困人口搬得出、稳得住、可就业、能致富的目标，助力水城区于2020年如期摘帽。

第六章
定点扶贫体系

　　中央单位定点扶贫开始于20世纪80年代中期，是中国扶贫开发事业伊始作出的重要尝试，是国家减贫治理体系的重要板块。定点扶贫，顾名思义，指的是中央和国家机关各部门各单位、人民团体、事业单位、国有大型骨干企业、国有控股金融机构、国家重点科研院校、军队和武警部队各有关单位与一个或者几个国家扶贫开发工作重点县形成结对关系，结合行业及自身优势，对结对帮扶的县实施特惠支持政策，助推其脱贫。

　　习近平总书记强调，党政军机关、企事业单位开展定点扶贫，是中国特色扶贫开发事业的重要组成部分，也是我国政治优势和制度优势的重要体现。金融机构作为定点扶贫的重要帮扶力量，在推动贫困地区提升基础设施和公共服务水平、发展特色产业、扩大就业等方面发挥了重要作用，创造了许多行之有效的经验做法。

　　2002年，在第一个十年农村扶贫纲要实施期间，农发行作为272个参与中央单位定点扶贫的单位之一，帮扶吉林大安市和通榆县。2012年，在开始实施第二个十年农村扶贫纲要时，党中央再次明确农发行定点帮扶吉林大安、贵州锦屏、广西隆林、云南马关。截至2015年末，四县（市）共有建档立卡贫困人口227641人，各县（市）贫困发生率均远高于全国平均贫困发生率。

　　脱贫攻坚战打响以来，农发行深入学习贯彻习近平总书记关于扶贫工作重要论述，坚决落实党中央、国务院定点扶贫决策部署，始终将定点扶贫作为全行重大政治任务，充分发挥行业、系统、政策及客户等优势，积极探索和完善全行定点帮扶格局和帮扶机制，紧紧围绕解决定点扶贫县"两不愁三保障"突出问题，形成融资、融智、融商、融情"四融一体"帮扶体系，全面助推吉林大安、云南马关、广西隆林、贵州锦屏4个县（市）409个贫困村和25.4万贫困人口全部如期脱贫。农发行在历年中央单位定点扶贫工作考核中均获得"好"的最高等次，1名帮扶干部荣获全国脱贫攻坚奖，8名帮扶干部和21个机构（组织）荣获省部级表彰。

第一节　定点扶贫责任机制

农发行党委高度重视定点扶贫工作，切实强化政治意识和政治担当，将思想和行动统一到党中央、国务院部署要求上来，第一时间成立定点扶贫工作领导小组，建立总行党委成员包片负责制度，"四级书记"一起抓，层层签订责任状，强化考核督导，准确把握帮扶主体责任和脱贫攻坚主体责任的关系，牢牢把定点扶贫工作责任抓在手上、扛在肩上。

一、定点扶贫工作领导小组

农发行加强党委对定点扶贫工作的集中统一领导，切实承担定点扶贫工作责任，成立由党委书记、董事长任组长，行长任副组长，其他班子成员为组员的定点扶贫工作领导小组，将定点扶贫提升到增强"四个意识"，坚定"四个自信"，做到"两个维护"的高度进行决策、部署和推动。五年来，累计研究制定各类定点扶贫文件上百份，高频度、高效率、高质量部署落实定点扶贫工作。

（一）成立背景

农发行党委高度重视定点扶贫工作，将定点扶贫摆在突出位置，作为全行扶贫工作的窗口和标志。认真贯彻落实中央单位定点扶贫工作会议精神和《关于进一步完善定点扶贫工作的通知》要求，切实加强组织领导，围绕贯彻落实党中央定点扶贫决策部署，研究构建响应及时、集体议事、科学决策的定点扶贫议事决策机制，在此背景下，成立定点扶贫工作领导小组。

（二）成立与演进

2016年，总行成立由党委书记、董事长任组长，行长任副组长，其他班子成员为组员的定点扶贫工作领导小组，后将定点扶贫工作领导小组与脱贫攻坚工程领导小组合二为一。

（三）职能与运行规则

定点扶贫工作领导小组负责对定点扶贫工作进行统一领导，专题研究和协调全行资源支持定点扶贫县脱贫摘帽。每年召开两次以上脱贫攻坚工程暨定点扶贫工作领导小组会议，研究分析政策性金融扶贫形势，决定政策性金融扶贫重大问题，制定全行服务脱贫方针、政策和目标任务。定点扶贫工作领导小组下设办公室，设在扶贫综合业务部，负责日常工作，承担综合、协调、沟通、督办、服务等职能，推进落实领导小组各项决策部署。

二、总行行领导包片负责制

为全力助推定点扶贫县率先脱贫摘帽，成为中央单位定点扶贫先进集体，农发行党委高位推动定点扶贫工作，构建总行行领导包片负责制，对定点扶贫县实行分片包干，主要负责同志每年遍访定点扶贫县，包片行领导每年至少到定点扶贫县督导调研1次。五年来，总行行领导先后48次深入定点扶贫县访贫问苦、调研帮扶，协调省级分行和总行各部室优先配置资源，落实帮扶措施，支持定点扶贫县和对口支援县尽早实现脱贫攻坚目标。

（一）建立背景

2016年4月19日，农发行召开脱贫攻坚工程领导小组第3次会议，会议研究建立健全扶贫包干责任制，进一步加强对扶贫开发工作的组织领导。会议议定对向中央签订责任状的22个省份，总行每位行领导负责包干扶贫任务较重的2~3个省份，加强对省级分行的指导和督促。对832个国家级贫困县所在省份的省级分行，班子成员要分片包干，对未设机构的贫困县要派扶贫专员。对农发行4个定点扶贫县和1个对口支援县，分别明确作为1位行领导的联系点，扶贫金融事业部负责具体工作。

（二）成立与演进

2016年6月，农发行总行印发《关于建立总行行领导包片扶贫联系制度的通知》（农发银办〔2016〕92号），建立总行行领导包片扶贫联系制度。2017年、2018年、2020年，根据工作需要，先后3次发文对总行行领导包片联系行及联系点进行调整，完善分片任务分工，确保对定点扶贫县的包片责任不落空。

（三）总行行领导包片扶贫的主要任务

一是开展扶贫调研。每年到定点扶贫县开展扶贫专题调研，了解贫困状况及贫困人口需求、地方政府脱贫攻坚政策措施，帮助厘清工作思路，明确工作重点，破解工作难题。二是推动重大合作。指导开展金融支持脱贫攻坚战略合作，对接重大项目，加强与地方党政沟通协调，帮助解决扶贫金融工作推进过程中遇到的困难和问题，推动工作开展。三是指导对口帮扶。指导扶贫金融事业部、定点扶贫县所在省级分行统筹协调，制定定点扶贫工作规划，协调省级分行和总行各部室优先配置资源，落实帮扶措施，支持定点扶贫县尽早实现脱贫攻坚目标。四是督导重点工作。定期听取工作汇报，了解重点工作贯彻落实情况，加强工作督导和帮扶。

（四）联系行主要任务

一是建立分片包干制度。定点扶贫县所在省级分行比照总行建立分片包干制度，领导班子成员带头落实责任。二是省级分行负总责。省级分行"一把手"抓定点扶贫工作，确保助推定点扶贫县打赢脱贫攻坚战，确保省级分行和定点扶贫县支行成为当地脱贫攻坚先进单位。三是落实对口帮扶措施。明确对口帮扶工作责任部门，对接地方政府脱贫攻坚政策措施，研究提出农发行对口帮扶工作规划，组织各类资源配合总行加大对定点扶贫县支持力度。四是加强总结汇报。总结提炼定点扶贫经验做法，及时向包片负责的总行行领导汇报工作开展情况，主动向地方政府有关领导汇报工作开展情况，加大宣传力度，推动成果共享。

三、层层签订责任书

自2018年起，农发行总行党委逐年向中央签订定点扶贫责任书，立下"军令状"承诺不折不扣逐项抓好落实，确保各项帮扶举措落地见效。同时，组织省市县行党委逐级签订定点扶贫工作责任书，分解目标任务，建立横纵两个方向的工作责任落实和工作推动机制。

（一）责任书背景

2017年3月3日，中共中央办公厅、国务院办公厅印发《关于进一步加强中央单位定点扶贫工作的指导意见》，明确各单位不再是简单地送钱送物办好事，要重点选派干部，开展精准帮扶；深入调研，共谋脱贫之策；宣传动员，激发内生动力；督促检查，落实主体责任；夯实基础，培育基层队伍；总结经验，宣传推广典型。2018年中央单位定点扶贫考核明确提出，各中央单位要发挥系统优势，筹措和引进无偿帮扶资金支持定点扶贫县脱贫攻坚，要购买和帮助销售贫困地区（指832个国家级贫困县）农产品，并将相关要求量化为《中央定点扶贫责任书》考核指标。2018年9月17日，胡春华副总理主持召开中央单位定点扶贫工作推进会，组织各单位主要负责同志向中央签订定点扶贫责任书。

（二）总行党委向中央签订责任书

自2018年起，农发行主要负责同志每年向中央签订《中央单位定点扶贫责任书》，对投入帮扶资金、引进帮扶资金、培训基层干部、培训技术人员、购买贫困地区农产品等8项指标进行承诺。农发行将《中央单位定点扶贫责任书》任务指标填报工作与脱贫攻坚工作计划相结合，在全面摸底调查的基础上，按照"调子不变、力度不减、工作不松"的要求，加大对定点扶贫县帮扶力度，每年签订的责任书各项指标数值均高于前一年该项指标的实际完成数值，连续三年全面超额完成《中央单位定点扶贫责任书》指标。

（三）层层压实责任

构建总行统筹、省级分行负总责、市县行抓落实的"四级书记"抓定点扶贫责任机制，强化上下联动和协同配合。明确各级行"一把手"负责制，定点扶贫县所在省级分行党委书记每年向总行党委签订定点扶贫工作责任书，立下"军令状"，市县行也逐级签订定点扶贫工作责任书，分解目标任务，推动工作落实，压紧压实工作责任。

（四）定点扶贫工作责任书主要内容

自2018年起，农发行结合每年定点扶贫工作重点，研究制定责任书内容，分解各项指标数据。2018年，首次组织定点扶贫县所在省级分行在签订《服务脱贫攻坚责任书》的基础上追加签订《定点扶贫工作责任书》，明确将定点扶贫作为重要政治任务，省级分行主要负责人为第一责任人，并结合各省份情况，将向中央签订的各项责任书指标分解落实到各省级分行。2019年，对东部地区9家省级分行支持东西部扶贫协作、"万企帮万村"扶贫行动、消费扶贫等重点任务提出明确量化指标。2020年，对未摘帽定点扶贫县实行挂牌督战，包片负责隆林县的总行行领导签订责任书，承诺助推隆林县如期脱贫摘帽。

四、考核与督导

自2016年起，农发行逐步建立起省级分行、总行机关部门、业务条线三个维度全覆盖的脱贫攻坚考核体系。2017年，中央组织开展定点扶贫试考核工作，农发行对应修订完善脱贫攻坚考核方案，增设定点扶贫考核指标，并不断加大考核比重，有力发挥推动定点扶贫各项工作落实落细的"指挥棒"作用。在确保完成各项帮扶工作的同时，农发行党委找准工作定位，准确把握定点帮扶主体责任和脱贫攻坚主体责任的关系，对定点扶贫县开展常态化督导和专项督导，督促地方党政落实主体责任，扎实推进脱贫攻坚。

（一）中央单位定点扶贫考核

2017年8月8日，国务院扶贫开发领导小组出台《中央单位定点扶贫工作考核办法（试行）》，以承担定点扶贫任务的中央单位为考核对象，以"帮扶成效、组织领导、选派干部、督促检查、基层满意情况、工作创新"为考核内容，按照"单位总结、分类考核、综合评议"的考核程序对定点扶贫单位的工作进行考核。《中央单位定点扶贫责任书》完成情况是定点扶贫考核的一项主要内容，未完成责任书任务指标的定点扶贫单位在考核中不能评为"好"。中央单位定点扶贫考核指标逐年丰富、完善、细化，从一维到多维，从资金帮扶到全面多层次帮扶，为定点扶贫工作的开展提供了一套完整的可量化、可衡量、易检验的考核评价体系。

（二）农发行定点扶贫考核

自2016年起，农发行逐步建立覆盖省级分行、总行机关部门、扶贫条线的脱贫攻坚考核体系，并根据外部政策变化，不断调整定点扶贫考核指标，定点扶贫考核评价与薪酬绩效、干部任用、评先评优挂钩。2017年，在扶贫综合业务条线考核中设置定点扶贫考核指标，考核吉林、贵州、云南、广西省级分行定点扶贫组织领导、帮扶措施及成效等情况，分值为5分。2018年，对接国家定点扶贫考核要求，修订扶贫综合业务条线考核方案，将定点扶贫指标权重由5分调整为10分，将省扶贫开发领导小组的年度定点扶贫考核结果作为各省级分行定点扶贫工作的考核依据，进一步增强相关省级分行定点扶贫工作的积极性和主动性。2019年，在省级分行支持脱贫攻坚工作考核方案中增设"定点扶贫"指标，对定点扶贫县所在省级分行考核权重为5分，考核责任书8项指标完成情况。对东部地区9个省级分行考核权重为20分，考核责任书5项指标完成情况，引导各行完成定点扶贫工作任务，以更有效的措施助推定点扶贫县脱贫攻坚。2020年，修订省级分行支持脱贫攻坚工作考核方案，进一步突出对定点扶贫的考核，将定点扶贫县所在省级分行考核权重由5分提高至7分。

（三）常态化督导机制

制订《中国农业发展银行督促检查定点扶贫县落实脱贫攻坚主体责任工作方案》，明确以总行行领导、总行对口帮扶部室、省级分行、"三人小组"①为督导主体，并确定各自督导任务。总行行领导通过基层调研、开会座谈、入户走访、实地考察等多种形式，督促地方党委政府落实主体责任；总行对口帮扶部室、相关省级分行负责人把督导工作常态化，围绕定点扶贫县"脱贫摘帽"目标，指导帮助定点扶贫县脱贫攻坚；挂职干部发挥日常监督作用，密切关注形式主义等苗头性问题，全面参与建档立卡贫困户识别确认、扶贫规划制定、帮扶举措实施、脱贫考核验收等工作，加强教育扶贫、基础设施扶贫、产业扶贫等重点扶贫项目的督促检查。

（四）专项督导行动

连续三年抽调总行部室负责人及系统内业务骨干组成专项督导组，通过实地调研、进村入户、座谈交流、政策对接、查阅档案、明察暗访等方式，对定点扶贫县地方党政主体责任落实、扶贫政策落实、工作落实、作风建设等方面开展督促检查，同步督导农发行扶贫信贷资金支持定点扶贫县脱贫攻坚、捐赠资金和引进帮扶资金使用管理及成效、定点扶贫专项行动开展、定点扶贫县所在省级分行落实总行工作要求、所在定点扶贫县挂职扶贫干部履职尽责等情况。

（五）督促反馈机制

在监督检查发现问题的基础上，对定点扶贫工作中存在的各项问题进行再跟踪，对问题进行再印证分析，对责任进行再督促提醒，对已有督导成果进行再运用落实，有力促进定点扶贫工作堵漏洞、补短板、强弱项，确保各项帮扶举措落地见效，助推定点扶贫县如期打赢脱贫攻坚战。

---

① 农发行在向定点扶贫县派一名挂职干部的基础上，由总行、省级分行各增派一名干部，组成"三人小组"，负责定点扶贫有关工作。

第二节　全行定点扶贫工作格局

作为我国唯一的农业政策性银行，农发行长期专注"三农"，以支持贫困落后地区为己任，在金融扶贫、定点扶贫方面积累了良好的工作基础。脱贫攻坚战打响以来，农发行坚持以习近平新时代中国特色社会主义思想和习近平总书记关于扶贫开发的重要论述为指导，认真贯彻落实习近平总书记关于中央单位定点扶贫工作的指示精神，明确把定点扶贫工作作为全行扶贫工作的窗口和标志，积极探索和完善全行定点帮扶格局和帮扶机制，充分发挥行业、系统、政策等优势，全力推动各项工作、各类资源、各方力量向定点扶贫县聚合，全力助推定点扶贫县打赢脱贫攻坚战，积极践行争当金融扶贫先锋主力模范的初心和使命。

一、构建"四级联动"帮扶机制

定点扶贫是农发行全行全力全程扶贫大工作格局的具体化体现，农发行以扶贫金融事业部为依托，通过强机制、建架构、明职责，打造纵向延伸至县级支行、横向贯穿到总行职能部门的定点扶贫组织体系，形成纵横联动的帮扶机制。

（一）"四级联动"帮扶机制

实行农发行定点扶贫工作领导小组统筹，省级分行和对口帮扶部室负总责，东部地区省级分行对口帮扶，市县分支机构和定点帮扶县"三人小组"抓落实的帮扶机制。

总行：统筹谋划，做好顶层设计，一方面在机制、政策、资金等方面为各分支机构做好定点扶贫工作创造条件，另一方面加强定点扶贫工作调度和管理。

省行：做到承上启下，比照总行，建立完善定点扶贫工作机制，制订本单位年度工作计划，把总行的政策转化为实施方案，促进工作落地。会同当地政府、挂职干部，结合定点扶贫县实际情况，逐县制定定点帮扶工作意见。

市县行：定点县所在市、县级分支行抓落实，因地制宜，从当地实际出发推动农发行定点扶贫各项政策措施落地生根。

"三人小组"：切实发挥好定点扶贫一线战斗员作用，当好地方政府脱贫攻坚参谋，做好业务对接、政策宣传、资金使用监管、重大事项报告等工作，做好模式探索，加强与其他金融机构及帮扶单位的沟通合作，完成好定点扶贫工作任务。

（二）明确牵头部门及处室

2016年7月印发《关于成立扶贫综合业务部（易地扶贫搬迁部）的通知》，明确扶贫综合业务部为定点扶贫牵头部门，在扶贫综合业务部下设定点扶贫处，专门负责制定全行定点扶贫政策制度，推动落实定点扶贫工作措施，与国务院扶贫办、人民银行等定点扶贫工作主管部门联系沟通和合作，对外宣传定点扶贫工作等。在省市县三级行明确相应的定点扶贫牵头机构。

（三）开展结对帮扶

农发行结合4个定点扶贫县资源禀赋和脱贫攻坚难点等情况，明确总行相关部室与定点扶贫县建立对口帮扶关系，其中吉林大安市由粮棉油部负责，广西隆林由创新部负责，贵州锦屏由扶贫综合业务部、财务会计部负责，云南马关由基础设施扶贫部负责。总行定点扶贫对口帮扶部室对照年度定点扶贫工作计划，加强工作指导，创新工作举措，推动帮扶政策在对口帮扶的定点扶贫县落地实施。

同时，引导东部地区分行参与定点扶贫，由东部9个省份分支机构对口帮扶4个定点扶贫县，聚集各类资源向定点扶贫县投入。协调区域内发达市县与定点扶贫县构建结对帮扶关系，其中杭州富阳区与贵州锦屏，深圳罗湖区与广西隆林，江苏海安县与云南马关，山东昌邑县、文登县与吉林大安建立结对帮扶关系，因地制宜开展产业、教育、劳务输出扶贫，并提供技术、资金支持。

（四）增设定点扶贫县支行

2016年，农发行4个定点扶贫县中，贵州锦屏、云南马关没有农发行县级支行，由扶贫工作组负责宣传推介农发行金融扶贫政策和产品，对接地方政府扶贫开发工作，协助地方政府编制脱贫攻坚规划和融资方案，制定政策性金融扶贫业务发展规划和年度计划并提供金融服务。根据银监会"鼓励银行业金融机构到贫困地区、贫困县、机构空白乡镇设立标准化固定营业网点"的要求，2017年，农发行在云南马关和贵州锦屏增设县支行。9月15日、10月17日，农发行马关县支行、锦屏县支行相继开门营业，农发行对定点扶贫县实现机构全覆盖。

（五）设立"三人小组"

2016年，农发行在已派一名干部赴定点扶贫县挂职工作的基础上，总行、省级分行各增派一名干部，组成"三人小组"，协助地方党委和政府拓宽工作思路，创新扶贫方式，抓好中央各项扶贫政策落地。研究制定农发行定点扶贫县挂职干部日常工作管理办法，建立扶贫干部培训、管理、考核、监督、服务工作机制。"三人小组"围绕"两不愁三保障"精准施策，深入调查研究定点扶贫县经济社会发展状况及致贫原因，进村入户开展调研督查，协助开展东西部扶贫协作，加强专项扶贫捐赠资金管理，督促定点扶贫县党委和政府履行脱贫攻坚主体责任，推动定点扶贫县各项扶贫工作开展，认真落实重大事项报告制度，加强外部交流宣传，协助组织定点扶贫县干部培训，全力助推定点扶贫县率先脱贫摘帽。

二、加强顶层谋划

农发行在金融系统率先出台政策性金融扶贫《五年规划》和《三年行动方案》，把定点扶贫作为重要内容进行统筹安排，明确了农发行定点扶贫工作的指导思想、任务目标、工作要求和政策措施。每年召开定点扶贫工作会议，出台定点扶贫工作意见，按季召开定点扶贫工作调度会，全面部署全行定点扶贫工作任务和重大支持举措。

（一）顶层规划

农发行在《五年规划》和《三年行动方案》等纲领性文件中，把定点扶贫作为重要内容进行系统安排。

1.《五年规划》明确把定点扶贫工作作为全行扶贫工作的窗口和标志，为全行扶贫工作积累经验、树立标杆。建立总行行领导分工联系工作机制，明确责任目标，多方筹措资金，选派优秀挂职干部，组建帮扶工作小组，进一步提高定点扶贫的精准度和有效性，着力增强定点扶贫地区"造血"功能。制定定点扶贫工作规划和实施方案，落实规划时间表、路线图。与定点扶贫县合作建立脱贫专项资金，加大资金投入、智力支持、技术服务以及信息与政策指导，把工作目标瞄准贫困户，帮扶资金和措施落到贫困人口，不断提高帮扶实效。对吉林大安、广西隆林、贵州锦屏和云南马关4个定点扶贫县，执行政策性金融扶贫实验示范区同等优惠和先行先试政策，在贷款利率上参照执行实验示范区的贷款利率政策，助推定点扶贫县率先脱贫、稳定脱贫。对尚无金融服务机构的定点扶贫县，加快设立分支机构。建立农发行党员和领导干部结对帮扶工作机制。加强与国务院扶贫办、人民银行等定点扶贫综合协调和牵头部门的沟通汇报，以扶贫成效为导向，扎实推进定点扶贫各项工作开展。

2.《三年行动方案》强化主要负责人第一责任人责任，举全行之力助推定点扶贫县如期实现脱贫目标。聚焦定点扶贫县重点领域和薄弱环节，加大政策性金融投入力度，确保定点扶贫县贷款增速不低于全行贷款增速、精准扶贫贷款增速不低于全行和所在省级分行精准扶贫贷款增速、不低于所在县同业精准扶贫贷款增速"三个不低于"目标。加大定点扶贫捐赠力度，每年新增捐赠指标优先向定点扶贫县倾斜。定点扶贫县同等享受"三区三州"深度贫困地区、实验示范区差异化支持政策。

加大招商引资力度，积极推进融商合作，搭建产业对接平台。加大对贫困村党支部书记、致富带头人、实用科技人才"三支队伍"的培训。加强与有定点扶贫任务的中央单位沟通联络，开展互惠帮扶合作。健全总行统筹、省级分行负总责、市县（分）支行抓落实的工作机制。将定点帮扶工作纳入对总行部室和省级分行年度工作考核。定期开展督导检查，促进定点扶贫县党政落实脱贫攻坚主体责任和扶贫政策措施。建立定点扶贫县精准扶贫统计台账和工作台账，加强扶贫资金、扶贫措施、扶贫成效的监测管理。

（二）每年召开工作会议

农发行每年根据外部政策形势和定点扶贫县脱贫攻坚情况，召开工作会议，对定点扶贫工作进行研究部署。2016年，在首次脱贫攻坚工作会议上强调，加大对定点扶贫县的帮扶力度是农发行的分内职责，全行上下要增强服务定点扶贫县贫困人口脱贫的责任感，把定点扶贫工作摆在更加突出的位置，作为全行扶贫工作的窗口和标志，进一步强化责任，完善机制，拿出过硬的措施助力定点扶贫县率先脱贫，为全行扶贫工作积累经验、树立标杆。2017年会议强调，要继续扎实推进定点扶贫工作，组织召开好定点扶贫县帮扶培训对接会，帮助做好产业扶贫专家论证和产业对接，加快推进建设项目落地，支持定点扶贫县率先脱贫、稳定脱贫。2018年会议明确，将定点扶贫工作纳入省级分行脱贫攻坚工作考核，总行有关部门"一对一"落实定点扶贫工作责任，实施特惠支持政策，召开招商引资对接会，加强总行派驻定点扶贫县挂职干部"三人小组"管理，组织开展全系统员工捐赠活动。2019年会议强调，发挥政策性金融扶贫优势，进一步加大对定点扶贫县信贷支持投入。突出支持补齐产业扶贫短板，围绕"两不愁三保障"薄弱环节加大支持力度。继续为定点扶贫县招商引资，确保一定比例的项目落实落地。组织开展县乡村三级干部培训。积极向财政部争取更多捐赠额度，多渠道募集捐赠资金。积极购买和帮助销售定点扶贫县农副产品，加大消费扶贫支持力度。积极推进就业扶贫，拿出一定比例的年度招聘计划，定向招收定点扶贫县建档立卡贫困大学生。2020年会议强调，创建帮扶品牌是提升农发行定点扶贫工作影响力的重要抓手，要组织开展消费扶贫、易地扶贫安置区后续支持、就业扶贫、教育扶贫、健康扶贫、特困帮扶、专项培训、隆林县脱贫摘帽八大专项帮扶行动。

（三）每年出台工作意见

农发行按照党中央、国务院对定点扶贫工作的最新部署要求，紧密结合当地实际和年度重点工作，每年年初专门出台定点扶贫工作意见，明确当年的帮扶目标任务，不断完善工作措施和保障机制，指导推动全年定点扶贫工作，并将意见提出的重点工作任务进行分解，明确责任部门，提出相关要求，实施定期督办。在每年工作意见的指导下，全行定点扶贫工作有序推进：2016年，建立全行帮扶的组织体系，制定定点扶贫工作整体规划，选派优秀挂职干部帮扶，增设定点扶贫县的县级机构，加大捐赠资金投入并创新使用方式，实施特惠支持政策，建立定点扶贫工作督导的信息反馈机制。2017年，建立"三级联动"定点帮扶机制，聚焦薄弱环节加大信贷投放，开展定点扶贫县扶贫干部培训，培育脱贫内生动力，搭建融商平台提升帮扶成效，聚焦特困群体开展公益扶贫。2018年，形成四级联动纵向帮扶体系，搭建产业扶贫招商引资平台，明确由包片行领导负责、总行对口帮扶部室与定点扶贫县所在省级分行共同牵头的责任机制，对定点扶贫县实行差异化优惠政策，推动各项创新举措在定点扶贫县先行先试，开展教育扶贫精准助学行动，建立常态化督导机制，开展专项督导行动。2019年，在深化帮扶体系和帮扶机制的基础上，创新信贷政策与模式，突出做好金融扶贫，持续加大无偿捐赠力度，加强干部人才培训，助力定点扶贫县消费扶贫。2020年，全行动员尽锐出战，对定点扶贫县开展挂牌督战，四级行联动助推隆林县脱贫摘帽，倾力开展消费扶贫行动，创新举措开展产业扶贫、健康扶贫、教育扶贫等精准帮扶专项行动，巩固提升脱贫成果。

三、强化统筹推动

农发行加大各类资源倾斜力度，推动创新举措在定点扶贫县先行先试，建立督办落实等工作保障机制，开展专项精准帮扶行动，推动定点扶贫工作做深做实做细，确保各项帮扶举措落地见效。

（一）加大资源倾斜力度

1.加大信贷资源倾斜力度。农发行对定点扶贫县实施差异化信贷支持政策，充分考虑定点扶贫县的特殊重要性，明确将针对"三区三州"等深度贫困地区专门制定的59条优惠政策同样适用于定点扶贫县，在贷款准入方面适当降低门槛，在贷款定价方面执行优惠利率，在贷款审批方面适当下放权限，在贷款担保方面适当放宽要求，在贷款风险方面适当提高不良贷款容忍率。除此之外，在《关于对定点扶贫县和对口支援县实行特惠支持政策的通知》中，明确全额保障定点扶贫县和对口支援县PSL资金需求，定点扶贫县无法使用PSL资金的贷款，可在人民银行同期同档次贷款基准利率基础上最多下浮10%。

2.加大人力资源倾斜力度。农发行党委一直高度重视扶贫干部选派工作，不断完善定点扶贫干部选派机制。出台政策文件，把扶贫"三人小组"作为总行机关、省级分行培养优秀干部的重要途径，选派有能力、有经验、有情怀、敢担当、爱"三农"的优秀干部到定点扶贫县。几年来，全系统共选派58名优秀干部赴定点扶贫县挂职，分管或协管扶贫工作。按照中央要求需要派人到定点扶贫县贫困村担任第一书记的，从"三人小组"中选派优秀干部担任。2015年，总行选派杨端明同志担任锦屏县罗丹村驻村第一书记，任职三年。该同志获得2018年全国脱贫攻坚奖。

3.加大财务资源倾斜力度。加大精准扶贫贷款财务资源配置力度，对精准扶贫贷款按高于其他贷款权重挂钩分配激励性财务费用，并逐年提高挂钩权重。2018年、2019年、2020年精准扶贫贷款挂钩权重分别为其他贷款的115%、120%和140%。累计向4个定点扶贫县无偿捐赠资金9803万元，重点用于资助贫困学生就学、村组道路建设、教育和医疗基础设施改善、贫困户危房改造等扶贫项目238个。

（二）加强产品模式创新推广

农发行坚持把定点扶贫县作为金融扶贫的"试验田"，推动总行新出台的金融扶贫产品、政策、模式和举措在定点扶贫县先行先试，着力将定点扶贫县打造成金融扶贫"示范田"。例如，在隆林县创新推出"政银企保担"融资模式，在锦屏县打造果品提升工程，在马关县全面推进健康扶贫远程诊疗服务，开展教育扶贫精准助学行动，在大安市建立防止返贫长效机制，等等。

（三）持续夯实定点扶贫基础管理

建立定点扶贫工作月度报送制度，定点扶贫县所在省级分行按月报送工作推动情况，"三人小组"按月报送挂职干部工作开展情况。建立定点扶贫督办制度，及时分解督办总行定点扶贫相关会议的行领导讲话、批示，议定事项及年度重点工作任务。每季度召开定点扶贫工作调度会，总行牵头部门、相关省级分行、"三人小组"共同研究分析定点扶贫工作，及时帮助定点扶贫县解决实际困难。建立捐赠资金使用管理制度，加强专项扶贫捐赠资金管理，做好捐赠资金使用、扶贫项目管理工作，将项目库管理、资金使用列入总行督促检查的范畴，确保专款专用、安全合规。加强总结宣传。注重挖掘定点扶贫工作中的好做法、好经验，发现扶贫典型人物，通过内部网站、公众号、中央或省级媒体进行宣传报道。做好定点扶贫工作简报，发挥政策宣传及信息交流功能。

（四）开展定点扶贫专项行动

根据脱贫攻坚收官之年的特殊要求，农发行大力开展消费扶贫、易地扶贫搬迁后续帮扶、就业扶贫、教育扶贫、健康扶贫、特困帮扶、专项培训、助力隆林县脱贫摘帽八大专项行动，做细定点扶贫帮扶品牌。开展消费扶贫专项行动，全力支持定点扶贫县构建扶贫产品供销循环体系，有效缓解滞销卖难问题。开展易地扶贫安置区后续支持专项行动，针对定点扶贫县易地搬迁安置区后续产业发展和就业基础建设，加大信贷支持力度，全力支持基础设施和公共服务建设，培育配套产业和就业，确保搬得出、稳得住、逐步能致富。开展就业扶贫专项行动，积极协调搭建就业平台，从年度招聘计划中拿出一定比例专门用于定向招录定点扶贫县贫困大学生。因地制宜帮助定点扶贫县建设扶贫车间，促进贫困人口就地就近就业。开展教育扶贫专项行动，帮助定点扶贫县提升中小学教学质量和水平，加大对困难学生资助力度。开展健康扶贫专项行动，加大对建档立卡贫困群众因病致贫帮扶力度，减少因病返贫群体。积极推进贫困乡镇卫生院医疗诊断远程智能化试点，助力解决边远贫困地区群众看病难问题。开展特困帮扶专项行动，对定点扶贫县建档立卡贫困户进行全面筛查，摸清各县孤寡老人、孤儿、残疾人等特困人员和特困家庭底数。开展专项培训行动，帮助定点扶贫县培训"三支队伍"，提升定点扶贫县党政干部学金融用金融的能力。协助地方做好贫困村致富带头人培育工作，组织贫困村创业致富带头人考察、培训、交流，增强带贫能力。开展隆林县脱贫摘帽专项行动，对未摘帽县进行挂牌督战，四级行联动，研究编制《2020年帮扶隆林各族自治县实施方案》，统筹调配各方资源向隆林倾斜。

四、深化内外部交流合作

农发行主动与中央国家机关、央企等单位在定点扶贫工作领域开展交流合作，汲取其他单位定点扶贫工作的好经验、好做法，积极搭建中央单位定点扶贫资源共享、优势互补、互惠共赢合作平台，推动形成协同发展、共同发展的良好工作氛围。

（一）加强办会协作

2017年，配合中央国家机关工委筹备成果展，60多家中央主流媒体对成果展进行了宣传报道，全面展示定点扶贫成效。2018—2019年，连续两年协助人民银行召开中央金融单位定点扶贫工作会议，在会上与其他中央金融单位深入交流，介绍农发行定点扶贫的经验做法。

（二）深化培训合作

协助中央组织部组织二局举办中央单位驻村第一书记、大学生村官培训班，培训第一书记340人、大学生村官800人。协助中央纪委国家监委、中央组织部、人民银行、国务院扶贫办等中央单位培训定点扶贫县干部490人。

（三）开展交流合作

积极主动与中央组织部、国务院扶贫办、人民银行、中国扶贫开发协会、中国扶贫志愿促进会等单位对接联系，搭建交流合作平台，交流好的定点扶贫做法。在扶贫项目融资、扶贫产业技术指导、扶贫干部培训、社会捐赠救助等方面开展多种合作，得到了有关单位的充分肯定。

第三节 "四融一体"帮扶体系

一、拿出超常举措，突出做好金融支持

农发行紧紧围绕"五个一批"，依托定点扶贫县当地资源禀赋，针对脱贫短板实行"靶向治疗"，重点支持产业扶贫和"三保障"等重点民生工程，支持深度贫困地区59条差异化支持政策同样适用于定点扶贫县，推动全行创新推出的产业扶贫、教育扶贫、健康扶贫等精准扶贫贷款产品和"政银企保担"合作模式等在定点扶贫县先行先试。

（一）出台差异化支持政策

2016年，总行率先提出在定点扶贫县实施单列信贷计划、保障信贷规模、实施特惠利率、适当倾斜财务资源、降低准入门槛等一系列特惠政策；2018年，制定28条支持深度贫困地区差异化政策；2019年，制定

10条支持"三区三州"等深度贫困地区脱贫攻坚的特殊举措；2020年，制定11条未摘帽贫困县金融扶贫差异化信贷支持政策，明确定点扶贫县和对口支援县享受同等信贷倾斜政策。除此之外，每年根据定点扶贫县实际情况制订支持计划和重点项目融资方案，建立"绿色办贷"通道，优化完善信贷支持服务。各县的贷款余额均占当地金融机构贷款余额的20%以上，切实发挥金融扶贫先锋主力模范作用。

（二）聚焦重点领域，加大支持力度

农发行4个定点扶贫县中有3个属于深度贫困县，普遍存在基础设施薄弱、公共服务滞后、产业发展不足、融资渠道不畅等问题。为促进定点扶贫县经济社会发展，农发行充分发挥金融优势，紧紧围绕"五个一批"，以加快定点扶贫县重点民生项目建设为抓手，不断加大融资支持力度。

表6.1　定点扶贫县贷款成效统计

支持项目	发放贷款（万元）	主要成效
基础设施建设	65900	新改建、硬化农村公路和村组路5830公里，惠及贫困人口121852人
产业扶贫	259197	支持发展特色扶贫产业项目17个，提供就业岗位285个，直接带动2500名贫困人口增收
易地扶贫搬迁	65626	新建住房7661套，惠及搬迁人口36752人，其中建档立卡贫困人口34434人
健康扶贫	10500	支持隆林县中医院、马关县中医院等医疗项目，惠及贫困人口104249人
教育扶贫	76800	新建改建隆林县民族高中等学校71所，惠及贫困人口33380人
农村危房改造	133400	实施危房改造40805户，惠及贫困人口88993人
安全饮水	8540	支持马关县集中式饮水水源地大丫口水库等安全饮水工程568个，惠及贫困人口10500人

五年来，农发行累计向定点扶贫县投放贷款109.06亿元，支持新改建道路5830公里、危房改造40805户、新建搬迁安置房7661套、特色扶贫产业项目17个、新建学校71所、新建医院2所、建设安全饮水工程568个，

定点扶贫县贷款加权平均利率较基准利率下浮10%以上，实现让利10667万元。

（三）强化创新引领，探索打造定点扶贫"示范田"

融资难、融资贵是制约贫困地区发展的难题之一，为此农发行发挥政策性金融优势，在隆林县创新推出"政银企保担"融资模式，该模式引入国有平台公司、小微企业、银行、农业担保公司分别承担40%、30%、20%、10%的"4321"风险分担机制，涉农小微企业仅需提供30%的抵押费，由国有平台公司增信，向农担公司提供100%反担保，农担公司再向银行出具100%保函。政府、企业、银行、农业担保公司实现收益共享、风险共担，引导县域各类金融机构开展面向涉农小微企业的金融服务，有效破解小微企业融资难题，降低企业融资成本。隆林县支行采用该模式向隆林县三冲茶叶有限公司发放贷款300万元，直接带动贫困人口70人增收。截至2020年10月末，农发行已在全国14个省份建立29个风险补偿基金，累计投放扶贫贷款100.58亿元，支持中小微企业239家，带动服务建档立卡贫困人口2.26万余人。

二、抓住融智关键，培育激发内生动力

思路决定出路，有志方能成事。农发行持续开展智志双扶，坚持输血与造血相结合，积极做好与定点扶贫县的沟通衔接，全面掌握各县脱贫攻坚状况，深入分析制约脱贫瓶颈，为定点扶贫县提供专家式融智服务，充分发挥政策性金融"智囊"作用。帮助定点扶贫县培训扶贫干部及"三支队伍"，着重提高贫困地区和贫困群众的自我发展能力，实现既富"口袋"更富"脑袋"。

（一）量身定制金融服务方案

农发行发挥参谋智囊作用，帮助定点扶贫县厘清发展思路，协调推动地方政府完善投融资体系。总行组成调研组分别到4个定点扶贫县开展

实地调研论证，对接县政府及相关部门，认真分析当地经济社会状况、脱贫攻坚规划以及实施方案，立足各地资源禀赋，以产业为依托，找准脱贫攻坚重点、难点和关键节点，逐个分析4个定点扶贫县脱贫攻坚最为迫切的金融需求及财政支撑能力，量身定制金融服务方案，明确农发行重点支持的项目和投放目标，为助力定点扶贫县如期完成脱贫攻坚目标确定金融服务的路线图、时间表。

（二）培训扶贫干部及"三支队伍"

农发行把培训基层扶贫干部作为融智的基础性工程，因地制宜创新方式，加大对县乡村三级扶贫干部培训力度。2017年，农发行与苏州干部学院签订合作协议，计划在三年内培训定点扶贫县扶贫干部600人，培训费用全部由农发行承担。四年来，农发行与苏州干部学院合作举办22期扶贫干部培训班，每期培训时间9天，邀请国务院扶贫办、人民银行等国家部委相关部门负责人或业务骨干，高校、研究机构的专家学者，农发行行领导、相关部门负责同志等进行授课，帮助培训定点扶贫县各级干部1676人，培训费用均由农发行承担，并额外为参训的村干部报销往返差旅费。培训帮扶使定点扶贫县的扶贫干部开阔了眼界，拓宽了发展思路，增强了脱贫致富的信心，得到了定点扶贫县党政领导及参训扶贫干部的充分肯定。

定点扶贫县所在省级分行会同"三人小组"紧密结合当地特色产业发展，通过邀请专家教授到田间地头现场授课、开展网络视频培训等多种形式，积极开展致富创业带头人、实用科技人才和贫困群众技能培训，切实增强创业致富带头人、贫困群众的创业致富能力和就业能力。五年来，农发行累计培训基层干部2856人、技术人员和创业致富带头人等6158人。

（三）帮助提升当地教学水平

教育是阻断贫困代际传递的重要途径。2019年，农发行启动定点扶贫县乡村中小学教学水平提升项目，依托北京教育学院师资力量，免费培训60名定点扶贫县乡村中小学教师，提高其教学能力和水平，培训成效得到当地教育主管部门和老师们的高度认可，学员们自发送来锦旗"五省师杰京拾贝　扶贫恩泽谢发行"，表达对农发行的感激之情。

三、聚焦产业扶贫，大力推动招商引资

发展特色产业是打赢打好精准脱贫攻坚战、实现乡村振兴的根本途径。农发行针对定点扶贫县经济发展缺项目、结构升级缺人才、招商引资缺平台的现状，充分调动全系统资源优势和行业客户优势，积极帮扶定点扶贫县对接发达地区政府、企业，拓展协作范围，将发达地区资金、技术、经验优势与西部地区资源、环境、生态优势精准对接，强化脱贫产业支撑，搭建招商合作平台，引进企业投资，优化产业布局，形成优势互补、合作共赢的良好局面。

（一）招商引资对接会

农发行充分调动全系统资源优势和行业客户优势，连续3年举办定点扶贫县招商引资对接会。对东部地区9家省级分行设立专项考核指标，引领优质开户企业到定点扶贫县投资，协调区域内发达市县与4个定点扶贫县构建结对帮扶关系，协调引导各方力量共同帮扶。

2017年4月，农发行在北京组织召开首届助推定点扶贫县脱贫攻坚对接推进会，特别邀请国务院扶贫办、定点扶贫县政府及相关部门、东部发达区县政府、农发行战略客户等多个部门（单位）、企业参会，帮助4个县（市）引入东部发达地区财政帮扶资金1715万元，建立扶贫助学基金100万元，提供就业岗位700余个，协调免费培训、学习、交流962人次，帮助建档立卡贫困人口转移就业3393人次，协调40家企业与定点扶贫县对接，19家企业与定点扶贫县签订21亿元的投资意向，向39家企业募集捐赠资金物资596万元。

2018年9月，在包片行领导指导下，总行对口帮扶部室会同定点扶贫

县所在省级分行在各县分别召开第二届招商引资对接会，达成合作意向98家，意向投资金额169亿元，向21家企业募集资金物资1747万元。

2019年9月，农发行在浙江省杭州市富阳区召开第三届定点扶贫县招商引资对接会，充分利用东西部扶贫协作、"万企帮万村"等工作机制，动员60家企业家代表、20家爱心捐赠单位代表共计160余人参会，签订合作协议12个，意向投资20亿元。

（二）推动项目落地

农发行主动参与招商引资项目落地协调服务，对发展潜力和市场前景良好项目，建立绿色通道，明确优惠政策，积极给予信贷支持。五年来，在政银企三方的共同推动下，共协调125家企业与4个定点扶贫县签订投资协议，意向投资金额229.27亿元，引进落地项目33个，实际投资13.34亿元，帮助销售贫困地区农产品96513.78万元，进一步推动优化产业布局，拓展对内对外开放新空间。

2017年以来，云南省分行会同马关县"三人小组"帮助马关县引进种植巴西菇、生姜、刺梨、李子等，为贫困户发展产业奠定基础。帮助引进的云南新贵农业科技公司投资6500万元在马关建厂用于加工刺梨、李子，带动全县115个贫困村参与刺梨种植5.2万亩、李子种植6万亩、涉及农户1.95万户。

2017年，农发行派驻锦屏县罗丹村驻村第一书记杨端明同志8次拜访南京亚狮龙集团董事长，用真诚实意感动其到锦屏县投资建厂，建成月产能30万打的生产基地，年产值2.88亿元，吸收47名贫困户就业，月人均收入2000元以上。

2019年，总行创新部会同北京市分行、广西壮族自治区分行成功引进北京大北农科技集团股份有限公司到隆林投资建设年出栏50万头的生猪生态农业产业链项目，通过"公司+合作社/养殖小区+农户"的模式，最大限度地降低养殖户风险，提高隆林生猪养殖产业的规模化、现代化程度。

2020年，吉林省分行会同大安市"三人小组"帮助大安市引进牧原农牧有限公司，建设年出栏67.5万头的养猪场、年产量30万吨的饲料厂，新增就业岗位1000余个。

案例6.1 **农发行帮助锦屏县打造果品提升工程**

锦屏县罗丹村、龙池村一直有种植水果的传统，但长期以来只种金秋梨、椪柑等少数几个品种，结构比较单一，土壤板结严重，水果数量和质量都不高，效益比较低。为此，农发行协调为罗丹村免费提供600亩的有机肥料改良土壤，引进技术员加强果园技术指导，投入279万元援建产业道路、种植大棚和保鲜冷库等流通体系，打造"罗丹梨不了"品牌，大幅提升了当地水果的产量、品质和效益。几年来，在农发行的帮助下，罗丹、龙池共销售水果120余万斤，实现收入600万元，惠及建档立卡贫困户184户745人。

四、瞄准特困群体，用心用情真帮实扶

农发行始终心系定点扶贫县、情牵贫困群众，注真情、出真金、下真功，开展支部共建，加大无偿捐赠力度，"三人小组"充分发挥一线战斗堡垒作用，助推定点扶贫县如期实现脱贫目标。

（一）开展支部共建

基层党支部是落实党的路线、方针、政策的基础细胞，是党联系群众的纽带，是党对群众的重要"影响源"和信息"反馈点"。越是贫困地区，越需要有一个好支部，越需要一支干劲足、能力强、肯奉献、能吃苦的干部队伍，冲到脱贫攻坚前线，带领群众齐心协力从内部攻破深度

贫困、极度贫困的堡垒。

各级行把抓党建促扶贫作为重中之重，把建好党支部、培养带头人作为助推定点扶贫县脱贫摘帽的重要举措。各级领导干部利用下乡调研、入户走访等机会，与村党支部一起想法子、一齐找路子、一道挑担子，借助农发行拨付的专项党费，修缮农村党支部办公用房、配备办公设备、开展党员教育，与乡镇党政一道帮助村党支部加强党建工作，逐步实现建强一个、发展一批、带动一片，稳步拓宽脱贫攻坚战果。

五年来，总行机关部门、省级分行与定点扶贫县贫困村开展支部共建8对，党员干部结对帮扶特困群众268名，充分调动和发挥村党支部凝聚力、战斗力，合力推进脱贫摘帽。

（二）广泛动员加大捐赠力度

农发行聚焦定点扶贫县特困群体，针对信贷资金不能直接惠及的兜底性、救济性扶贫领域，将无偿捐赠资金作为有益补充。广泛动员贷款客户、非贷企业、社会团体和农发行全体员工，共同投身到全社会助力脱贫攻坚的大扶贫中来，用赤诚大爱和无私奉献为定点扶贫县解决最迫切、最棘手的难题。五年来，全行各级机构和员工累计捐赠资金9803万元，重点用于资助贫困学生就学、村组道路建设、教育和医疗基础设施改善、贫困户危房改造等扶贫项目238个；广泛动员和引导社会力量捐赠帮扶资金1.12亿元。新冠肺炎疫情发生后，第一时间协调价值160余万元的医用口罩、护目镜、医用消毒液、心肺复苏仪、一次性医用手套等物资，有效缓解了当地医疗资源紧缺的状况。

定点县"三人小组"认真履行监管职责，充分尊重捐赠主体意愿，对明确用途的坚决按照捐赠人意愿落实，对未明确用途的，确保每一分每一厘都用在刀刃上、用在攻坚上、用在贫困户实实在在受益的项目上。

农发行帮助马关县大力开展教育扶贫精准助学行动

马关县"三人小组"利用农发行协调整合各类资金3552.75万元，建立马关县教育扶贫基金，资助马关县3445名贫困学生，基本实现建档立卡贫困户和边缘户学生从小学到研究生资助全覆盖。聚焦特困，确保靶向定位，以贫困大学生、留守儿童、残疾学生、单亲儿童等特殊贫困学生为重点，建立贫困学生从小学教育到高等教育的多层次资助体系。强化管理，确保稳定可持续，定期监督定点扶贫县教育局逐个、逐户、逐年核对贫困学生学籍资料，对进入帮扶名册的贫困学生，实行一次审批、分年拨付，持续资助直至顺利完成学业，确保对定点扶贫县教育帮扶的长期、稳定、可持续投入。规范审批，确保阳光公平，严格教育扶贫捐赠资金审批流程，搭建资金使用的快速通道和有效屏障。由贫困学生个人或家庭提出申请，经村、乡镇、县扶贫局和教育局联合审核，定点扶贫县挂职干部"三人小组"复核报批，公示无异议后即可拨付使用，确保有限资金发挥最大教育扶贫效益。马关县委书记李献文同志多次感慨，农发行扶贫助学基金及时缓解了贫困家庭的燃眉之急。五年来，农发行充分利用各类捐赠资金4946万元，资助4个定点扶贫县9450名贫困学生。

（三）开展多种形式帮扶

农发行发动社会各界力量开展多种形式的捐赠、救助和关爱行动，组织对定点扶贫县留守儿童、孤寡老人、孤儿、残疾人等特困人员和特困家庭，以及因病、因残、因学、因灾致贫人口进行全面摸底、登记造册，运用多种形式开展帮扶。加强就业帮扶，每年拿出一定比例招聘计划，放宽条件，定点招收定点扶贫县贫困家庭大学生，实现一人就业全家脱贫。

（四）挂职干部发挥一线战斗堡垒作用

农发行一直高度重视扶贫干部选派工作，持续选派有能力、有经验、有情怀、敢担当、爱"三农"的优秀干部到定点扶贫县挂职。有的担任驻村第一书记，有的挂任县委副书记，有的挂任县委常委、县政府副县长，还有的挂任县委办、县政府办、扶贫办、农业农村局负责人。无论何种职级，无论什么岗位，这些挂职干部都始终牢记第一身份是共产党员，第一职责是为党工作。他们是农发行定点扶贫工作的一线战斗堡垒，与地方党政一道不断更新发展理念、转变发展观念、厘清发展思路，推动具体项目落地落细落实，让广大地方干部职工亲眼目睹农发行干部的工作能力、水平、作风。

第七章
社会扶贫体系

习近平总书记强调："要大力弘扬中华民族扶贫济困的优良传统，凝聚全党全社会力量，形成扶贫开发工作强大合力。"农发行紧紧围绕精准扶贫、精准脱贫方略和"两不愁三保障"目标，全面对接"五个一批"，切实发挥政策性银行一手牵政府、一手牵市场的独特优势，依托"政府主导、市场能动、社会参与"的中国特色扶贫格局，聚合资源，精准施策，优化供给，下足绣花功夫，广泛动员社会力量，帮助贫困地区和贫困人口补齐脱贫短板。

一是坚持政府主导精准滴灌。农发行牢牢把握中国特色扶贫开发路径，始终坚持体现党的宗旨和政府意志，履行社会责任，依托定点帮扶、东西部扶贫协作、"万企帮万村"精准扶贫行动等帮扶机制，引导社会力量将资源投入贫困地区最需要、贫困群众最受益的教育扶贫、产业扶贫、基础设施扶贫等重点领域，集中力量打歼灭战，发挥了金融力量撬动社会力量的"四两拨千斤"作用。

二是坚持市场能动遵循规律。农发行充分发挥"当先导、补短板、逆周期"的政策性银行特殊作用，依托社会组织、企业、个人等社会帮扶主体，发挥引导作用，支持帮扶主体在遵循市场经济规律、义利兼顾的基础上，通过投资兴业、培训技能、吸纳就业、捐资助贫等多种方式，将资源要素向贫困地区可持续转移，创新了社会扶贫模式、打造了扶贫亮点，推动构建"人人皆愿为、人人皆可为、人人皆能为"的扶贫新格局。

三是坚持社会参与广泛动员。农发行主动加强与中央有关部委、地方政府、企业等的沟通对接，发挥政策优势、系统优势、专业优势和资金优势，积极落实各级党政扶贫规划和扶贫政策；加强同财政扶贫资金的协同配合，分4批出台59条差异化政策加大信贷支持；与中央有关部委共同开展扶贫干部培训；深入开展消费扶贫行动，帮助贫困地区构建产品供销体系等，广泛凝聚脱贫攻坚合力。

农发行社会扶贫体系，是在中国特色社会主义体制下具有先导性、示范性和可持续性的经验做法，为满足贫困群众对美好生活的向往，保证他们在共同富裕道路上不掉队，解决贫困地区发展的不平衡不充分，为全面打赢脱贫攻坚战作出积极贡献。农发行的社会帮扶工作，得到各级党政、社会各界的广泛认可。

第一节　开展东西部扶贫协作

习近平总书记强调，"长远看，东西部扶贫协作要立足国家区域发展总体战略，深化区域合作，推进东部产业向西部梯度转移，实现产业互补、人员互动、技术互学、观念互通、作风互鉴、共同发展"。农发行东西部扶贫协作充分立足国家区域发展总体战略，尽职履责，多措并举，着力提升农发行东西部分行协同水平，有效发挥政策性金融带动效应。

一、建立协作体系

农发行先后下发了《关于支持东西部扶贫协作的指导意见》《关于进一步加强东西部扶贫协作工作的通知》《关于做好2020年东西部扶贫协作工作的通知》，建立"一对一"东西部分行帮扶关系，指导东部分行通过产业帮扶、项目帮扶、招商引资、资金帮扶、劳务协作等多种途径实现东西部产业互补、人员互动、技术互学、观念互通、作风互鉴，动员社会各界力量，深化东西部政银企扶贫交流、共同发展，积极指导东部省份分行推进东部适宜产业向西部梯度转移，切实推动西部贫困人口脱贫致富。

二、加大信贷支持

充分完善并利用各项金融服务方案，以东西部扶贫协作信贷支持为重要抓手，打好项目扶贫与产业扶贫组合拳，加大东西部扶贫协作贷款支持力度。2016年以来，全行累计审批东西部扶贫协作贷款967.73亿元，累计投放贷款751.88亿元，贷款余额559.68亿元，东西部扶贫协作成效显著。

三、完善考核机制

充分发挥省级分行绩效考核"指挥棒"作用，通过将东西部扶贫协作纳入分行考核机制，激励相关分行发挥东西部分行各自优势，主动开展东西部扶贫协作各项工作，确保东西部扶贫协作成果取得实效。

四、强化行动协同

将东西部扶贫协作相关工作纳入全行"夏季攻势"等一系列专项行动，与挂牌督战、消费扶贫形成合力。新疆维吾尔自治区分行及时掌握东西部援疆扶贫目标任务及实施情况，积极支持参与对口帮扶的企业，全年对山东、河北、天津等10个省份20家落户新疆的企业给予信贷支持，累计审批贷款32.62亿元、投放28.78亿元，统筹推进东西部扶贫协作工作有效开展。

第二节　开展"万企帮万村"精准扶贫行动

习近平总书记先后8次就"万企帮万村"工作作出重要指示。《中共中央　国务院关于打赢脱贫攻坚战的决定》明确要求，"工商联系统组织民营企业开展'万企帮万村'精准扶贫行动。鼓励支持民营企业、社会组织、个人参与扶贫开发，实现社会帮扶资源和精准扶贫有效对接"。农发行主动参与"万企帮万村"行动，积极搭建总省市县四级合作平台，积极服务民营小微企业，有效助推贫困地区农业产业发展，促进模式创新和业务转型发展。

一、作为行动主体参与行动

2015年，中华全国工商联、国务院扶贫办、中国光彩会共同发起"万企帮万村"精准扶贫行动，以民营企业为帮扶方，以建档立卡贫困村为帮扶对象，以签约结对、村企共建为主要形式，力争用三到五年时间，动员全国一万家以上民营企业参与，帮助一万个以上贫困村加快脱贫进程，为促进非公有制经济健康发展和非公有制经济人士健康成长，打赢脱贫攻坚战、全面建成小康社会贡献力量。2016年9月，农发行与全国工商联、国务院扶贫办、中国光彩会共同签署了"万企帮万村"精准扶贫行动四方战略合作协议，成为该行动的四方主体之一。五年来，农发行不断聚焦贫困地区实际需求，探索模式创新，加大信贷支持力度，以支持"万企帮万村"精准扶贫行动为抓手，积极助推贫困地区农业产业发展，取得了良好的社会成效。

二、建立完善参与行动机制

自参与行动以来，农发行与全国工商联、国务院扶贫办、中国光彩会携手共进、紧密合作、搭建总省市县多级合作平台，出台专项优惠信贷政策，加大考核评价力度，把支持"万企帮万村"工作作为支持民营企业和服务实体经济的重要抓手，积极扩大民营企业合作范围，不断加大信贷支持力度。陆续下发《关于支持"万企帮万村"精准扶贫行动的意见》（农发银发〔2016〕284号）、《关于进一步明确支持"万企帮万村"精准扶贫行动有关信贷政策的通知》（农发银发〔2017〕249号）、《关于进一步加大力度支持小微企业发展的指导意见》（农发银发〔2019〕47号）等一系列政策文件，从贷款属性、资源配置、准入门槛、差异化信贷政策、风险容忍度和尽职免责等方面明晰政策、明确导向，促进工作有效开展，并将支持"万企帮万村"工作成效纳入全行扶贫工作的考核范围，不断提高考核权重，推动工作持续深入开展。农发行支持"万企帮万村"行动实现31个省级分行信贷投放全覆盖，以全国工商联"万企帮万村"行动台账管理系统为基础，建立了农发行支持"万企帮万村"行动项目库。

三、创新模式加大支持力度

通过支持"万企帮万村"行动，农发行积极创新模式，不断拓宽普惠金融的深度和广度。如"扶贫车间"模式，支持在贫困村新建或改建扶贫车间，使留守妇女、老人在家门口就业，既顺应了产业转移趋势，又有效缓解了农村留守儿童、"空巢村"等社会问题；产业化联合体模式，支持现代农业产业联合体和新型农业经营主体，辐射带动建档立卡贫困人口持续增收；东西部协作扶贫模式，鼓励经济发达地区优质企业在贫困地区投资建厂、雇用工人进行生产，将发达地区资金管理优势与贫困地区资源优势有机结合，实现产业扶贫可持续发展。针对贫困地区农业实体企业普遍存在实力不强、抵押担保不足、风险高等特点，农发行不断探索风险防控机制，积极探索应用"吕梁模式"、供应链金融模式，推动以省、市、县专项扶贫资金、财政支农资金和社会帮扶资金等建立多种形式的风险补偿基金，推广"政银担""政银保"等多方增信的"2+N"模式，帮助企业积极整合担保资源，增加贷款的可获得性。如江西省分行、甘肃省分行等省分行推动地方政府建立融资担保基金，或与各类担保公司开展合作，形成了银政企三方共担贷款风险的产业扶贫支持模式，着力破解贫困地区"融资难"问题。脱贫攻坚期，纳入政策性金融支持"万企帮万村"精准扶贫行动项目库企业共2503家；支持企业

1902家，贷款余额1672.72亿元；带动及帮扶贫困人口约91万人，支持企业数量和带贫成效显著提升，也为农发行支持产业扶贫开辟了新路径。

四、强化合作互利共赢

民营企业通过在贫困地区投资、安排贫困人口就业、签订帮扶协议等多种方式，有力地带动了贫困人口脱贫和贫困地区产业发展；同时通过运用贫困地区资源禀赋优势和劳动力成本优势，用好国家和地方相关支持政策，在"万企帮万村"行动中实现了自身的发展壮大。农发行主动对接民营企业融资需求，量身定制金融服务方案，实施特殊信贷政策，为民营企业提供了强有力的信贷资金支持，助推"万企帮万村"行动有效开展；同时，也在支持"万企帮万村"过程中破解了基层行长期以来对民营企业"不敢贷、不愿贷"的难题，为下一步更好地支持民营企业奠定了良好的基础。

第三节　开展消费扶贫

习近平总书记多次就消费扶贫工作作出重要指示。国务院扶贫开发领导小组把推进消费扶贫作为决战决胜脱贫攻坚的重要内容，提出明确要求。国务院扶贫办、国家发展改革委等相关部门逐步完善顶层设计、明确目标任务，有序推进开展消费扶贫行动。农发行把消费扶贫作为支持贫困地区稳定脱贫、防止返贫的有效途径，切实发挥系统优势、金融优势和客户优势，着力帮助解决扶贫产品滞销卖难问题。

一、加强消费扶贫组织动员

农发行深刻认识到，消费扶贫是克服疫情灾情影响、坚决完成脱贫攻坚任务的重要手段，也是提升产业扶贫质效、巩固脱贫成果的重要举措，是必须坚决谋划好、落实好的重要任务。

（一）统筹谋划部署

总行党委高度重视，多次在全行性会议上明确将消费扶贫作为支持打赢脱贫攻坚战的重要任务，在全行决战决胜脱贫攻坚工作会议上部署在全行开展消费扶贫专项行动，积极组织购买和帮助销售贫困地区农产品，帮助贫困县提升农产品品质与供应能力。

（二）压实工作责任

总行党委与31家省级分行党委签订脱贫攻坚责任书，将"购买贫困地区农产品"和"帮助销售贫困地区农产品"两项指标任务作为考核的重要内容，立下了消费扶贫的"军令状"。

（三）广泛动员推进

在全行开展以"消费扶贫、你我同行"为主题的消费扶贫月活动，召开全行消费扶贫月活动动员会议，以视频方式直达县级行，行领导亲自出席会议并作动员讲话，动员全行干部员工、客户企业和社会各界与贫困地区同行，汇聚各方爱心合力，积极投入消费扶贫行动。各级行、各部门迅速行动，制订工作方案、明确任务目标、压实工作责任、创新工作举措。总行对消费扶贫进度按周统计、及时通报，促进比学赶帮超，在全行掀起了消费扶贫热潮。

二、拓宽扶贫产品销售渠道

只有建立畅通的消费扶贫供需对接渠道，实现规模化、便利化的交易，才能逐步帮助扶贫产品融入市场、被消费者喜爱和接纳。农发行充分发挥系统优势，多措并举拓宽销售渠道，大力推动扶贫产品进机关、进工会、进企业。

（一）开展机关内部直销

在总行机关和有条件的分支机构设置扶贫产品展销专馆、专柜、专区，举办贫困地区扶贫产品展销会、特色产品美食周等活动，集中展示销售扶贫产品；各级机关食堂与贫困地区扶贫商户签订长期购销协议，将日常食材所需与消费扶贫有机融合，加大采购力度；各级工会在组织开展节日慰问、夏送清凉和各类文体活动时，优先选择扶贫产品。

（二）推进电子商务营销

专门建设"农发易购"电商扶贫平台，为全行消费扶贫提供便捷优质的服务，上架22个省份42个县的455款扶贫产品，"农发易购"成为全行消费扶贫的重要平台；组织开展扶贫产品"带货"大赛，吸引系统内广大青年员工积极响应参与，发布带货视频350多个，推荐扶贫产品450多种，浏览量超过300多万人次；定点扶贫县挂职干部为本地扶贫产品当代言人，通过广播电视、抖音、快手等直播媒介和农发行"朋友圈"，大力推荐销售贫困地区扶贫产品。

（三）发动客户企业助销

充分利用银行的客户资源，用好定点扶贫、东西部扶贫协作、"万企帮万村"和对口支援等帮扶机制，主动与客户企业沟通协调，引导企业大宗采购扶贫产品；积极牵线搭桥，帮助贫困地区与东部大型商超建立长期稳定产销关系，将东部地区的消费需求与贫困地区的特色产业有机衔接起来，并及时将企业需求反馈到贫困地区，实现产销对接、互利共赢。

三、提升扶贫产品供给质量

生产是消费的基础，只有按照市场需求发展优势特色产业，生产适销对路的高质量产品，才能更好地推动扶贫产品融入全国大市场，实现供需可持续良性大循环。农发行将产业扶贫作为服务脱贫攻坚的重中之重，不断优化支持重点、支持政策、支持模式，帮助贫困地区发展好产业、生产好产品。

（一）支持重点

全力支持扶贫产品标准化体系建设，开展标准化生产，推动贫困地区农产品品牌化建设；支持贫困地区高标准农田建设和适度规模经营，提升扶贫产品规模化供给水平；支持贫困地区一二三产业融合发展，延长产业链，提升扶贫产品的附加值和经济效益，推动扶贫产业的生产供给和市场竞争能力"双提升"。

（二）支持政策

专门出台产业扶贫信贷办法，研究制定59条支持深度贫困地区脱贫攻坚差异化特惠政策，进一步加大政策、资金、资源倾斜力度，采取降低准入门槛、执行特惠利率、下放审批权限、优先受理办贷、优先匹配信贷规模、适当提高风险容忍度等超常规举措，全力助推贫困地区产业发展；制定了高于人民银行要求的产业扶贫贷款带贫人数标准，努力提升产业扶贫贷款的带贫成效。

（三）支持模式

创新推动"吕梁模式"，建立扶贫贷款风险补偿基金，形成政银企三方共担风险的产业扶贫模式，有效解决扶贫小微企业"融资难、融资贵"问题；大力支持东西部扶贫协作模式，东部分行帮助中西部地区引入优质企业和扶贫项目，实现先富带后富；大力支持"万企帮万村"精准扶贫模式，择优支持入库企业，打造产业扶贫精品工程；积极培育"公司＋农民合作社＋家庭农场"的产业化联合体模式和"总部经济＋扶贫基地＋贫困农户"的"总部经济"模式，完善产业扶贫带贫益贫机制。脱贫攻坚期，农发行累计发放产业扶贫贷款1.13万亿元，贷款余额5923.02亿元，既有效支持了贫困地区因地制宜发展区域特色产业，把小品种做成大产业，又与贫困群众建立了稳定的利益联结机制，帮助贫困群众持续稳定增收。

四、支持产品流通体系建设

习近平总书记强调，"流通体系在国民经济中发挥着基础性作用，构建新发展格局，必须把建设现代流通体系作为一项重要战略任务来抓"。高效的流通体系能够在更大范围把扶贫产品的生产和消费联系起来，是解决贫困地区农产品卖难问题的重要一环，也是薄弱的一环。农发行切实发挥政策性金融补短板职能作用，全力支持贫困地区完善农产品流通体系，帮助打通扶贫产品流通瓶颈，减少中间环节，降低损耗和流通成本，让贫困群众和消费者享受到更多的消费扶贫红利。

（一）支持重要农产品收储

收储是贫困地区粮棉油、猪肉、食糖等重要农产品进入市场的首要环节，也是农发行的重要支持领域。

（二）支持流通体系建设

流通体系是扶贫产品集散交易和大规模销售的支撑保障。支持贫困地区建设区域性批发市场和专业性特色农产品市场，以及重要物流节点、冷链配送等物流基础设施，打通供应链条，为扶贫产品从田间到餐桌提供更高效的解决方案。

（三）支持消费扶贫新模式新业态

电商、旅游等新业态为扶贫产品提供了新的销售渠道和市场。农发行专门推出网络扶贫贷款，支持贫困地区完善网络基础设施和公共服务平台，提高贫困群众和农村电商经营者的线上运营能力；专门出台旅游扶贫贷款，支持贫困地区建设休闲农业、乡村旅游道路等基础设施和游客中心、餐馆、宾馆等服务设施建设。

第四节　开展扶贫合作

农发行充分发挥政策优势、系统优势、专业优势和资金优势，主动加强与中央有关部委、地方政府、企业等的沟通对接，利用东西部扶贫协作、"万企帮万村"等帮扶机制，在政策落实、项目融资、干部培训等方面开展全方位、深层次的交流合作。

一、联合开展政策性金融扶贫实验示范

《中共中央　国务院关于打赢脱贫攻坚战的决定》明确提出，要坚持因地制宜，创新体制机制，积极探索和创新扶贫开发路径和模式。为加大金融扶贫创新力度，积极探索推进金融扶贫工作的先进经验，农发行提升站位、主动担当，联合国务院扶贫办创建政策性金融扶贫实验示范区，会同地方政府共同创建省级政策性金融扶贫实验示范区。

（一）建立实验示范区

2015年12月，农发行联合国务院扶贫办印发《政策性金融扶贫实验示范区总体工作方案》（农发银发〔2015〕281号），明确了国家级实验示范区创建目标任务、申请流程、实施步骤等。2015年12月，经国务院扶贫办、农发行批复同意，广西百色、河北保定、贵州毕节、陕西安康相继成立了国家级政策性金融扶贫实验示范区。2016年7月，农发行印发《中国农业发展银行与省级人民政府共创省级政策性金融扶贫实验示范区方案》（农发银发〔2016〕175号），明确了省级实验示范区创建范围、设立条件、工作内容和组织实施等。自2016年8月起，农发行先后与贵州、重庆、江西、新疆、山西、安徽、云南、内蒙古8个省份签订合作协议，相继成立了8个省级政策性金融扶贫实验示范区，截至2017年11月，省级实验示范区建立完毕。

（二）实验示范区政策

自实验示范区创建以来，农发行会同国务院扶贫办、地方政府，将政策性金融优势与政府组织优势有机结合，多措并举推进实验示范区各项工作顺利开展。一是加强组织领导。总行建立完善实验示范区信息反

馈机制，定期梳理总结实验示范区创建工作情况，汇编创新案例；省市分行联合地方政府有关部门组建实验示范区工作领导小组，定期召开联席会议，稳步推进实验示范区建设。二是出台特惠政策。给予实验示范区客户准入、利率定价、办贷管贷、资源倾斜等一系列特惠政策支持，对创新推出的扶贫信贷产品允许实验示范区先行先试，在国家政策允许范围内给予实验示范区更大的创新空间。三是优化创新流程。明确实验示范区创新方案报经总行扶贫金融事业部执委会审议通过后可先行试点；明确省级实验示范区需要使用差异化支持政策的，按照"一事一议"原则报总行扶贫金融事业部审议通过后也可执行。四是加强工作指导。在全行脱贫攻坚工作会议上对实验示范区工作进行部署；指导实验示范区分别编制建设方案；建立完善实验示范区贷款情况监测机制和考核评价机制。五是强化统筹协调。2016年，农发行针对实验示范区工作召开2次座谈会，研究探讨工作推进具体措施；2017年1月，联合国务院扶贫办召开政策性金融扶贫实验示范区工作推进座谈会，加强与有关部门的沟通交流。

（三）实验示范区建设主要措施

一是积极推动扶贫信贷产品落地。探索支持产业扶贫，如百色市分行积极探索支持产业化龙头企业带动增收致富；安康市分行审批发放全省首笔旅游扶贫贷款。积极推动专项扶贫，如安徽省分行实现健康扶贫自营项目贷款在全系统率先落地；新疆维吾尔自治区分行推动教育扶贫贷款项目落地，支持双语幼儿园建设，受到当地广泛好评。二是因地制宜创新金融扶贫模式。为破解贫困地区产业扶贫"融资难、融资贵"问题，实验示范区积极推广产业扶贫"吕梁模式"，推动地方政府建立风险补偿基金。山西、内蒙古、贵州、新疆等6个实验示范区共建立相关地市级或县级产业扶贫贷款风险补偿基金14个，累计支持中小微企业301家，累计投放扶贫贷款102.31亿元；保定市分行创新"龙头带基地，基地带农户"模式，带动贫困人口脱贫增收；贵州省分行创新"三变+

产业＋风险补偿基金"模式，推动农业合作社、村集体与贫困户建立利益联结机制；重庆市分行创新"政府＋龙头企业＋合作社＋风险补偿基金＋保证担保＋保险"的"1＋6"风险共担贷款模式，解决产业发展小散弱问题。三是推动银政协同配合。为推动贫困地区扶贫投融资主体建设，4个国家级实验示范区协助当地建立市县两级扶贫开发投融资主体，用于承接扶贫专项资金、专项建设基金和扶贫贷款等扶贫资金，发挥项目建设和管理职能。为构建财政资金与信贷资金的有效协同机制，贵州省分行依托国务院和省级政府开展统筹使用财政涉农资金试点政策支撑，投放全系统首笔贫困村提升工程扶贫过桥贷款，支持扶贫项目及时启动。

脱贫攻坚期，4个国家级实验示范区共投放贷款851.89亿元，其中扶贫贷款565.35亿元；2017年以来，8个省级实验示范区共投放贷款19038.50亿元，其中扶贫贷款8511.62亿元，为助推实验示范区脱贫攻坚提供了有力信贷支持。地方党政对创建实验示范区给予了高度评价，认为此举是国务院扶贫办与农发行共同探索政策性金融精准扶贫的重大举措和有效抓手。

二、协同开展人才培训

农发行把培训基层扶贫干部作为融智的基础性工程，因地制宜创新方式，加大对县乡村三级扶贫干部培训力度。2017年，在时任行长祝树民同志的亲自协调下，农发行与苏州干部学院签订合作协议，计划在三年内培训定点扶贫县扶贫干部600人，培训费用全部由农发行承担。四年来，农发行与苏州干部学院合作举办22期扶贫干部培训班，每期培训时间9天，邀请国务院扶贫办、人民银行等国家部委相关部门负责人或业务骨干，高校、研究机构的专家学者，农发行行领导、相关部门负责同志等进行授课，帮助培训定点扶贫县各级干部1676人，培训费用均由农发行承担，并额外为参训的村干部报销往返差旅费。培训帮扶使定点扶贫县的扶贫干部开阔了眼界，拓宽了发展思路，增强了脱贫致富的信心，得到了定点扶贫县党政领导及参训扶贫干部的充分肯定。

同时，农发行与中央纪委国家监委、中央组织部、人民银行、国务院扶贫办等中央单位共同开展定点扶贫县扶贫干部培训。2018年，会同中央组织部组织二局举办全国大学生村官培训班4期，培训800人；2019年，会同中央组织部、国务院扶贫办举办中央单位驻村第一书记培训班，培训干部334人；搭建金融单位定点扶贫工作交流平台。2018年10月，农发行积极配合人民银行在贵州锦屏县召开中央金融单位定点扶贫工作推进会，23家中央金融单位有关负责同志参会并现场观摩农发行贷款支持和帮助引进的产业扶贫项目，交流分享定点帮扶工作经验。2019年11月，作为唯一协办单位，农发行积极配合人民银行在云南省怒江州召开中央金融单位定点扶贫工作研讨会，23家中央金融单位有关负责同志参会并交流定点扶贫工作经验。

三、动员社会力量参与招商引资

针对定点扶贫县经济发展缺项目、结构升级缺人才、招商引资缺平台的现状，农发行充分调动全系统资源优势和行业客户优势，积极帮助各县（市）对接发达地区政府、企业，拓展协作范围，将发达地区资金、技术、经验优势与西部地区资源、环境、生态优势精准对接，强化脱贫产业支撑，搭建招商合作平台，引进企业投资、优化产业布局，形成优势互补、合作共赢的良好局面。农发行主动参与招商引资项目落地协调服务，对发展潜力和市场前景良好的项目，积极给予信贷支持。脱贫攻坚期，在政银企三方的共同推动下，有33个项目在定点扶贫县落地，实际投资13.34亿元。

2017年4月，农发行在北京组织召开首届助推定点扶贫县脱贫攻坚对接推进会，特别邀请国务院扶贫办、定点扶贫县政府及相关部门、东部发达区县政府、农发行战略客户等多个部门（单位）、企业参会，帮助4个县（市）引入东部发达地区财政帮扶资金1715万元，建立扶贫助学基金100万元，提供就业岗位700余个，协调免费培训、学习、交流962人次，帮助建档立卡贫困人口转移就业3393人次，协调40家企业与定点扶贫县对接，19家企业与定点扶贫县签订21亿元的投资意向，向39家企业募集捐赠资金物资596万元。

2018年9月，在包片行领导指导下，总行对口帮扶部室会同定点扶贫县所在省级分行在各县分别召开第二届招商引资对接会，达成合作意向98家，意向投资金额169亿元，向21家企业募集资金物资1747万元。各牵头部室和相关省级分行会前多次赴定点扶贫县现场对接，组织优质企业"引进来"和协调定点扶贫县党政领导"走出去"相结合，确保招商引资对接会取得成效。

2019年9月，总行在浙江省杭州市富阳区召开第三届定点扶贫县招商引资对接会，充分利用东西部扶贫协作、"万企帮万村"等工作机制，动员60家企业家代表、20家爱心捐赠单位代表共计160余人参会，签订合作协议12个，意向投资20亿元。

第八章
精准管理体系

过去，我国大规模的脱贫主要是"大水漫灌"式，以推动贫困地区整区域经济发展为主要路径。在贫困发生率高、普遍贫困的情况下，区域发展对带动脱贫的溢出效应明显。但随着贫困发生率逐步降低以及整个宏观经济环境发生变化，经济增长对贫困人口脱贫减贫的边际效应递减。2013年11月，习近平总书记在湖南湘西考察时，首次提出了"精准扶贫"这一概念。2015年6月，习近平总书记在贵州考察时，将精准扶贫概括为"扶贫对象精准、项目安排精准、资金使用精准、措施到户精准、因村派人精准、脱贫成效精准"。习近平总书记在长期对扶贫开发深入思考的基础上，多次深入贫困地区调研，围绕破解我国扶贫开发工作中的深层次矛盾和问题，发表一系列重要讲话，形成了以精准扶贫、精准脱贫为核心内涵的扶贫工作重要论述。精准扶贫、精准脱贫是对我国长期扶贫实践的系统总结和凝练升华，是习近平总书记关于扶贫工作重要论述的精髓，是打赢脱贫攻坚战的根本遵循，也是新时代脱贫攻坚最鲜明的特征。

农发行深入学习领会精准扶贫、精准脱贫基本方略的深刻内涵和要求，充分认识精准要求是政治要求，不精准是最大的政治风险、政策风险，始终把精准作为政策性金融扶贫的生命线，主动探索、创新完善以扶贫认定为基础、带贫成效为核心的扶贫贷款精准质效全流程管理体系，把精准方略细化成具体的管理目标、措施和要求，落实到扶贫项目营销、资源配置、办贷管贷、考核评价等金融扶贫全过程、各方面，有效引导信贷资源精准聚焦脱贫攻坚重点区域、关键领域，切实做到项目安排精准、资金使用精准、考核导向精准、脱贫成效精准。

第一节　精准管理制度体系

2016年以来，农发行围绕中央脱贫攻坚目标任务，按照中央脱贫攻坚专项巡视、国家审计署、人民银行、银保监会等外部监管的要求，不断深化对精准方略的认识，强化精准管理顶层制度设计，先后出台了扶贫贷款认定管理、扶贫质效全流程管理等一系列政策制度，建立健全了扶贫贷款精准质效管理制度体系，从制度层面明确扶贫贷款精准管理的目标、内容和边界。

一、扶贫贷款认定管理制度

2016年7月和2018年12月，人民银行先后印发《关于建立金融精准扶贫贷款专项统计制度的通知》（银发〔2016〕185号）和《关于2019年金融机构金融统计制度有关事项的通知》（银发〔2018〕346号），建立并完善金融精准扶贫贷款专项统计制度。农发行认真贯彻落实人民银行要求，深刻认识把好扶贫贷款准入关是确保精准方略在信贷领域落地生根的关键，将扶贫贷款认定管理作为做好政策性金融扶贫工作的首要环节和重要基础性工作，结合农发行信贷业务实际，建立并不断完善扶贫贷款精准认定管理制度。

（一）扶贫贷款认定管理制度制定

2016年9月，根据人民银行《关于建立金融精准扶贫贷款专项统计制度的通知》精神，结合农发行业务特点和工作实际，印发《关于做好扶贫贷款认定工作的通知》（农发银发〔2016〕248号），首次明确了农发行扶贫贷款的认定范围、标准和流程，并把精准认定作为贷款项目评审流程中的重要一环及资源配置、执行优惠政策的前提。2017年，先后印发《关于做好2017年扶贫贷款认定工作的通知》（农发银发〔2017〕7号）、《关于进一步做好精准扶贫贷款认定工作的通知》（农发银发〔2017〕187号），对全行各类信贷产品的认定标准分别进行明确，逐步探索和完善了农发行两类精准扶贫贷款即产业精准扶贫贷款和项目精准扶贫贷款的认定标准和流程。银发〔2018〕346号文下发后，2019年4月，农发行根据文件精神，及时制定了《关于进一步加强扶贫贷款认定管理工作的通知》（农发银扶贫综〔2019〕4号），增加带动服务贫困人口的贷款统计类型，将农发行扶贫贷款分为精准扶贫贷款和带动服务贫困人口的贷款两大类分别进行认定，明确了带动服务贫困人口的贷款的认定方法和标准，进一步明确了相关精准扶贫贷款的认定标准，规范了扶贫贷款认定材料。2020年2月，印发《关于加强和完善扶贫贷款认定管理工作的通知》（农发银扶贫〔2020〕1号），进一步严格规范农业农村基础设施类贷款认定条件，强调必须用于贫困地区，明确扶贫贷款调整的范围和标准。2020年8月，印发《关于严格扶贫贷款精准质效管理工作的通知》（农发银扶贫〔2020〕4号），完善产业扶贫贷款带贫机制，提高产业扶贫贷款成效评估标准。

（二）扶贫贷款认定标准和流程

1.扶贫贷款认定标准。按照人民银行对产业扶贫贷款和项目扶贫贷款的定义和要求，农发行扶贫贷款认定管理制度对各类贷款产品认定的扶贫贷款类型进行了明确。

一是产业精准扶贫贷款。明确产业精准扶贫贷款严格执行银发〔2016〕185号文件有关认定规定，即农发行向借款人发放的，用于发展产业并对建档立卡贫困人口具有扶贫带动作用的贷款可认定为产业精准扶贫贷款。产业精准扶贫贷款可通过安排建档立卡贫困人口就业或通过土地托管、牲畜托养、吸收农民土地经营权入股或者与建档立卡贫困人口签订帮扶协议或交易合同等方式，带动建档立卡贫困人口增收。根据企业划型标准，微型、小型、中型、大型企业须分别至少对1名、3名、5名、10名建档立卡贫困人口发挥扶贫带动作用。结合农发行信贷品种实际，粮棉油收储贷款、产业化龙头企业贷款等农林牧渔业贷款可按照产业精准扶贫贷款标准进行认定。

二是项目精准扶贫贷款。明确符合银发〔2016〕185号文和银发〔2018〕346号文有关项目精准扶贫贷款认定标准的，认定为项目精准扶贫贷款。项目精准扶贫贷款须用于贫困地区且项目服务的地区人口中建档立卡贫困人口占比须不低于10%。结合农发行信贷品种实际，易地扶贫搬迁贷款、粮棉油类仓储设施贷款、农田基本建设贷款、生态环境改造贷款、农村基础设施贷款等可按照项目精准扶贫贷款标准进行认定，其中，强调棚户区改造贷款、改善农村人居环境贷款中农民集中住房建设贷款和农村危房改造贷款等按项目服务（征收或安置）人口中建档立卡贫困人口占比不低于10%的标准进行认定。

三是带动贫困人口产业贷款。明确产业贷款若不符合产业精准扶贫贷款认定标准，但合并考察带动建档立卡贫困人口和已脱贫人口数量符合带动服务贫困人口的贷款认定标准的（微型、小型、中型、大型企业分别至少对1名、3名、5名、10名贫困人口具有扶贫带动作用），认定为带动贫困人口产业贷款。明确带动贫困人口产业贷款适用的贷款品种与产业精准扶贫贷款品种相同。强调符合产业精准扶贫贷款认定标准的，应优先认定为产业精准扶贫贷款，两类贷款不重复认定。

四是服务贫困人口项目贷款。明确项目贷款若不符合项目精准扶贫贷款认定标准，但合并考察服务建档立卡贫困人口和已脱贫人口数量符合服务贫困人口贷款认定标准的（项目贷款用于贫困地区且服务的地区人口中贫困人口占比须不低于10%），认定为服务贫困人口项目贷款。明确服务贫困人口项目贷款适用的贷款品种与项目精准扶贫贷款品种相同。强调符合项目精准扶贫贷款认定标准的，应优先认定为项目精准扶贫贷款，两类贷款不重复认定。

2.扶贫贷款认定流程。农发行的扶贫贷款认定分为填报认定资料、审核认定资料、审定认定资料、上传认定结果四个流程，根据扶贫贷款审批权限，分级进行认定。一是填报认定资料。由业务经办行收集扶贫贷款相关证明材料，包括与认定时点人民银行下发的扶贫识别信息匹配的贫困人口名单（包括姓名、身份证号、脱贫状态等）、吸纳就业协议、交易合同、服务贫困地区贫困人口占比证明（包括服务区域、贫困地区属性、地区人口数量、地区建档立卡贫困人口和已脱贫人口数量）等，填报扶贫贷款认定申请审核表，撰写扶贫成效分析报告等。二是审核认定资料。审批行审核扶贫贷款认定资料的完整性、合规性，确保认定结果客观、准确。三是审定认定资料。由审批行分管扶贫业务的行领导对扶贫贷款认定申请审核表签字审定。四是上传认定结果。由业务经办行将审核通过的扶贫贷款认定审核表、扶贫证明材料、扶贫成效分析报告等认定资料上传至农发行CM2006系统的扶贫影像中，以便随时随地调阅核查。

（三）扶贫贷款标识信息更正

扶贫贷款标识信息更正是指扶贫贷款涉及CM2006系统和新核心系统中相关扶贫标识信息的补录、修改和完善等。扶贫贷款标识信息主要包括扶贫贷款类型、扶贫贷款用途、服务建档立卡贫困人口数、带动建档立卡贫困人口数、产业扶贫贷款带动已脱贫人口数、项目扶贫贷款服务已脱贫人口数；易地扶贫搬迁贷款安置总户数（户）、安置总人数、其中建档立卡搬迁对象数（户）、建档立卡搬迁对象数（人）等。

1.扶贫贷款标识更正范围。一是调入扶贫贷款，用于符合补充认定条件且已完成补充认定的贷款调入扶贫贷款，"扶贫贷款类型"系统标识须由"非扶贫贷款"调整为"精准扶贫贷款"或"带动服务贫困人口的贷款"。二是调出扶贫贷款，主要用于扶贫贷款认定问题的差错更正，"扶贫贷款类型"标识须由"精准扶贫贷款"或"带动服务贫困人口的贷款"调整为"非扶贫贷款"。认定不精准问题主要包括但不限于：不满足扶贫贷款认定条件，如项目扶贫贷款未用于贫困地区，或贷款用途不符合相应的扶贫贷款类型，或带贫成效达不到认定标准，且采取措施后仍无法达到认定标准；认定资料不完整、不合规，且确实无法获取完整、合规的扶贫认定资料。三是扶贫贷款类型结构性调整，用于扶贫贷款认定类型的差错更正，主要涉及"精准扶贫贷款"与"带动服务贫困人口的贷款"两类标识之间的调整。四是其他扶贫标识信息的完善。主要用于除"扶贫贷款类型"标识外，其他扶贫标识信息在系统中的错录、漏录等问题更正。

2.扶贫贷款的更正流程。开户行负责填报扶贫贷款标识信息更正申请单，逐级审核后报送至省级分行业务主办条线部门。业务主办条线部门对本条线扶贫贷款标识更正申请进行审核，并提交本级行扶贫业务主管部门。扶贫业务主管部门汇总各条线申请，报分管行领导审定。业务主办条线按月向总行条线部门报送本条线扶贫贷款调整情况。其中，对于月度调整总金额超过5亿元（含），或带动服务贫困人口数量与上季度末相比，变动超过各省份相应指标总额10%（含）的调整，由省级分行向总行申请，总行扶贫综合业务部汇总各行上报情况，会签业务主办条线部门后，报分管行领导审定。

二、扶贫贷款质效全流程管理制度

习近平总书记指出："要坚持精准扶贫、精准脱贫，重在提高脱贫攻坚成效。"2018年末，中央开展脱贫攻坚专项巡视，巡视组对农发行全力服务脱贫攻坚取得的积极成效予以了高度肯定，同时也提出"农发行要紧密结合金融扶贫工作实际，把精准方略贯穿脱贫攻坚全过程各环节，努力做到项目安排精准、资金使用精准、考核导向精准、脱贫成效精准"。

农发行围绕落实中央脱贫攻坚专项巡视整改"四个精准"的要求，印发《中国农业发展银行扶贫贷款质效全流程管理指引》（农发银规章〔2019〕46号），以提升扶贫贷款质量和效率为目标，从扶贫贷款认定管理、扶贫成效管理、扶贫信贷优惠政策执行、扶贫信贷资金使用管理以及扶贫质效考核评价等方面，分别明确扶贫贷款质效管理重点内容及操作要点，强化扶贫成效的全流程管控。

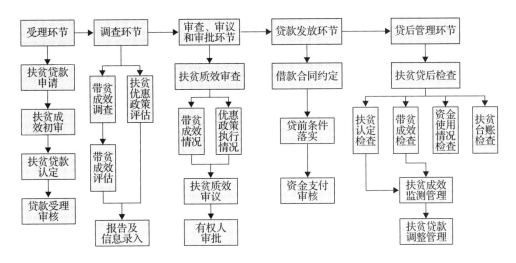

图8.1　扶贫贷款精准质效管理流程

（一）受理环节

把扶贫认定作为扶贫贷款受理的基础。按照人民银行金融精准扶贫贷款专项统计制度规定，结合农发行扶贫业务实际，明确扶贫贷款类型、认定标准及流程，努力做到每笔扶贫贷款认定资料都有据可查、翔实可靠。

（二）调查环节

把扶贫贷款带贫成效的调查评估纳入信贷调查的范畴，围绕产业经营主体带动贫困人口、项目主体服务贫困地区等内容，梳理不同业务品种的带贫成效调查要点，开展带贫成效调查评估。评估结果作为优惠政策执行、信贷资源配置的重要依据，做到项目安排精准。

（三）审查、审议和审批环节

把产业经营主体对贫困人口的扶贫带动作用、项目主体对贫困地区的扶贫服务作用作为重点审查内容，强化借款人与贫困人口的利益联结机制。结合带贫成效审议情况，匹配扶贫信贷优惠政策。审批环节明确扶贫贷款带贫成效的落实要求，并纳入贷后管理。

（四）贷款发放环节

在落实信贷审批要求的基础上，将扶贫贷款带贫成效落实情况作为贷款发放监督的重要条件，做到资金使用精准。在借款合同中进一步明确借款人的扶贫责任，对借贷双方关于扶贫贷款质效的责任义务进行界定。强化扶贫成效贷前条件落实监督，对于纳入贷前条件的扶贫贷款成效要求，开户行在放款前要详细核实落实情况。

（五）贷后管理环节

进一步完善扶贫贷款质效贷后检查的内容，细化扶贫贷款认定、扶贫信贷资金使用及带贫成效落实情况等贷后检查的标准及操作要求，定期监测扶贫贷款带贫成效，做到脱贫成效精准。

（六）考核评价环节

对扶贫贷款质效管理工作进行考核评价。围绕扶贫贷款质效管理的目标和要求，重点考核扶贫贷款质效管理政策执行情况、扶贫资金使用情况、实际带贫成效落实情况等方面，做到考核导向精准。

第二节　精准管理体制机制

制度的生命在于执行，制度的价值在于落实。为确保精准管理制度执行到位、落到实处，农发行围绕体制机制、流程工具、方法手段多管齐下、多措并举，不断完善监测、督导、考核机制，强化过程管控，推动扶贫贷款精准性和有效性持续提升。

一、构建精准管理组织架构

一是专设精准管理牵头机构，总行扶贫综合业务部是全行扶贫贷款认定管理工作的牵头部门，下设精准管理处，专门负责牵头制定扶贫贷款认定管理相关政策制度，统筹协调全行扶贫贷款认定管理工作。二是明确各级行、各条线责任分工。精准管理工作遵循"省负总责、条线指导、分级分类"的原则。省级分行对辖内扶贫贷款的精准管理工作负总责，组织辖内各级机构严格按照政策要求开展扶贫贷款精准管理工作，牢牢把握精准，层层压实工作责任，确保制度执行到位。各前台业务主管部门负责对本条线扶贫贷款精准管理工作进行统筹和督导，切实发挥审核把关作用。扶贫贷款认定根据贷款审批权限进行分级管理，按照贷款类型和相应认定条件进行分类认定。

二、建立精准问题常态化监测督导机制

行领导多次强调，精准问题是政治问题，不精准是最大的政策风险、政治风险，绝不允许将扶贫业务视为一般业务，把精准问题视为单纯操作性问题，要确保政策性金融扶贫经得起实践和历史检验。针对扶贫贷款认定不精准、数据统计不准确、成效管理不到位等问题时有发生的实际情况，自2017年起，总行组织每年对全行扶贫贷款认定及政策效果等情况开展专项集中自查，自2019年下半年起，依托信息系统按季对全行扶贫贷款进行非现场监测。总行、省级分行两级行围绕重点区域、典型问题分别按季和按月开展扶贫贷款精准问题常态化监测。针对发现的问题，实行机构、条线"双台账管理"，向相关条线部门、省级分行发送整改提示函，及时提醒、定期督导，做到问题发现在早、防范在先、处置在小。通过开展监测和问题整改，扶贫贷款认定及数据统计存在的问题有效出清，扶贫贷款精准性和数据质量持续提升。同时，针对基层行制度执行中的薄弱环节组织开展精准管理政策培训。通过开展集中培训，全面解读扶贫贷款精准管理各项制度和操作要求，指导各省级分行准确把握政策文件精神；通过强化日常督导指导，加强与各行精准管理员、业务骨干的日常沟通交流，及时解读扶贫贷款精准管理政策，帮助解决实际操作中遇到的疑问。

三、不断完善考核问责机制

建立并不断完善精准质效管理考核评价机制，发挥考核"指挥棒"作用。从扶贫贷款认定管理、扶贫贷款质效全流程管理、扶贫成效管理、扶贫贷款数据质量、问题整改工作进展及成效五个方面不断完善精准管理考核内容。2016年，将扶贫贷款认定情况纳入服务脱贫攻坚考核范畴，考核权重为1.5%。2017年，将扶贫贷款认定考核权重提升至2%。2019年，在考核指标中增加扶贫贷款成效监测情况考核。2020年，明确产业扶贫贷款带贫成效、扶贫成效突出贷款占比及精准质效管理情况等指标及内容，将考核权重提升至10%，突出扶贫贷款量质并重的考核导向。在加强考核的同时，明确要求对因不认真、不尽职造成扶贫贷款不精准问题的相关责任人进行严肃处理，切实发挥问责警示教育作用。

第三节　精准管理科技支撑

在完善政策制度和体制机制的基础上，大力推动金融科技在管理场景中的应用，将扶贫贷款精准质效管理制度、流程与金融科技进行深度融合，实施信贷、核算、统计等系统整合改造，实现扶贫贷款检查、监测、统计、分析一体化管理，努力提升管理能力和水平，促进扶贫贷款精准度和有效性明显提升。

图8.2　扶贫贷款质效管理系统整体设计架构

一、实施CM2006系统功能升级改造

2016年开展扶贫贷款精准认定管理之初，总行便认识到要做好扶贫贷款精准管理，必须使用电子化手段夯实全行扶贫业务基础。2017年5月，为满足扶贫贷款业务电子化管理需要，农发行对CM2006系统进行升级改造，完善CM2006系统精准扶贫贷款扶贫要素信息，并实现与精准扶贫贷款台账系统全面对接。2019年7月，为强化扶贫贷款贷后管理，确保扶贫贷款资金使用精准、带贫成效精准，在CM2006系统中增加扶贫贷款贷后专项检查功能，将扶贫贷款认定、质效的管理标准和监管的底线要求嵌入系统，各级行、各条线依托系统对扶贫贷款带贫成效检查情况进行动态监测。

二、研发扶贫识别信息查询平台

2016—2020年，人民银行每年下发一期扶贫识别信息，共下发四期合计约5亿条扶贫识别信息数据。庞大的扶贫识别信息数据，传统办公软件已无法有效支持，基层行在实际管理和使用数据开展扶贫认定过程中，由于数据来源不一或不完整，经常出现认定信息与人民银行下发的扶贫识别信息不一致。为了满足中央巡视"回头看"整改要求，进一步健全和完善扶贫识别信息管理，夯实扶贫贷款认定和数据统计基础，2020年5月，农发行总行研发上线扶贫识别信息查询平台，充分利用大数据平台在数据处理能力和分析加工能力上的优势，按照统一的数据标准，对四期数据进行梳理和整合，并通过贫困县信息查询、贫困村信息查询和贫困人口信息查询三个模块提供多维度的扶贫识别信息查询、统计、导出和下载功能。平台实现了历年全国扶贫识别信息的统一存储、管理和查询，使各级行可以实时查询和下载相关扶贫识别信息，解决了各级行之前只能通过人工拷贝的方式向当地人

民银行或总行扶贫综合业务部索取的问题，信息获取便捷，数据提取简单易行。平台解决了之前各级行所掌握的扶贫识别信息来源不一或不完整，导致在进行扶贫贷款认定时对贫困人口、贫困县、贫困村的把握不准确等问题，也大大提高了信息获取和查询的便捷性，保障了各级行使用扶贫识别信息的准确性。

三、研发扶贫成效监测统计系统

2020年9月，为加快推进扶贫贷款精准质效管理系统化、标准化建设，有效提升全行扶贫贷款管理能力和水平，在前期CM2006系统扶贫贷后管理模块改造的基础上，依托数据服务平台进一步整合现有系统信息资源，进一步研发上线扶贫成效监测统计系统。系统主要通过集中构建成效指标取数模型的方式对CM2006系统中扶贫贷款标识信息、贷后扶贫成效数据信息进行匹配并提取，形成扶贫贷款质效基础数据，依托数据服务平台建立多维度扶贫贷款成效台账及统计报表，实现对总省市县四级机构扶贫贷款投放及带贫成效情况的动态监测，并全面、及时反映全行扶贫贷款质效情况。系统共增设694个成效指标取数路径、14张统计表（1张合同台账、3张扶贫贷款成效台账及10张扶贫贷款成效统计表）。2020年12月，系统被人民银行广州分行《金融科技时代》期刊评为2020年度金融科技创新特色服务奖——金融科技支撑精准扶贫奖。

第九章
风险防控体系

党的十九大报告指出："全面建成小康社会决胜期，要突出抓重点、补短板、强弱项，特别是要坚决打好防范重大风险、精准脱贫、污染治理的攻坚战，使全面建成小康社会得到人民认可、经得起历史检验。"打赢打好脱贫攻坚战，离不开金融的大力支持，同时也要重点防控金融风险，确保扶贫贷款的资产质量安全。作为农业政策性银行，农发行专注服务具有基础性、弱质性和多功能性的涉农领域，是"金融性"和"政策性"的有机融合主体。金融性意味着其发挥融资中介作用必须以风险防控为前提，"政策性"代表着其作为金融支持"三农"的"国家队"，需以有效履职为目标，具有特殊的定位、性质和功能，除具有银行业信用风险、流动性风险、操作风险等常规风险外，还具有履职发展的政策性、业务领域的集中性、风险类别的聚集性等特殊的风险特征。为满足保本微利的生存底线，实现自身的可持续发展，农发行必须具有更强的风险管控能力和损失抵御能力。

自1994年成立以来，农发行坚持底线思维，站在服务国家战略和维护国家资产安全的高度，将"风险可控"作为基本前提和保障，持续强化风险管理能力建设，风险管理模式逐渐由信贷风险的封闭运行管理模式向"全面、全程、全新和全员"的全面风险管理体系转变，逐渐完善公司治理结构和风险控制体系，建立了决策科学、执行有力、监督有效的内部控制体系和覆盖各级机构、覆盖各个业务单元、贯穿业务经营管理全过程，纵向到底、横向到边的内控合规体系。

新时代金融扶贫，必须遵循市场规律，坚持风险可控、业务可持续。农发行从讲政治顾大局、维护国家金融安全和自身高质量发展的高度出发，把扶贫贷款风险防控摆在突出位置，把扶贫贷款纳入全行全面风险管理体系和内控合规管理体系，并实行扶贫贷款差异化风险管理措施，强化扶贫贷款各类风险管控，确保扶贫信贷业务始终保持在较低风险水平，确保了扶贫贷款资产质量安全。截至2020年末，农发行不良贷款率0.36%，资产质量处于全国性银行业金融机构最好水平，其中扶贫不良贷款率0.12%，低于全行不良贷款率。

第一节 将扶贫贷款纳入全面风险管理体系

全面风险管理是现代银行行稳致远的内在要求，全面风险管理体系是按照银行自身业务特征、发展阶段、战略偏好，依托组织架构和业务流程再造、管理手段和计量工具创新，采取定量和定性相结合的方法，通过识别、计量、评估、监测、控制（缓释）等方式，综合管理各类风险的现代风险管理模式。农发行作为政策性银行，是国家金融体系的重要组成部分，肩负落实国家战略、执行国家政策、服务"三农"需求的重要使命，既要执行国家政策，又要遵循银行经营管理的一般规律。金融扶贫所支持的区域、产业、客户都相对弱势，风险相对较大、收益相对较低，农发行通过制定扶贫贷款管理制度，将扶贫贷款纳入全面风险管理体系进行管理，不断提升扶贫贷款风险识别、计量、监测、控制管理能力，增强全行防范政策风险、信用风险、市场风险等的能力，确保执行政策不出偏差、资金安全运转，为更好尽职履责提供支撑。

一、全面风险管理组织架构

农发行建立了组织架构健全、职责边界清晰的风险治理架构，明确董事会、监事会、高级管理层、业务部门、风险管理部门和内审部门在风险管理中的职责分工，建立多层次、相互衔接、有效制衡的运行机制。

（一）"两会一层"顶层风控架构

董事会是农发行风险管理最高决策机构，承担全面风险管理的最终责任，负责建立风险文化，制定风险管理策略，设定风险偏好和风险限额，审批重大风险管理政策和程序，监督高级管理层开展全面风险管理，定期审议全面风险管理报告，审批全面风险和各类风险的信息披露。董事会下设风险管理委员会，建立风险管理委员会与董事会下设其他专门委员会的沟通机制，确保信息充分共享并能够支持风险管理相关决策。

监事会是农发行全面风险管理的监督机构，负责监督董事会和高级管理层在全面风险管理方面的尽职履责情况，相关情况纳入监事会工作报告。

高级管理层是农发行风险管理的最高执行层，承担全面风险管理的实施责任，执行董事会决议，负责建立全面风险管理的经营管理架构，明确全面风险管理职能部门、业务部门以及其他部门在风险管理中的职责分工，制定清晰的执行和问责机制，确保风险管理策略、风险偏好和风险限额得到充分传达和有效实施。根据董事会设定的风险偏好，制定风险限额，包括但不限于行业、区域、客户、产品等维度；制定风险管理政策和程序，定期评估全面风险和各类重要风险管理状况并向董事会报告；建立完备的管理信息系统和数据质量控制机制；对突破风险偏好、风险限额以及违反风险管理政策和程序的情况进行监督，根据董事会的授权进行处理。聘任首席风险官或其他高级管理人员，负责全面风险管理相关工作。

（二）高级管理层下的风险管理组织架构

高级管理层设立风险与内控、资产负债管理、贷款审查、投资审查、资产处置和信息科技管理等专门委员会，负责审议经营管理过程中的重大事项，有效发挥各委员会审议决策、组织协调的职能作用，指导、协调各部门、下级行经营管理活动中的相关工作。

（三）分支机构风险治理架构

建立了与各级分支机构风险状况相匹配的风险管理架构，分支机构风险治理架构包括省级分行、二级分行及支行风险管理组织架构，省级分行是全面风险管理的战略实施平台，二级分行是全面风险管理的基础单元，支行是全面风险管理的前沿窗口。全面风险管理实行"一把手"

工程，由各级行行长负责抓好辖内全面风险管理工作的部署和落实，各部门结合职责安排，在对应职责范围内开展相关风险管理工作，承担相应风险管理职能，保证全面风险管理政策流程得以执行落实。

二、全面风险管理机制

风险管理机制是针对一定事物的风险问题及其诱因而建立的，能够预防规避风险或减少风险损失的管理工作系统。农发行通过强化风险管理机制建设，推动建立包括风险偏好、资本约束、垂直管理、风险报告、风险管理考核机制等在内的一整套横向到边、纵向到底的风险管理工作机制，为风险管理各项工作的开展提供制度依据和机制保障。

（一）风险偏好管理机制

风险偏好在银行经营中具有指令性引导作用和框架性约束作用，既是为达到既定的战略目标而愿意承担的风险程度，也是管理层经营风险的边界，更是银行整体发展战略的重要组成部分。与商业性银行不同，农发行的风险偏好注重统筹稳增长和防风险的关系，在守底线和稳质量的基础上，更好地发挥农业政策性银行"当先导、补短板、逆周期"的作用，切实履行农业政策性银行职能。农发行2019年制定《中国农业发展银行风险偏好管理办法》（农发银规章〔2019〕8号），按年度编制《风险偏好陈述书》，设定整体风险偏好和各类风险的风险偏好以及定量指标，全面传导经营发展战略意图，客观反映愿意承担的风险类型和最大风险水平，发挥风险偏好引领作用。

（二）资本管理约束机制

农发行明确资本管理的工作机制、工作职责和工作流程，编制资本规划和资本充足率年度计划，建立稳健的内部资本充足评估机制，并逐步将有限资本合理配置到各机构、业务、产品和客户，通过监管资本、经济资本和经风险调整后的资本收益率对其风险水平进行约束，促进全行资源的优化配置和有效使用。

（三）垂直管理机制

结合监管要求和同业实践，农发行推行风险条线垂直管理，增强总行对风险条线的管控能力，进一步提升全行风险管理工作质效和专业化水平。制订印发《中国农业发展银行风险条线垂直管理方案》（农发银办〔2019〕72号），全面推行信贷与风险条线重要管理人员任职专业资格认定准入、专业考核和风险报告。建立省级分行分管风险部门副行长定期、不定期报告制度和风险台账，加大跟踪督导力度，压实"关键少数"的风险管理责任；印发《风险合规专员设置工作实施方案》（农发银办函〔2019〕185号），在总行、省级分行、二级分行、支行相关业务管理部门设置风险合规专员，实现内控合规和风险防控关口前移，以有效提升内控合规和风险管理质效。

（四）风险报告管理机制

建立风险报告管理机制，制定《中国农业发展银行风险报告管理办法》（农发银规章〔2019〕6号），对全面风险管理报告、各类别风险管理报告、风险监测报告、风险事件报告的报告主体、报告内容、频率和路径进行规定，全面、及时、准确地反映自身风险状况，为董事会和高管层提供决策参考，并为监控日常经营活动和绩效考评提供有效支持。进一步规范风险报告工作，使风险管理报告更好地发挥全面风险管理的媒介作用。

（五）风险管理考核机制

建立专门制度和方法，评价新开发产品、新拓展业务领域、机构变更、重大业务等可能带来的风险。制定风险管理水平评价办法，研究定量和定性方法，客观评价和考核各行全面风险管理状况和总体风险水平，建立基于风险定价的风险调整后资本收益率的评价方法和体系，反映风险成本，准确衡量各机构、各部门的风险管理工作成效，强化奖惩机制。

三、全面风险管理工作流程

按照"全面性、系统性、可操作性、规范性"原则，以业务流程为基础，逐步健全与农发行风险管理发展阶段相结合、相适应的风险管理制度体系，加强风险识别分析、计量评估、监测报告以及控制缓释的全流程管理，确保风险管理各环节有效衔接、高效运转。

（一）风险识别分析

建立风险识别机制，对信用风险、市场风险、操作风险、流动性风险等各种风险影响因素进行分析，有效识别可以通过信息系统捕捉（如利率、汇率变动等）和难以捕捉（如宏观经济指标变动对信贷业务的影响等）的风险因素，采取差异化的方法进行科学的风险识别，同时重点关注新产品、新业务的风险识别。加强风险分析，剖析各种风险的成因和变化规律，考虑各种风险因素的相互关联性，综合分析各种风险因素共同作用产生的影响。使用压力测试和情景分析等方法分析各种不利情况下的潜在风险敞口。

（二）风险计量评估

风险计量是在风险识别的基础上，对风险发生的可能性、风险将导致的后果及严重程度进行充分的分析和评估，从而确定风险水平的过程。合理运用计量方法，根据不同的业务性质、规模和复杂程度，对不同类别的风险选择适当的计量方法，基于合理的假设前提和参数，采取定量和定性相结合的方式，尽可能准确计算可以量化的风险，评估难以量化的风险。适时采用敏感性分析、情景分析、压力测试等方法作为有效补充。充分考虑不同风险之间、风险参数之间、不同机构之间的相关性和传染性，加强对组合层面、全行层面风险水平的评估，包括行业评估、项目评估、集中度评估等。

（三）风险监测报告

健全风险监测机制。动态、连续监测各种可量化关键风险指标，如规模、行业、资产质量、客户等级迁徙、抵押品价值等；对于不可量化的风险因素，及时关注风险因素的变化情况并及时调整风险应对措施。充分发挥风险报告在实施全面风险管理过程中的媒介作用，通过全面风险管理报告、专题风险报告、重大事项报告等多种方式向管理层提供全面、及时和准确的信息，辅助管理决策。

（四）风险控制缓释

根据全行风险识别、评估和计量结果，在符合风险战略选择、成本和收益要求的前提下，在管理权限范围内，运用限额管理、风险定价和制订应急预案等方法进行事前控制，运用风险缓释（主要包括抵质押担保）或风险转移（主要包括出售风险头寸、购买保险或者进行避险交易）、重新分配风险资本、提高资本水平等方法进行事后控制。风险控制策略应与整体战略目标保持一致，能够发现风险管理中存在的问题，所采取的具体控制措施与缓释工具应符合成本和收益要求。

第二节　将扶贫贷款纳入内控合规管理体系

内控合规管理是银行一项核心的风险管理活动，是银行全面风险管理的重要组成部分。农发行推动实施内控合规体制改革，加强内控合规制度体系建设，制定了《中国农业发展银行合规风险管理办法》（农发银规章〔2019〕106号），进一步完善合规风险管理组织架构，压实合规管理责任，细化合规风险管控流程。发挥内控合规"三道防线"作用，健全内部监督体系，推行检查整改一体化，坚持党建统领防范化解重大风险攻坚战，持续强化风险合规文化，形成与业务性质、规模和复杂程度相适应的内控合规管理体系。自脱贫攻坚战打响以来，农发行加大对扶贫信贷领域合规风险防控力度，将内控合规管理要求嵌入扶贫业务制度和流程，做到真扶贫、脱真贫。

一、明确内控合规"三道防线"

通过厘清前台业务部门、内控合规部门、内部审计部门等内控合规管理的职责边界，发挥"三道防线"执行、监督、再监督职能作用，强化各条线纵向管理和指导，建立纵横交织的内控合规管理机制，形成各级行、各部门既相互关联又相互制约的关系，提高条线工作执行力和内控合规水平，确保内控合规和案防体系有效发挥作用。

（一）各业务部门是内控合规管理的第一道防线

前台业务部门和业务管理部门（除内控管理职能部门和内部审计部门外的其他部门）是第一道防线，在业务前端识别、计量、评估、监测、报告、控制或缓释风险，承担业务条线职责范围内内控合规管理的直接责任。负责制定与自身职责相关的制度和流程，并严格执行，对本条线内部控制有效性和健全性开展履职检查，按照规定时限和路径报告内部控制存在的缺陷，并组织落实整改，研究并改进内部控制措施。在业务部门设置兼职风险合规专员，协调监督本部门内控合规和风险管理相关工作的落实。第一道防线是内控合规管理的基础，是抵御内控缺陷发生的主体，同时定期对第二、第三道防线监督情况进行反馈，提高监督的有效性和针对性。

（二）内控合规部门是内控合规管理的第二道防线

总行、省级分行、二级分行设立内控管理职能部门，负责内部控制体系的统筹规划与建设，监督检查各业务部门内部控制制度建设和执行，开展内部控制评价，推进内控合规文化建设。农发行内控合规部是全行内控合规管理的牵头部门，履行合规风险日常管理的职责，发挥牵头组织和监督纠错的作用，承担监测、督导和检查合规风险的责任，指导分支机构风险管理。第二道防线负责对第一道防线执行情况进行监督，及时有效纠偏纠错。

（三）审计部门是内控合规管理的第三道防线

农发行内部审计部门是第三道防线，承担对业务部门和内控合规部门履职情况的审计责任，负责对第一、第二道防线进行独立监督，查漏补缺，对内部控制的充分性和有效性进行审计，及时报告审计发现的问题，并监督整改。统一组织全行审计工作，及时向董事会和高管层报告审计发现的重大风险和问题；审查和评价经营管理层合规管理、风险管理以及风险评估的科学性和有效性。

二、健全内部监督体系，推行检查整改一体化

为健全监督体制、聚焦监督重点、提升监督效能，农发行将内部监督体系融入全行治理体系，充分发挥监督保障作用。明确检查整改一体化职责定位，完善建立统筹检查、集成整改、信息共享的一体化管理机制，优化检查整改一体化平台，以规范的检查行为、统一的整改标准为手段，提高检查信息管理系统使用效率，规范信息传递和披露机制，确保检查信息有效互通，推进检查整改实现内外部"大统筹"，形成检查整改管理与业务经营管理的有效互动，实现一次检查、成果共享。

（一）检查整改一体化管理机制

建立检查整改一体化管理机制，将十项内外部检查整改任务纳入一体化检查整改系统统一管理，完善整改措施及佐证材料，以录入督审核，以审核促整改，实现整改闭环管理。推进一体化检查整改系统的动态提升和多维运用，实现问题录入、整改、审核、销号的全流程记录，以"真、实、新、全"为标准健全基础数据，确保整改工作"可量化、可持续、可验核"。同时，拓展系统的溯源、分析和评价功能，推进部门间、行际的信息交流和共享，实现机构、条线、层级、业务、环节等

多维度、结构化分析，提高整改对决策、管理、监督、评价的服务支撑能力。

（二）建立问题整改清单制度

对扶贫贷款内外部监督检查发现的问题和提出的意见建议，建立清单并实行记账、对账、销账全过程台账管理。牵头部门将检查发现的问题和提出的意见建议，逐项分解形成问题清单。各整改责任部门严格对照问题清单，明确整改措施、责任人、时间表等，形成任务清单、责任清单。整改完成后，经审核认定，对账销号。

（三）严格落实立行立改制度

整改分为立行立改、分阶段整改和持续整改三种状态。统一整改要求，严格整改标准，提高整改效率。短期能够解决的问题，做到边查边改、即知即改，确保在第一时间整改到位；短期无法完成，需分阶段和持续整改的问题，细化整改措施，实施挂图作战，倒排工期、压茬推进，确保整改到位。对整改过程中出现的新情况、新问题，及时补充完善整改措施，确保整改取得实效。

（四）完善举一反三制度

一体化整改工作既着力"当下改"，又着眼"长久立"，不仅要对内外部监督检查发现的问题立行立改，更要举一反三，完善体制机制，从根本上堵塞管理漏洞，巩固和扩大整改成果。一是查找问题根源。深入剖析产生问题的原因，从制度建设、内部管理及人为主观因素等方面进行认真分析、归纳、总结，做到有的放矢、对症下药。二是开展有针对性的排查。对同质同类问题开展排查，以点带面，不留死角，系统解决个性问题和共性问题，确保同质同类问题彻底出清，避免问题屡查屡犯、前纠后犯。三是完善制度建设。坚持发现解决问题与促进完善制度相结合，做到整改一个问题、解决一类问题、完善一方面制度，促进工作规范化、制度化。四是开展"回头看"检查。业务部门开展条线"回头看"自查，审计、内控合规和巡视部门定期对整改情况进行审计、综合检查、巡视，确保整改成效经得起历史检验。

三、营造风险合规文化

知规才能守规，知止才能守底。农发行坚持党建统领防范化解重大风险攻坚战，持续宣传和倡导"全面、全程、全新、全员"的风险管理理念和资本约束理念，总结凝练"合规为先、风控为要、全面主动、审慎稳健"的风险合规文化理念，加强合规文化建设顶层设计，印发了《全面建设合规文化　全力打造"合规农发行"三年行动计划（2022—2024年）》（农发银办函〔2021〕607号），努力营造"人人事事讲合规、时时处处防风险"的良好氛围，牢固树立主动合规、自觉合规的意识，通过坚持不懈地传承与创新，将风险合规文化核心理念融入经营管理决策、融入具体业务流程、融入员工日常工作行为，确保各项规章制度真正执行落地。

（一）以党建统领防范化解重大风险攻坚战

习近平新时代中国特色社会主义思想强调，要将党的政治优势、组织优势和群众优势转化为创新优势、管理优势和执行力优势，促进全面建成社会主义现代化强国。就金融风险管理而言，全面加强党的政治、思想、组织、作风、纪律、制度建设的过程，也是培育良好风险管理文化，引导全员树立底线意识、合规意识的过程；是完善风险管理体制机制、实现农发行高质量发展的过程；是培养锻炼高素质专业队伍，提升核心竞争力的过程。作为中管金融机构，农发行坚决贯彻落实党管金融这一重大政治原则，引导全行员工从维护国家金融安全的高度出发，把打好防范化解重大风险攻坚战作为一项政治任务来抓，开展党建统领坚决打好防范化解重大风险攻坚战活动，推动党建工作和风险防控工作深度融合，把党的组织资源转化为行动资源，把组织优势转化为行动优势，为打赢打好防范化解重大风险攻坚战提供有力政治保障。

（二）推进风险合规文化建设

加强合规文化建设，是有效降低不良贷款率、提升银行品牌价值的重要途径。农发行通过开展集中学习、宣讲、研讨、分享交流、制作宣传海报和宣传片等多种形式，持续开展风险合规文化理念宣导灌输，使全行员工深刻理解、高度认同理念的实质内涵，主动践行合规文化，自觉规范行为，筑牢合规底线。通过推动全面风险管理理念、资本约束理念、合规管理理念在全行各个层级有效传导，将全面风险管理的责任和意识传导到各个管理层级、业务环节和工作岗位，把合规、尽职的观念贯穿各级行、各条线、各岗位、各项业务经营管理活动，使之成为广大员工认同并自觉遵守的行为规范，主动参与，自觉落实，发挥"践行人"和"落实人"作用。

（三）构建多维度、全覆盖的合规培训机制

加强"合规为先、风控为要、全面主动、审慎稳健"风险合规文化理念的宣传、传导和灌输，确保"人人合规、事事合规、时时合规"。一是积极开展多层次、多元化的风险管理专业培训和活动，持续培育风险管理文化理念。组织举办全面风险管理研修班、金融风险与监管国际证书培训等，持续提升风险条线人员业务能力和专业技能。二是突出"合规从高层做起"，开展"'一把手'讲合规谈案防"，推行领导干部"述廉述职述合规"，发挥"关键少数"表率作用，推动各级管理者带头履行合规管理主体责任。三是强化案件警示教育。通过典型案例剖析、观看警示教育片、实地警示教育等方式，开展覆盖全体人员的案件警示教育，通过身边人、身边事，以案警示、以案说规、以案促改，发挥反面案例警示震慑作用。

第三节　扶贫贷款差异化风险防控措施

农发行将扶贫贷款贷后检查纳入全行贷后检查尽职管理系统，在一般贷款贷后管理基础上，针对扶贫贷款分类实施贷后管理，出台单独的精准扶贫贷款管理办法，制定扶贫贷款贷后管理实施细则[1]，实行扶贫贷款差异化风险管理政策，规范和加强扶贫贷款发放后的经营管理，有效防范和控制贷后环节风险，促进扶贫贷款持续健康发展，实现扶贫贷款贷后管理工作硬约束和真落实。同时，强化扶贫贷款政策风险、合规风险、信用风险等重点风险管控，建立"实时跟踪、及时调度、按月分析、按季报告"的扶贫贷款风险监测报告工作机制，持续加强对扶贫贷款风险事件和预警信号的跟踪管理，有效防范化解风险，确保金融扶贫业务安全稳定运行。

一、完善扶贫贷款风险管理

（一）实施扶贫贷款"三清单"管理制度

为完善扶贫信贷基础管理，突出扶贫信贷精准性特征，农发行实施扶贫贷款"三清单"管理制度。一是精准扶贫贷款项目清单。为贯彻精准扶贫、精准脱贫基本方略，保障农发行扶贫贷款优先优惠支持政策精准落实到位，农发行从扶贫成效、区域、产品、客户、项目五个维度，建立全行精准扶贫贷款项目清单[2]，实行按月监测、按季通报，推动各级行项目营销、信贷资源向扶贫领域、向贫困地区倾斜。二是扶贫任务清单。为构建全行扶贫、全力扶贫、全程扶贫的工作格局，强化全行扶贫工作的统筹协调、组织推动和督促落实，确保各项扶贫工作决策部署扎实落地，推行扶贫任务清单制管理[3]，将各类脱贫攻坚会议明确的重点任务进行分解，逐项明确工作任务、工作要求和工作时限，定期持续督

---

①《中国农业发展银行扶贫贷款贷后管理实施细则》（农发银扶贫信〔2017〕1号）。
②《关于实行扶贫贷款项目清单制管理的通知》（农发银发〔2017〕44号）。
③《关于实行扶贫任务清单制管理的通知》（农发银办〔2017〕135号）。

办，任务完成情况纳入绩效考核。三是问题整改清单。2018年，对全行金融精准扶贫贷款政策效果和易地扶贫搬迁贷款专项检查、市场乱象整治、贷后管理年检查中发现的问题建立整改台账，制定统一整改标准，加强督促检查，确保整改落实到位。任务、项目、整改"三清单"管理制度作为抓手，推动了全行扶贫工作统筹协调和督促落实，构建了顺畅高效的运行机制，夯实了管理基础。

（二）制定扶贫贷款贷后管理制度

为规范和加强扶贫信贷业务贷后管理工作，有效防范和控制扶贫贷款贷后环节风险，确保扶贫贷款放得出、管得住、可持续，农发行在一般贷款贷后管理基础上，出台单独的精准扶贫贷款管理办法①。一是提出扶贫贷款贷后管理原则。扶贫贷款贷后管理坚持"分类管理，明确职责，突出精准"的原则，在一般贷款贷后管理基础上，针对扶贫贷款特殊性分类实施贷后管理。二是明确扶贫贷款贷后管理职责。明确信贷管理部是扶贫贷款贷后管理牵头部门，各条线部门是本条线扶贫贷款贷后管理的组织实施部门。三是提出扶贫贷款贷后管理工作要求和检查重点。提出扶贫贷款贷后检查、扶贫贷款贷后监控、风险预警与处置、扶贫贷款贷后管理例会、扶贫贷款到期管理等一般要求和扶贫贷款精准性检查、认定程序合规性、扶贫成效及扶贫信贷资金支付和使用等扶贫贷款贷后管理检查重点，进一步满足扶贫贷款贷后管理工作实际，提升全面风险管理质效。

（三）精准实施扶贫贷款贷后检查

"精准性"是扶贫贷款贷后管理区别于一般贷款贷后管理工作的重要体现。一是扶贫贷款精准性检查。根据人民银行②要求，检查扶贫贷款是否符合精准认定的标准，检查项目是否纳入相关规划，核实项目精准扶

---

① 《中国农业发展银行扶贫贷款贷后管理实施细则》（农发银扶贫信〔2017〕1号）。
② 《中国人民银行关于建立金融精准扶贫贷款专项统计制度的通知》（银发〔2016〕185号）。

贫贷款和产业精准扶贫贷款认定依据是否充足；通过人民银行的金融扶贫信息系统，核查带动或服务的贫困人口数以及是否为建档立卡贫困人口，并检查相应的证明材料等。二是扶贫贷款认定程序合规性检查。检查是否按程序、按要求开展扶贫贷款认定，是否按要求撰写扶贫成效分析报告；是否在贷款发放前上传完整的认定资料、政府扶贫主管部门证明材料。三是扶贫信贷资金使用情况检查和成效检查。对扶贫信贷资金是否专款专用、贷款利率执行是否符合总行规定、资金支付是否合规、贷款期限受理是否符合要求、是否存在资金滞留和逾期未收回、是否实现资金全流程管控等情况进行检查。对扶贫贷款的扶贫成效进行检查，包括扶贫贷款及其项目服务贫困地区的贫困整体情况和扶贫项目或产业带动建档立卡贫困人口脱贫情况。

二、强化扶贫贷款重点风险管控

（一）重点防控政策风险

农发行肩负着落实国家战略、执行国家政策、服务"三农"需求的重要使命，其职能定位决定了在防范化解一般意义上的金融风险之前，必须优先考虑政策风险，即业务发展是否坚决落实国家战略部署，是否充分执行国家政策规定，是否认真坚守"三农"主业主责等。脱贫攻坚战打响以来，农发行坚决贯彻执行党中央、国务院方针政策，坚守精准扶贫底线，坚决杜绝借扶贫之名"打擦边球"，坚决防止利用扶贫资源行非扶贫之实。

（二）重点防控合规风险

为建立健全合规风险管理机制、提高合规风险管控能力，农发行制定了合规风险管理办法[1]，进一步完善合规风险管理组织架构，压实合规

---

[1]《中国农业发展银行合规风险管理办法》（农发银规章〔2019〕106号）。

管理责任，细化合规风险管控流程。

加大对扶贫信贷领域合规风险防控力度，坚持合规办贷，对增量扶贫贷款坚持依法合规操作，加大涉债类贷款监控，密切关注地方政府隐性债务风险，配合做好地方政府隐性债务的清理、认定、化解，加大涉债类贷款监控。强化信贷全流程标准化管理，严格按照项目实际建设进度和资金需求投放贷款，加强资金支付监督，严禁挤占挪用扶贫资金。

（三）重点防控信用风险

加强扶贫贷款信用风险管理。一是强化信贷业务信用风险防控手段。推进信用风险监控系统、地方债务共享对比系统建设，梳理搭建监测预警指标体系，做好赴外部专业机构调研工作，进一步丰富信用风险监控分析手段和工具，为做好扶贫信用风险监控工作提供有力的科技支撑。二是加强重点领域扶贫信贷业务监测分析。提升信用风险研判分析能力，充分利用行内外非现场监控工具，加大对扶贫类集团客户、地方政府债务、PPP项目贷款等的监测分析力度，及时获取扶贫客户舆情信息，识别风险信号，指导分行做好风险化解工作，确保了扶贫贷款"放得出、管得住、收得回"，为高质量完成脱贫攻坚任务保驾护航。

三、扶贫贷款风险监测与处置

强化对重点领域、分支机构和主要环节的风险监测预警和合规监督，及时识别和提示风险，逐步打造信息化、全过程、全覆盖的信用风险监测预警体系。完善不良贷款管理机制，继续实施不良贷款目标管理和处置预案管理，建立重点风险防控客户名单、不良项目化解名单的"双名单"管理机制，多措并举清收化解不良资产。按照市场化原则，综合采用现金清收、贷款重组、以物抵债、批量转让、呆账核销等手段，依法、合规、高效开展清收处置。

（一）扶贫贷款监测机制

完善精准扶贫贷款台账和监测分析体系，新开发台账2套，新增客户基础信息、不良贷款信息、项目审批信息等11个重要扶贫信贷基础数据项，进一步强化扶贫业务数据基础。建立"实时跟踪、及时调度、按月分析、按季报告"的风险监测报告机制，扶贫贷款信贷风险跟踪清单、逾期欠息清单、信贷风险提示清单的扶贫贷款信贷风险管理"三清单"，持续加强对扶贫贷款风险事件和预警信号的跟踪管理，有效防范化解信用风险。

1. 跟踪监测。按照扶贫贷款贷后管理实施细则、扶贫贷款质效全流程管理指引等文件要求，通过走访现场和信息系统等非现场监测等手段，对扶贫贷款投放情况、项目建设进展、带动或服务贫困人口情况、支持贫困地区基础设施建设和公共服务改善情况、促进产业发展及贫困人口增收情况等方面的信息和数据进行全面统计和深入分析。

2. 动态评价。开户行根据扶贫成效检查情况，按月更新扶贫贷款成效信息台账。管理行定期开展辖内机构扶贫贷款成效监测、分析与管理工作，实时掌握扶贫成效落实情况。对于扶贫贷款的实际成效未达到评审时扶贫成效评估标准的，应及时与客户沟通，采取必要的补充措施。对于经采取措施，扶贫成效仍达不到评审时成效分类标准的，按实际扶贫成效进行重新分类。

3. 实时调整。一是对不满足扶贫贷款认定标准，或带贫成效达不到认定标准，且采取措施后仍无法达到认定标准的，以及认定资料不完整、不合规，且确实无法获取完整、合规的扶贫认定资料的，调出扶贫贷款；对按照相关扶贫贷款认定文件规定，完成扶贫认定的已审批贷款，及时申请调入扶贫贷款；对已按照前期下发的认定办法进行认定、符合当时认定标准的存量扶贫贷款，除有特殊规定外，原则上不再按照现行认定办法作追溯调整。二是对于调入扶贫贷款的贷款，如在扶贫质效方面需对借贷双方作进一步明确的，可视情况签订补充协议；调出扶贫贷款的贷款，在相关调整申请审批完成之前，暂停贷款的后续发放与支付。

（二）扶贫贷款风险预警与处置

1. 指标预警。农发行各级行扎实有效开展贷后检查和贷款监测，及时发现风险信号并进行预警。开户行若发现风险信号，根据风险信号情况逐级上报管理行客户部门，管理行客户部门还应抄送本级行信贷管理部门、风险管理部门和其他有关部门。管理行客户部门、信贷管理部门、风险管理部门通过风险监控发现风险信号，应及时逐级向下级行有关条线发布，抄送本级行其他有关部门，并根据风险信号情况由管理行客户部门向上级行报告。

2. 风险处置。按照风险信号级别和规定途径，严格执行扶贫贷款风险预警信息的报告、发布、沟通与处置相关规定，提高风险预警信息传递与处置效率，避免因对风险信号处理不及时、管控不到位造成扶贫贷款损失。对企业经营异常、资金链断裂、项目建设停工等重大风险信号以及新增不良贷款，须在当日按条线逐级上报总行，并在3日内以专题报告形式将具体情况及化解对策报送总行。针对个别地区扶贫企业履约困难、中长期关注类贷款增多等苗头性问题，除加强对关注类贷款的监控管理外，对本区域同类贷款强化跟踪监测。加强贫困地区各类贷款管理，对扶贫不良贷款建立专门台账，按照"一企一策"原则有针对性地制订清收处置预案，加大清收处置力度。

第十章
支撑保障体系

2015年11月，中共中央、国务院印发了《中共中央 国务院关于打赢脱贫攻坚战的决定》，提出"切实加强党的领导，为脱贫攻坚提供坚强政治保障""强化政策保障，健全脱贫攻坚支撑体系"，明确了强化脱贫攻坚领导责任制、发挥基层党组织战斗堡垒作用、加强扶贫开发队伍建设、推进扶贫开发法治建设、加大财政扶贫投入力度、加大金融扶贫力度、完善扶贫开发用地政策、发挥科技和人才支撑作用等要求。

多层次资源支撑保障机制的形成与可持续发展是农发行金融扶贫的基础。农发行坚决贯彻落实党中央、国务院的决策部署，高度重视构建全行金融扶贫的支撑保障体系，为脱贫攻坚的胜利奠定了坚实的根基。农发行金融扶贫支撑保障体系主要由四部分组成：政治支撑保障，即抓党建促脱贫攻坚；资源支撑保障，即信贷资源、财务资源、人力资源的优先保障；技术支撑保障，即台账系统、统计系统、单独核算系统等五大基础工程；作风支撑保障，即扶贫领域作风问题专项治理机制。

第一节 抓党建促脱贫攻坚

党的领导是中国特色社会主义制度的最大优势，是赢得脱贫攻坚胜利的根本政治保证。农发行党委坚决落实习近平总书记关于"加强党对打赢脱贫攻坚战的领导"的重要指示要求，始终把坚持党的领导、加强党的建设作为"根"和"魂"，把全面从严管党治行摆在统领全行改革发展的突出位置，全力推进脱贫攻坚工作；始终坚持党委领导扶贫的制度安排，把服务脱贫攻坚作为全行头等大事，举全行之力投入脱贫攻坚主战场，切实把服务脱贫攻坚作为增强"四个意识"、坚定"四个自信"、做到"两个维护"的试金石，努力达到先锋、主力、模范的目标。

做好脱贫工作是党"不忘初心、牢记使命"的具体行动，是党带领全国人民一起奔小康的崇高承诺，也是党建工作的重要内容。总行党委高度重视抓党建促脱贫工作，在谋划部署、调研推动、听取汇报时都重点强调要聚焦脱贫攻坚抓党建，把党建的成效体现在脱贫攻坚的实绩上，并要求党委各部门在服务脱贫攻坚上走在全行前列。党委各部门严格落实总行党委要求、坚决听从党委指挥、带头执行党委决策，把服务脱贫攻坚工作摆在重中之重的位置，坚持"围绕脱贫抓党建，抓好党建促脱贫"，切实发挥党建的引领、保障、推动作用，全程全力全面服务脱贫攻坚，树起了抓党建促脱贫的鲜明导向，以高度的行动自觉全力以赴为全行脱贫攻坚工作提供坚强的政治保障。各级行党委充分发挥把方向、管大局、保落实的作用，坚持工作重心聚焦、组织领导聚焦、主要精力聚焦、目标任务聚焦，确保以强有力的政治保障打好脱贫攻坚战。基层党组织充分发挥战斗堡垒作用，宣传动员、组织带领党员和职工全身心投入最后的决战，把党的政治优势、组织优势和群众优势转化为攻坚优势。广大党员以坚定的决心信心、饱满的精神状态、扎实的工作作风坚决响应组织号召，敢打硬仗、敢挑重担，在决战决胜脱贫攻坚中充分发挥先锋模范作用。

一、党建学习机制

农发行传承弘扬我们党加强党的思想建设的优良传统，把加强思想建设摆在突出位置，坚持把学习习近平新时代中国特色社会主义思想作为政治必修课，做到应学必学、应学尽学、应学立学。

（一）建立首议题学习制

坚持把政治建设作为首要任务，建立首议题学习制，把深入系统学习习近平新时代中国特色社会主义思想，党的十九大和十九届二中、三中、四中、五中全会精神，习近平总书记重要讲话精神以及党内党纪法规、条例和重大决策等内容，作为全行各级党组织政治理论学习的"首议题"，作为全行党员干部教育培训的重中之重，着力在学懂弄通做实上下功夫，推动学习贯彻持续深化，推动学习成果转化为工作成效。采取党委会议、理论学习中心组、支委会、党小组会、党员大会等多种形式开展学习，切实把学习抓在日常、学在经常、形成常态。

全行深入学习习近平总书记关于扶贫工作的重要论述，特别是在决战决胜脱贫攻坚座谈会上的重要讲话精神，认真领会"强化组织保障，深入推进抓党建促脱贫"等重要指示精神，学习中央组织部抓党建促决战决胜脱贫攻坚电视电话会议精神，深刻认识脱贫攻坚取得的决定性成就，增强必胜信心；深刻认识打赢脱贫攻坚战面临的困难挑战，始终保持清醒头脑；深刻认识抓党建促决战决胜脱贫攻坚的职责要求，自觉服从大局。深刻认识农发行作为农业政策性银行，服务脱贫攻坚责无旁贷、责任重大，必须坚定不移、全力以赴，这是讲政治，做到"两个坚决维护"的具体行动，是履行职责使命的必然要求。

（二）创新政策性金融扶贫理论

认真开展脱贫攻坚总结，提炼扶贫工作经验，丰富政策性金融扶贫理论成果，组织丛书编写、学习习近平总书记关于扶贫工作重要论述征文等活动。对中国特色农业政策性金融扶贫理论和实践进行系统总结，梳理中国改革开放以来减贫历史脉络中农业政策性银行产生发展历程，详细展现新时期脱贫攻坚战打响以来，农发行以习近平总书记关于扶贫工作的重要论述为指引，强化扶贫顶层战略布局，加强扶贫治理体制机制建设，创新金融精准扶贫服务，助力脱贫攻坚目标如期实现，在开启社会主义现代化建设新征程中继续服务减贫、奋力担当作为，从中深入研究总结农业政策性金融扶贫的经验和规律，升华政策性金融扶贫的理论自信、道路自信和制度自信。

积极创新运用扶贫业务新模式，推动扶贫业务健康持续发展。如安徽省分行"蒙城模式"，带动101家新型农业经营主体发展规模化经营和400户建档立卡贫困户脱贫致富；"灵璧模式"，极大地改善了县内就医环境和医疗服务水平，惠及建档立卡贫困户32061户97342人，有效缓解看病难和看病贵、因病致贫和因病返贫问题。吉林省分行通过采取"深度贫困地区村庄提质改造+宅基地复垦"模式支持贫困地区城中村棚户区改造、道路建设等农业农村基础设施建设项目9个，有效改善贫困地区、贫困人口的生产生活条件。青海省分行创新探索了以整合扶贫资金、量化入股分红为主要特征的"瀞度水"精准扶贫模式，依托农发行重点建设基金支持新型农业经营主体的"湟中卡阳"乡村旅游扶贫模式，实现了经营主体增效、贫困人口增收的双赢。

（三）加强教育培训

认真落实中央组织部、国务院扶贫办《关于聚焦打好精准脱贫攻坚战加强干部教育培训的意见》，坚持把教育培训放在重要位置，既加强干部员工教育培训，又加强乡村干部教育培训；既培养好选派的扶贫干部，也注重培养好当地干部，努力从根本上解决贫困地区干部人才问题。

1.加强干部员工教育培训。将脱贫培训列入全行教育培训发展规划纲要，坚持每年对总行干部开展脱贫攻坚专题讲座，对全系统选派的干部和贫困地区县支行支部书记进行全员培训，总行每年举办示范培训班，省级分行开展轮训，特别是加强对农发行在贫困地区分支机构的干部、员工的教育培训，着眼决战决胜的工作要求，着力在提高政治站位、增强必胜信心决心、深刻认识困难挑战、增强使命责任、优化工作作风、提高决战本领、娴熟金融支持措施上加强教育培训。积极开展脱贫攻坚调研。在全行开展服务乡村振兴战略大调研，把脱贫攻坚作为重要内容，总行先后派出10个调研组，分赴12个省、38个县、86个村问需问计，研究制定更好服务脱贫攻坚的举措。

2.加强乡村干部教育培训。全力支持农发行帮扶的未摘帽贫困县和未出列贫困村贫困干部的精准培训。加强对贫困地区乡村干部的培训，宣传党的脱贫政策，为他们提供金融服务指导。与苏州干部学院签订贫困地区干部长期培训协议，培训定点帮扶及对口支援地区的扶贫干部。专门举办新疆南疆四地州县支行行长及骨干人员培训班等。全行投入近千万元培训贫困地区乡村干部、大学生村官2500多名。将农发行井冈山党校作为脱贫攻坚培训的重要基地，制定教学规划，设立专项课程，举办专题培训班。

二、发挥基层党组织战斗堡垒作用机制

"帮钱帮物，不如帮助建个好支部"。农发行把建强贫困地区基层行党组织和贫困村党组织作为推动脱贫攻坚的根本之举，通过开展支部标准化规范化建设、党员积分管理、党支部工作量化考核、与贫困村结对共建等，着力建强组织，促进作用发挥。健全组织体系，加强全行分支机构党组织建设，及时在扶贫工作组成立党组织，发挥党组织作用。

（一）加强贫困地区分支行党支部标准化规范化建设

聚焦充分发挥基层党组织在决战决胜脱贫攻坚中的战斗堡垒作用，围绕提高组织力、增强政治功能，着力加强党支部建设。深入开展党支部标准化规范化建设，指导贫困地区分支行认真落实总行党委《党支部标准化规范化建设意见》和"夯实基础年"建设要求，抓好支部班子、党员队伍、基本制度、活动场所建设，推进"智慧党建"建、管、用，不断夯实基层组织基础。

（二）深入开展与贫困村党支部结对共建

总行机关党委专门制订帮扶定点扶贫县方案，每年为定点扶贫县协调公益项目资金200万元，帮助修建学校、敬老院、乡村公路，改善人畜饮水。积极资助贫困大学生，为690名贫困生圆大学梦。坚持每年在"扶贫日"开展宣传教育，组织捐赠活动。建立党建活动联系点，如总行机关战略规划部党支部把贫困地区作为干部教育培训点，在青海玉树藏族自治州建立党建活动联系点，开展"走进贫困、感受贫困、分析贫困、扶持贫困、情系贫困"主题党建活动，通过现场教育培训，促使党员干部增进对贫困群众的感情、增强做好脱贫攻坚工作的责任感紧迫感，中

组部两次来农发行督导工作时都给予了肯定。

省级分行、二级分行机关党支部和县级支行党支部继续采取"一对一"方式与当地国家级贫困县、省级贫困县等贫困地区农村党支部开展结对共建。承担共建任务的党支部扎实做好组织联建、发展联促、党员联育、服务联动等共建工作，促进贫困村党建工作水平整体提高。广泛开展党员志愿服务活动，各省级分行、二级分行领导班子成员积极联系帮扶贫困县，组织党员深入贫困村访贫问苦，与贫困户结对帮扶，帮助他们出点子、想办法、找路子。注重帮助脱贫的贫困村接续推进全面脱贫与乡村振兴有效衔接，厘清工作思路，强化帮扶措施，帮助贫困户实现共同富裕。组织各分支行党组织积极与贫困村党组织开展结对共建，指导它们管好用好脱贫贷款，帮助引进发展项目和资金。近年来，全行向贫困地区基层行党组织拨付党费2800多万元，向贫困村党组织提供帮扶资金5400多万元。

三、加强党建与脱贫攻坚融合机制

紧紧围绕脱贫攻坚开展党建工作，对照2016年在集中连片贫困地区抓党建促脱贫攻坚工作座谈会会议精神、抓党建促决战决胜脱贫攻坚电视电话会议精神等部署，制定具体贯彻落实意见，明确具体措施。通过为贫困地区分支机构选好配强班子、建好党员干部人才队伍、培训提高能力、建强基层党组织、发挥好工青妇等群团组织作用、全力帮扶贫困地区加强党组织建设等，形成了抓党建促脱贫的全行合力。

（一）激励干部投身脱贫事业

认真贯彻中央办公厅《关于进一步激励广大干部新时代新担当新作为的意见》及中央组织部9条配套措施，深入落实农发行《关于进一步激励全行广大干部新时代新担当新作为的实施意见》，激励广大干部冲在一线，敢于担当、善于作为。坚持在脱贫攻坚一线考察、识别干部，在干部个别调整、谈话调研、工作督查中，把脱贫攻坚情况作为重要内容，深入具体地了解干部担当作为情况。对在脱贫攻坚中表现突出的干部，及时表彰宣传；对不胜任岗位职责要求的，及时调整或撤换。正确把握干部在工作中出现失误、错误的性质和影响，切实保护干部干事创业的积极性。关心关爱基层干部、扶贫干部，格外关注身心健康、帮助解决实际困难，特别是对困难艰苦地区和奋战在脱贫攻坚一线的干部，给予更多理解和支持，在政策、待遇等方面给予倾斜。

（二）加强对贫困地区干部的关心关爱

通过干部双向交流、解难帮困，加强对贫困地区干部的关心关爱。

1.加强干部交流。选派22名同志到定点扶贫县、革命老区、老工业基地挂职，遴选5名优秀处级干部赴藏交流。全系统选拔1495名干部与老少边穷特别是"三区三州"地区分支行双向交流。

2.为扶贫干部解难帮困。认真落实国家各项特殊补贴政策，2015年、2017年、2019年三次提高艰苦边远地区津贴标准，覆盖19个省级分行近2万名员工。定期召开定点扶贫县挂职干部视频座谈会，采取发慰问信、慰问金等方式，帮助扶贫干部解决实际困难，激励干部扎根一线、安心扶贫。

3.持续落实就业扶贫政策。自2018年起共招录606名应届高校毕业贫困生入行工作。

（三）抓党建述职评议考核机制

坚持层层传导压力，把抓党建促脱贫的责任压紧压实，要求各分支机构党组织书记切实履行第一职责，把抓党建促脱贫摆在首要位置，亲自抓点示范、亲自谋划部署、亲自指导推动。坚持开展各级行党组织书记抓基层党建述职评议考核工作，把抓党建促决战决胜脱贫攻坚作为重要内容，认真进行述、评、考。在此基础上，推动贫困地区分支行积极帮助所在地区基层党组织加强党建工作，夯实基层基础，为决战决胜脱贫攻坚提供坚强保障。在每年开展的各级书记抓党建述职评议考核中，都把抓党建促脱贫作为重要内容，总行党委书记每年都对省级分行党委书记进行点评。

（四）加强党建宣传阵地建设

建立各部门、各级机构联动开展扶贫宣传工作机制，采取记者实地采访、召开新闻发布会、发布新闻稿等多种形式，全面展示农发行扶贫成果，大力宣传典型案例和模范人物，强化示范带动。开展征文、论坛、演讲、政策解读等活动，通过党建宣传阵地引领决战决胜脱贫攻坚热潮。中央主流媒体多次报道农发行服务脱贫攻坚工作，央视《新闻联播》进行了专题报道，以强有力的舆论引导，激发全行上下坚决打赢脱贫攻坚战的奋斗热情。

（五）加强党建工作创新

例如，安徽省分行提出坚持服务脱贫攻坚"五个不动摇"，即坚持党建引领不动摇、坚持发展第一要务不动摇、坚持担当创新不动摇、坚持协同高效不动摇、坚持合规底线不动摇。内蒙古自治区分行积极实施"党建+政策性金融扶贫实验示范区+先进基层党组织"的工作模式，将脱贫攻坚工作摆在首位。四川省分行通过"一个引领、两个结合、三个到位"，着力构建服务脱贫攻坚的长效机制。

第二节　资源倾斜保障机制

农发行坚决落实中央决策部署，以服务脱贫攻坚作为助力供给侧结构性改革的切入点，有效推动各项工作、各种资源、各方力量向服务脱贫攻坚聚合，全力保障服务脱贫攻坚优先发展，弥补"三农"最短板。一是加大资金计划保障力度。全额满足扶贫贷款增量计划需求。执行优惠利率定价政策，丰富资金筹措渠道。二是加大财务保障力度。安排激励性费用时提升扶贫贷款折算权重，安排脱贫攻坚专项费用指标，向定点扶贫县下拨专项党费。三是加大人力资源保障力度。加强干部配置、干部交流，选派优秀干部到未摘帽贫困县等地区挂职；加大人力资源倾斜，优先招录应届高校毕业的建档立卡贫困学生；提升贫困地区工作员工工资待遇；等等。

一、信贷资源倾斜保障机制

信贷资源方面，全额满足扶贫计划，降低扶贫资金利率；资金资源方面，发行扶贫债券，用好PSL、再贷款等政策性资金。

（一）信贷资源保障机制

通过加大信贷资源的统筹调度，全力保障脱贫攻坚信贷资源供给，优先保障扶贫贷款计划规模和资金需要，优先安排重点支持的扶贫信贷产品、区域或客户的扶贫信贷资金需求，确保政策性金融扶贫"粮多弹足"，有效发挥信贷规模资源精准、有效、直达的支持作用。

同时，通过建立科学、合理、高效的信贷计划分配、监测、调控和考核工作机制，统筹调度信贷资源，监测扶贫贷款信贷计划执行进度和投向，加大对贫困地区的政策支持力度，坚持把"精准"贯穿农发行服务脱贫攻坚的全过程各领域，建立打赢脱贫攻坚战的"目标—考核"引导与激励闭环机制，发挥业务经营计划战略引导、目标激励、整体推动的机制作用，确保全行脱贫攻坚目标任务圆满完成。

1.强化创新驱动，发挥债券扶贫筹资主渠道作用。2015年以来，农发行坚持在履职尽责中践行扶贫使命担当，把支持脱贫攻坚摆在资金供应首要位置，用"真金白银"保障"粮草军需"。加大力度开展市场化发债筹资，引入大量社会资金的源头活水反哺"三农"，特别是国家确定的重点领域、薄弱环节和贫困地区，连年债券发行总量保持在万亿元以上，累计发行规模超7万亿元。2016年4月，配合人民银行首发易地扶贫搬迁专项债券，市场示范效应明显；2016年12月，配合人民银行推出沂南县扶贫社会效应债券试点，开创了新的扶贫模式。同时，根据扶贫贷款品种，有针对性地开发了深度扶贫、精准扶贫、产业扶贫、消费扶贫、"战疫情、助脱贫"等多个扶贫主题债券。到2020年，累计发行扶贫债券7125.7亿元，包括扶贫专项金融债券960亿元、精准扶贫金融债券78亿元、深度扶贫债券120亿元、普通扶贫债券600亿元、产业扶贫债券1783.5亿元、"战疫情、助脱贫"双主题债券50亿元、支持西部大开发之脱贫攻坚债券60亿元、消费扶贫债券20亿元，占到我国扶贫债券发行量的一半以上，彰显了支持脱贫攻坚主力银行的社会责任。农发行扶贫金融债券成功发行，是金融扶贫模式的重大创新，也是债券市场的创新之举，开启了引领社会资金支持扶贫事业的筹资新模式，培养了投资者的社会责任意识，彰显了社会各界支农扶贫的使命感及农发行扶贫主力军作用。

2. 强化让利扶贫，充分利用PSL低成本资金政策支持。2015年农发行获准开办PSL资金贷款业务伊始，即将PSL资金优先配置到国家级贫困县，特别是"三区三州"等深度贫困地区。为进一步加大对精准扶贫的支持力度，相关部门积极向人民银行货币政策司争取将PSL资金贷款使用范围扩大到乡村振兴全领域，把产业扶贫和深度贫困地区脱贫攻坚纳入PSL资金支持范围。2019年3月15日，人民银行同意农发行扩大PSL资金使用范围的请示，农发行总行资金部立即下发《关于进一步做好抵押补充贷款资金扩大使用范围有关工作的通知》（农发银发〔2019〕68号），扩大PSL资金贷款使用范围，并对贷款利率进行了调整。PSL内部资金价格从3.7%下调到3.4%；对使用PSL资金的支持扶贫贷款利率给予差异化支持，贷款利率可下调到4.165%至4.41%之间。进一步强化了PSL资金对脱贫攻坚的支持力度，提升贫困地区内生增长能力。截至2020年末，农发行累计投放PSL资金贷款6780.35亿元，贷款余额4261.67亿元。其中，投入贫困地区的PSL资金近1300亿元，"三区三州"使用PSL资金规模达388亿元。

3. 强化精准扶贫，充分利用专项扶贫再贷款资金政策支持。2016年人民银行设立扶贫再贷款伊始，农发行即多次向人民银行货币政策司建议将农发行纳入扶贫再贷款支持范围，并汇报农发行使用PSL等其他政策性资金服务精准扶贫典型案例。2019年8月，人民银行设立专项扶贫再贷款，贷款资金专门用于"三区三州"，发放对象包括农发行。接到通知后，农发行资金部立即推动政策落地，第一时间下发《关于转发中国人民银行办公厅有关设立专项扶贫再贷款支持"三区三州"脱贫攻坚的通知》（农发银办〔2019〕91号），并组织召开部署会议进一步推进落实。农发行将专项扶贫再贷款内部资金价格确定为1.75%，对客贷款利率定为2.75%至2.95%之间，在保本微利原则下，充分让利"三区三州"，切实降低深度贫困地区融资成本。2020年4月，人民银行新增专项扶贫再贷款额度300亿元（由国家开发银行、政策性银行共同使用）。截至2020年末，农发行已请领新增额度69.37亿元，专项扶贫再贷款资金余额共148.37亿元，为"三区三州"深度贫困地区打赢脱贫攻坚战提供了充足的"弹药"。同时，农发行克服疫情影响，先后两次召开工作推进视频会，推进政策落实落地，在3家银行中让利幅度最大、落实政策最快，充分体现了农发行的政治担当。

（二）信贷优惠定价机制

大力推进全方位、多层次、差异化的扶贫贷款定价政策体系建设，积极创新扶贫业务优惠定价模式，有效推动以价格为核心支持力引导金融活水浇灌扶贫热土，充分发挥农发行各项扶贫贷款政策合力。

1.扶贫贷款差异化定价机制。针对脱贫攻坚战不同阶段的不同重点，区别业务属性、品种、地区、项目等因素制定差异化定价政策：一方面，根据易地扶贫搬迁贷款、扶贫批发贷款、网络扶贫贷款、教育扶贫贷款、产业扶贫贷款等各类扶贫贷款产品类型，制定不同优惠政策；另一方面，对"三区三州"深度贫困地区、169个深度贫困县、未摘帽贫困县、定点扶贫县、对口支援县、政策性金融扶贫实验示范区等不同区域出台不同定价政策。

2. 扶贫贷款内部资金转移定价机制。区分阶段性重点，每年针对性调整扶贫贷款内部资金优惠价格。

3. 扶贫贷款组合优惠模式。创新出台"整体优惠＋首年再优惠＋考核利润还原"的组合优惠模式，比一般贷款可在整体优惠30个基点基础上再给予首年120个基点的利率优惠，并在年底对分行考核时进行利润还原。据了解，此定价模式在银行同业为首创，有效推动了农发行扶贫贷款的发放。

通过提高扶贫贷款定价科学化、精细化水平，积极实现扶贫业务长效、高质量发展。自开展扶贫贷款业务以来，农发行扶贫贷款平均利率总体呈逐年下降趋势，2016年至2020年扶贫贷款利率由4.98%逐步下降到4.34%，整体定价大幅低于同业相应期限贷款品种的定价水平，为农发行圆满完成脱贫攻坚任务作出了重要贡献。

二、财务资源倾斜保障机制

为全力服务决战决胜脱贫攻坚，农发行提高政治站位，强化责任担当，以财务资源配置为着力点，通过加大资源调配倾斜力度，全力推动金融扶贫决策部署落地见效。

（一）财务资源倾斜配置机制

贫困地区实现脱贫攻坚迫切需要金融支持。为引导各级机构加大精准扶贫贷款投放力度，农发行财务部门优化财务费用配置模式，持续加大财务资源倾斜支持力度。

1. 精准扶贫贷款激励性财务费用机制。加大精准扶贫贷款财务资源配置力度，对精准扶贫贷款按高于其他贷款的权重挂钩分配激励性财务费用，并逐年提高挂钩权重。2018年、2019年、2020年精准扶贫贷款挂钩权重分别为其他贷款的115%、120%和140%，挂钩力度逐年加大。

2. 深度贫困地区财务资源倾斜机制。在按规则配置财务资源的基础上，对深度贫困地区再单独给予财务资源倾斜。如2020年为决胜脱贫攻坚，对总行定点扶贫县、未摘帽贫困县及"三区三州"深度贫困地区等脱贫攻坚任务较重的分支机构，再单独安排脱贫攻坚专项费用指标1234万元，全力保障脱贫攻坚工作需要。

（二）扶贫捐赠资金机制

扶贫捐赠是支持脱贫攻坚的重要助力。农发行先后制定印发《中国农业发展银行总行专项扶贫捐赠资金管理办法》（农发银办〔2016〕163号）、《关于进一步加强总行专项扶贫捐赠资金管理有关事项的通知》（农发银办函〔2020〕59号），规范总行扶贫捐赠资金的管理和使用。

1.扶贫捐赠资金的使用范围。扶贫捐赠资金用于改善定点扶贫县贫困村、贫困户基本生产生活条件，支持修建小型公益性生活设施、小型农村饮水安全配套设施、公共医疗设施、贫困村村组道路，以及支持贫困村发展产业扶贫等；用于提高农村扶贫对象就业能力，对其家庭劳动力接受职业教育、参加实用技术培训以及普及义务教育给予补助，对贫困学生进行资助、救助等；用于农村建档立卡贫困户和特困人员的大病救助；用于其他符合规定的捐赠事项。对于定点扶贫县可使用信贷资金支持解决的项目，不安排扶贫捐赠资金。

2.扶贫捐赠资金的职责划分。总行财务会计部负责扶贫捐赠资金的预算管理，根据各定点扶贫县实际情况提出捐赠预算安排建议，并按程序报批后下达预算安排。总行扶贫综合业务部负责对扶贫捐赠资金的使用和管理进行督导。总行运营管理部门负责根据经批准的签报、财审会会议纪要和借款单等资料，及时将扶贫捐赠资金拨付到定点扶贫县，并凭合规捐赠收据进行账务处理。定点扶贫县所在省级分行负责对扶贫捐赠资金的使用方案进行审批，并报总行扶贫综合业务部备案；指导总行派驻定点扶贫县"三人小组"编制扶贫捐赠资金使用方案。总行派驻定点扶贫县"三人小组"负责资金使用的日常监督，确保扶贫捐赠资金专款专用。

3.扶贫捐赠资金的管理和后续评价。总行派驻定点扶贫县"三人小组"在总行下拨的扶贫捐赠资金预算额度内，根据资金使用范围和各县实际情况，会同定点扶贫县负责编制或调整资金使用方案，使用方案应明确支持项目、具体用途、资金额度、预计带动贫困人口脱贫情况等内容。定点扶贫县所在省级分行根据总行下划的资金额度和扶贫捐赠资金的使用范围，对定点扶贫县提出的捐赠资金使用方案进行审核审批。总行派驻定点扶贫县"三人小组"负责监督扶贫捐赠资金的使用，确保专款专用并符合规定用途。年度结束后，定点扶贫县所在省级分行和总行派驻定点扶贫县"三人小组"会同定点扶贫县相关部门，对扶贫捐赠资金的使用情况、扶贫成效等进行总结评价，并报总行扶贫综合业务部。

农发行充分考虑不同地区扶贫捐赠需求，差异化安排扶贫捐赠预算指标，2016—2020年累计安排扶贫捐赠资金2.02亿元，重点用于资助贫困学生、支持改善贫困地区医疗卫生条件和饮用水、乡村道路等基础生产生活设施，树立了农发行良好社会形象。特别在2020年面对新冠肺炎疫情，统筹疫情防控与脱贫攻坚需要，安排扶贫捐赠资金0.6亿元，全力支持贫困地区脱贫摘帽，防止因疫情返贫致贫。其中，全力保障5个定点扶贫县（含1个对口支援县）扶贫捐赠需求，2020年安排捐赠指标3550万元，同比增加1750万元，切实助力脱贫摘帽和巩固脱贫成果。

（三）固定资产扶贫资源优先配置机制

充分考虑服务脱贫攻坚、边疆地区维稳等重点工作需要，优先解决"三区三州"等深度贫困地区机构营业用房购建需求。2016年以来，累计审批33个贫困地区分支机构基建项目，营业办公环境显著改善。适当增加上述地区分支机构车辆编制、丰富车辆选型（增加了7款道路通过性好的越野车型），为更好履行扶贫支农职责提供坚实后勤保障。2019年以来，累计增加贫困地区分支机构车辆编制115辆，并全部配备到位。

充分考虑贫困地区分支机构工作需要，差异化提高公务交通成本限额，有力保障了各级机构完成脱贫攻坚任务的需要。如2019年，对西藏自治区分行车辆使用成本进行单独核算，即按照全行车均成本的2倍核定，核定金额338万元；2020年，对52个未摘帽贫困县所在机构每个提高公务交通成本限额3万元、"三区三州"所在机构每个提高2万元、832个国家级贫困县所在机构每个提高1万元，合计增加1167万元。

三、人力资源倾斜保障机制

坚持用好用足各项政策，持续激发扶贫干部干事创业、担当作为的动力，在力量配备、考核激励上倾斜。

（一）机构设置

成立全行脱贫攻坚工程领导小组，党委书记、董事长任组长。2015年6月，农发行学习领会习近平总书记在部分省区市扶贫攻坚与"十三五"时期经济社会发展座谈会上的讲话精神，在全国金融系统率先成立扶贫开发事业部（后改名扶贫金融事业部），建立执行委员会，并两次在全行公开选拔精兵强将到事业部工作；在与中央签署脱贫攻坚责任书的22个省份的省级分行都成立了脱贫攻坚工程领导小组，党委书记、行长任组长，设立扶贫金融事业部分部，成立执委会；在二级分行客户部门加挂扶贫业务部牌子；在国家级贫困县有分支机构的加挂了扶贫金融事业部牌子，无分支机构的设立了扶贫工作组，在13个国家级贫困县增设了支行。同时，对新疆、西藏等地采取超常举措，新疆维吾尔自治区分行把扶贫维稳放在第一位，在新疆维吾尔自治区分行成立兵团业务处，为新疆维吾尔自治区分行和扶贫维稳任务重的二级分行和支行增配干部职数56个。为西藏自治区分行增设2个处，成立1个市级分行。将脱贫攻坚纳入各级机构、领导班子和机关部室绩效考核，并占相当比重。在省级分行考核，脱贫攻坚考核分值最高达40%。针对扶贫贷款利率下浮影响经济效益的问题，在考核中对受影响的部分给予补偿。近年来，脱贫攻坚工作任务较重的贵州省分行、西藏自治区分行和总行扶贫综合业务部、基础设施扶贫部等在绩效考核中均为优异档次。

（二）干部选配

着力选优配强贫困地区行领导班子和干部队伍，注重选拔政治过硬、能力突出、经验丰富，对贫困地区、脱贫事业有感情、有责任心的同志进入班子。为22个与中央签署脱贫攻坚责任书的省份的省级分行班子选拔配备年富力强的优秀干部74名。同时，保持贫困县支行正职相对稳定，对优秀的干部大力提拔，但仍兼任现职。把为贫困地区输送干部和培养干部结合起来，全系统选拔1495名干部与老少边穷特别是"三区三州"地区分支行双向交流。选派434名优秀干部到贫困地区党政部门挂职，参加"博士服务团"，到定点扶贫县对口扶贫、驻村等。采取倾斜政策积极招录贫困地区大学生，2020年全系统招录建档立卡贫困毕业生占校园招聘的3%，其中重庆、云南、青海招录比例超过10%。

（三）薪酬待遇

认真落实国家对于艰苦边远地区各项特殊补贴政策。农发行2015年、2017年两次提高艰苦边远地区津贴标准，覆盖19个省级分行近2万名员工；提高高海拔地区折算工龄补贴标准，覆盖四川、云南、青海三省分行在高海拔地区工作的员工；为新疆南疆4地州分支机构人员建立专项补贴。对派到上述地区交流任职、挂职干部，同样对待。对和田、喀什等脱贫维稳任务较重的7个二级分行及所辖44个县级支行行长，只要在本区域内任满8年、表现优秀，可聘任资深副经理、高级副经理，提职不离岗，激励干部安下心、扎下根，做好脱贫维稳工作。在制订年度省级分行绩效考评实施方案和总行机关部门履职考评任务上，对"三区三州"等中西部地区绩效考评实施差异化管理，树起激励导向。

第三节　扶贫基础管理体系

扶贫金融事业部自2016年成立起，以"五大基础工程"为主要抓手，持续强化扶贫基础管理，建立起扶贫业务稳健经营、安全运行的扶贫基础管理体系，为全行服务脱贫攻坚提供技术支撑保障。

一、精准扶贫贷款台账系统

为贯彻落实《中国人民银行关于建立金融精准扶贫贷款专项统计制度的通知》（银发〔2016〕185号）要求，夯实农发行扶贫信贷业务科学决策和精准施策的信息基础，真实反映农发行精准扶贫贷款成效，落实监管要求，总行相关部门通力合作，设计研发了精准扶贫贷款台账系统（以下简称台账系统），并于2016年7月1日正式上线运行。

（一）台账系统

台账系统建设是农发行脱贫攻坚工作的重要基础性工程，是全行精准扶贫成效的重要载体，是做好扶贫信贷工作的重要支撑和手段。台账系统以建档立卡贫困人口和贫困地区信息为核心的认定标准建立扶贫贷款台账信息，以扶贫贷款借据为最小记录单元，确保每一笔扶贫贷款的认定标准在台账信息中均有据可查、翔实可靠。台账系统能够精准获取每笔扶贫贷款，并逐笔、准确地展现精准扶贫贷款相关信息。台账系统指标数据全部从CM2006系统和综合业务系统中自动采集，通过与CM2006系统、综合业务系统全面对接，实现扶贫贷款信息在系统间同步更新，最大限度减轻基层行手工数据填报的工作量，同时大幅度提升扶贫贷款管理效率。台账系统依托农发行综合报表平台设计研发，用户可按所属业务条线、机构和报表期等多个维度灵活、便捷地进行数据查询应用。台账系统保留最近10年每月月底数据和最近2个月每日数据，可实现对历史重要时点扶贫贷款台账数据的回溯分析。通过上级行向下级行赋予管理和查询台账权限的方式，实现四级行系统使用权限的逐级管理。结合农发行实际，每年根据业务发展和管理需要，不断丰富和完善扶贫贷款台账内容，从最初的37个字段扩展到76个字段，为全行扶贫业务统计、核算、监测、管理和考评等提供重要依据。

（二）台账系统在扶贫工作中的综合应用

一是各省级分行利用台账系统及时掌握辖内和各业务条线的扶贫贷款情况，并作为本级行扶贫业务监测分析、经营管理的重要依据。二是台账系统数据作为向上级行和外部监管部门报送精准扶贫贷款的主要基础数据源，确保扶贫贷款统计口径内外一致。三是各省级分行依据台账数据核对CM2006系统中扶贫贷款相关要素信息，督导辖内分支行做好CM2006系统中扶贫要素的录入工作；各省级分行依据台账数据核对辖内精准扶贫贷款认定相关情况，确保台账中的扶贫贷款均有认定证明材料。

（三）台账系统的支撑保障作用

一是有利于夯实农发行扶贫工作管理基础，提升扶贫贷款管理手段，为扶贫业务核算、统计、监测、管理和考评等提供重要依据。二是有利于及时、准确、完整地反映农发行精准扶贫贷款情况和扶贫成效，满足对外部监管部门数据报送和行内扶贫业务监测分析要求。三是有利于实现精准扶贫贷款台账全行一本账，确保农发行扶贫贷款基础信息和统计数据的准确性和一致性。四是有利于扶贫台账信息与CM2006系统、综合业务系统中的扶贫业务信息实现精准对接和动态共享。

二、扶贫统计监测系统

2016年8月，农发行总行制定印发《关于贯彻落实人民银行精准扶贫贷款专项统计制度的通知》，着手建立扶贫统计系统，并按照"聚焦重点，深度拓展"的理念，不断丰富拓展统计监测报表内容，先后研发31张统计监测报表，涵盖客户、项目、产品、贷款质量、利率等多个维度，逐步建立完善扶贫贷款统计监测体系。

（一）金融精准扶贫贷款专项统计

金融精准扶贫贷款专项统计主要包括金融精准扶贫贷款按用途、期限、担保方式、财政贴息等划分的规模及发生额内容。附报包括金融精准扶贫贷款笔数及带动服务人数等内容。各级行扶贫综合业务条线业务人员于每季度后4日内提供精准扶贫贷款台账信息，各级行统计条线人员负责按该台账信息填报金融精准扶贫贷款专项统计报表。各级行密切关注金融精准扶贫贷款统计制度实施情况，注意制度实施与金融精准扶贫信息系统的协调，确保农发行精准扶贫专项统计报表数据与当期农发行精准扶贫贷款台账信息保持一致，即各级行扶贫金融事业部业务人员向上级行报送的台账信息要与报送当地人民银行的精准扶贫贷款台账信息保持一致；各级行扶贫金融事业部业务人员报送当地人民银行的精准扶贫贷款台账信息要与统计人员向上级行报送的精准扶贫专项统计报表数据保持一致；各级行的精准扶贫专项统计报表数据要与向上级行报送的精准扶贫专项统计报表数据保持一致。

（二）扶贫统计监测系统的建立和完善

农发行于2017年建立了全行扶贫贷款统计体系，包括"扶贫金融事业部监测分析""扶贫综合业务部监测分析""精准扶贫贷款台账""贫困地区扶贫贷款监测分析"四部分35张监测表，涵盖区域、客户、项目、产品等重点监测分析内容。同时，以CM2006系统通用查询功能为补充，满足临时性、突发性扶贫数据查询分析要求。

扶贫统计监测系统根据内外部政策要求持续优化，不断提升统计监测分析质量：创新研发"深度贫困地区贷款统计表""扶贫信贷产品贷款统计表""扶贫项目贷款审批台账"等7张监测表，进一步夯实提升统计分析的基础和手段；优化监测数据体系。聚焦重点区域，新增深度贫困地区和定点扶贫县监测数据模块，将"三区三州"全辖19个分支机构、199个省级深度贫困县和5个定点扶贫县扶贫贷款情况纳入监测范围，共新增134个指标数据，实现重点区域监测全覆盖；拓展监测领域，监测领域从注重扶贫业务发展向业务发展和经营管理并重转变，加强风控和保本经营监测，将扶贫信贷质量和贷款利率等情况纳入监测范围，共新增

74个指标数据，为防范化解扶贫领域信贷风险、计算保本经营情况提供基础数据；强化条线产品，将扶贫综合业务条线的12个贷款产品进行整合和集中展现，共新增105个指标数据。

扶贫统计监测系统在区域上聚焦"三区三州"等深度贫困县、52个未摘帽贫困县等重点区域，在领域上聚焦产业扶贫、"三保障"专项扶贫等重点领域；通过统计监测体系，对外实现向监管部门报送，对内实现多维度专项统计分析，为扶贫决策和管理提供依据。

三、单独核算系统

2016年7月，农发行扶贫金融事业部执行委员会2016年第4次会议审议通过《中国农业发展银行扶贫金融事业部单独核算、分部报告暂行办法》。随着新会计科目体系变更、信贷产品体系确立、新核心业务系统研发、行内新业务发展等形势的变化，农发行于2019年11月制定印发《中国农业发展银行扶贫金融事业部分部财务报告编报细则（2019年修订）》，对办法进行了细化和完善。

农发行扶贫金融事业部单独核算和报告主要基于农发行内部管理需要，规定了扶贫业务与非扶贫业务单独核算和分别编报财务报表的方法。办法和细则明确了农发行各级机构精准扶贫业务核算规则，体现了精准扶贫、单独核算、重要性原则，建立以扶贫业务单独核算、报告和明确各项管理要求的单独核算体系，真实、完整地反映农发行扶贫金融事业部财务状况和经营成果，满足农发行各级机构、外部监管机构及其他相关各方管理和监管需要。

（一）单独核算机制

扶贫金融事业部根据脱贫攻坚任务设计和销售农发行金融产品，财务会计部门配套设置相应会计科目（账户），专项用于核算和反映各级行扶贫业务财会信息。各级行在贷款发放前要按照总行统一制定的精准扶贫贷款口径，先判断各项业务（资产或负债业务）是否属于扶贫业务，属于扶贫业务的应纳入扶贫业务相应的会计科目（账户）核算反映。

贷款的核算。各营业机构对属于扶贫业务的贷款分别纳入对应贷款科目（账户）核算，以准确反映事业部的贷款资产。扶贫业务贷款对应的应收利息相应纳入扶贫业务资产核算。

其他资产（非信贷资产）的核算。各营业机构的其他资产按现行核算制度进行日常核算，在报告日营业终了对其按扶贫贷款旬平均余额占全部贷款旬平均余额的比例在扶贫和非扶贫业务之间进行分割。

存款的核算。各级行（不含总行本级）将扶贫存款业务分别纳入对应存款科目（账户）核算，以准确核算事业部的负债。将扶贫业务负债应付利息纳入扶贫业务负债核算。

债券的核算。总行本级（运营管理部）将发行的扶贫专项债券纳入对应债券科目（账户）核算；总行本级（运营管理部）在营业日终了要对应由扶贫业务分摊的普通金融债券分割纳入扶贫业务负债核算，以准确反映事业部的负债。

其他负债的核算。各营业机构的其他负债按现行核算制度进行日常核算，报告日营业终了对其按报告日扶贫存款旬平均余额占全部存款旬平均余额的比例在扶贫和非扶贫业务之间进行分割。

系统内往来款项核算。各级行（不包括总行本级）不单独进行事业部系统内往来款项的核算，仅以系统内往来款项作为事业部资产负债表、非扶贫业务资产负债表的表内平衡项。

利息收入的核算。各营业机构应将各项扶贫贷款利息纳入对应的贷款利息收入科目（账户）核算，以准确反映事业部贷款利息收入。

其他各项非息收入的核算。各营业机构的其他各项非息收入按现行核算制度进行日常核算，在报告日营业终了对其按扶贫贷款旬平均余额占全部贷款旬平均余额的比例在扶贫和非扶贫业务之间进行分割。

存款利息支出的核算。各营业机构应将专门从事扶贫业务的企事业单位存款利息纳入对应存款利息支出科目（账户）核算，以准确反映事业部存款利息支出。

贷款损失准备的核算。各省级分行按现行核算制度对贷款损失准备进行日常核算，在报告日营业终了对其按扶贫贷款逐笔辨认应计提的贷款损失准备并相应纳入扶贫贷款损失准备核算。

所有者权益的核算。按会计科目（账户）无法直接辨认为扶贫业务的所有者权益（除本年利润外），按报告日扶贫贷款（或负债）旬平均余额占全部贷款（或负债）旬平均余额的比例进行分割。

（二）报告制度

各级行报告期营业终了后，根据前述核算结果，编制事业部损益明细表及非扶贫损益明细表，事业部损益明细表及非扶贫业务损益明细表合计数应与各级行汇总损益明细表对应项目一致。

事业部报表采用逐级汇总方式汇总编制。各级行根据事业部业务情况及损益明细表按照总行财务报表的编表要求及格式编制事业部资产负债表、利润表等有关报表。各级行根据非扶贫业务情况及损益明细表按照总行财务报表的编表要求及格式编制非扶贫业务资产负债表、利润表等有关报表。

四、贷后管理系统与考核系统

农发行2017年度脱贫攻坚工作会议提出"做实五大基础工程"的具体要求。农发行制定印发《中国农业发展银行扶贫贷款贷后管理实施细则》，从贷后精准性管理、贷款发放和支付管理、贷后检查和监测管理、做好存量贷款风险管理等多个维度建立扶贫贷款贷后管理体系，规范和加强扶贫信贷业务贷后管理工作，有效防范和控制扶贫贷款贷后风险，确保扶贫贷款放得出、管得住、可持续。农发行制定印发《中国农业发展银行省级分行支持脱贫攻坚工作考核暂行办法》，设置总行机关部门脱贫攻坚履职指标，制定扶贫业务条线考核办法，逐步建立健全总行部室、省级分行、扶贫业务条线三个维度全覆盖的脱贫攻坚考核体系，考核结果纳入各分行、各部门绩效考核，切实发挥考核"指挥棒"作用，引导全行资源向扶贫信贷集中，推动脱贫攻坚目标任务全面完成。

贷后管理系统与考核系统在本书第三章、第九章已有详细介绍，在本章中不作展开。贷后管理系统与考核系统、扶贫贷款台账系统、扶贫统计监测系统、单独核算系统共同组成农发行金融扶贫五大基础工程。农发行通过五大基础工程，组织开展扶贫贷款认定和政策效果非现场检查，建立预警机制，制定扶贫贷款贷后精准性以及扶贫成效检查要点，有针对性地开展扶贫业务现场督导，将扶贫贷款贷后检查纳入贷后检查尽职管理系统，实现涵盖扶贫贷款贷后精准性管理、贷款发放与支付、贷后检查监测、贷款风险预警防控、问题整改等方面的全过程管理，进一步夯实了风险防控和扶贫信贷业务基础。

第四节　作风支撑保障机制

农发行高度重视强化作风问题专项治理，坚持将作风治理与脱贫攻坚各项重点工作同推进、同落实，为打赢脱贫攻坚战树牢纪律屏障；制订了《开展扶贫领域作风问题专项治理实施方案》《扶贫领域作风问题专项治理检查方案》《关于2019至2020年扶贫领域和作风问题专项治理工作方案》等一系列方案和措施，与驻行纪检监察组联合开展专项检查，切实摸清问题底数，紧紧围绕政策、项目、资金、责任和作风等方面问题深入开展专项治理。驻行纪检监察组对2018年以来专项治理情况进行"回头看"，严肃追责问责，督促问题全部整改，对扶贫领域腐败和作风问题典型案例通报曝光，以案明纪、以案促改，形成有力震慑。

一、扶贫领域作风问题专项治理

作风是党的形象和生命，好作风，是干事创业的保障、善作善成的法宝，攸关脱贫攻坚成败。业务发展慢、巡视整改不力的分行固然有各种各样的客观原因，但主要是主观能动性和扶贫作风的原因。金融扶贫中出现的问题，很多在根子上都是作风问题。农发行用扶贫领域作风治理推动精准扶贫工作，督促业务发展落后的行进一步检视影响扶贫任务完成的问题，用扎实的作风推进业务发展，保障任务落实。

《国务院扶贫开发领导小组关于开展扶贫领域作风问题专项治理的通知》印发后，总行党委高度重视，党委书记亲自部署全行扶贫领域作风问题专项治理，总行脱贫攻坚工程领导小组统一领导、统筹工作，扶贫金融事业部执行委员会立即召开会议，深入学习领会通知精神，对全行扶贫领域作风治理工作进行安排，制订了《中国农业发展银行扶贫领域作风问题专项治理实施方案》（农发银发〔2018〕63号，以下简称《实施方案》），明确了作风治理的总体要求、治理内容、工作措施、组织领导和活动安排；印发了《中国农业发展银行扶贫领域作风问题专项治理检查方案》（农发银办〔2018〕87号，以下简称《检查方案》），明确了开展自查、阶段报告、总行抽查、整改规范、总结验收五个阶段的具体工作和要求。设置了检查工具表，将七大类28项治理内容细化为85个检查项目。召开了全行脱贫攻坚工作会议，重点部署了全行扶贫领域作风治理工作。设立总行扶贫领域作风治理办公室，负责日常工作。监察部、巡视办、审计局将扶贫领域作风治理作为2018年重点工作任务，结合工作实际开展专项治理。扶贫金融事业部执委会成员部门负责督导各条线扶贫领域作风治理检查和整改工作，有针对性地完善扶贫政策、制度、办法。各分支机构建立了相应的领导组织，把扶贫领域作风治理作为落实管党治党政治责任的具体行动，纳入本行重点工作。

（一）治理内容

专项治理范围覆盖全系统脱贫攻坚组织体系，包括各级脱贫攻坚工程领导小组、扶贫金融事业部及执委会，覆盖总行、省级分行、市级分行和县支行四级机构相关部门负责人和工作人员。治理内容主要包括：

1."四个意识"不强。对脱贫攻坚的重要性、艰巨性、紧迫性认识不足，没有作为重大政治任务进行安排部署。对党中央和总行党委脱贫攻坚决策部署、政策措施贯彻不力，制定配套措施、细化落实方案、推进组织实施不及时不到位。对推动落实精准扶贫、精准脱贫基本方略认识不到位，行动不坚决，以支持农村区域发展代替精准扶贫。对扶贫贷款认定标准把握不准，政策指导不力，搞数字带贫。

2.责任落实不到位。领导责任落实不到位，主要负责同志研究指导不够，分管负责同志工作不深入、不扎实，具体负责部门责任不明确、不落实。对已出台政策措施的实施指导督促不够，落实不到位，政策停留在纸面上或实施效果不明显。对本行的扶贫工作指导不够，没有形成系统合力。主动作为不够，对脱贫攻坚中出现的新问题反应迟缓，不重视、不解决或者推诿扯皮。对定点扶贫、选派第一书记、驻村工作队等工作不够重视，派出的干部不得力，缺少指导、支持、关心和监督，存在"挂名走读"等问题。

3.工作措施不精准。没有将扶贫工作作为统揽业务全局的重大任务来抓，对贫困地区和贫困人口的倾斜支持力度不够，政策措施缺乏针对性。扶贫贷款认定不精准。扶贫贷款认定材料、项目材料存在虚假，内容不规范、不完善。扶贫信贷政策及有关产品制度聚焦精准扶贫不够，操作性不强。

4.扶贫信贷资金管理使用不规范。扶贫信贷客户准入、调查评估、审查审议、贷后管理等环节落实政策制度不到位、操作不合规，影响扶贫信贷资金扶贫成效。对扶贫信贷资金和项目监管不严，导致资金挤占挪用、变相使用。扶贫信贷资金管理粗放，导致扶贫信贷资金闲置滞留或造成损失。扶贫信贷资金支付不合规。

5.服务客户意识不强。没有针对扶贫客户需求解决问题，以客户为中心的理念不深入。金融扶贫手段措施落后，融智服务不够。对扶贫贷款客户不合理收费，增加客户负担。对扶贫贷款审批和发放设置额外不合理条件。

6.工作作风不扎实。调查研究不深入实际，指导工作脱离实际，遇到问题不解决。工作落实走形式，以会议贯彻会议，以文件贯彻文件。学习不够，安于现状，本领恐慌，不适应脱贫攻坚形势任务要求。工作方法简单，不科学不深入，不注重激发贫困群众内生动力，"造血"功能不足，扶贫成果不可持续。

7.考核监督从严要求不够。考核不明不严，导向功能弱化。督导检查"蜻蜓点水"，流于形式。发现问题隐瞒不报，信息隔离。

（二）治理措施

1.加强学习培训。深入学习贯彻党的十九大关于脱贫攻坚的新部署新要求，解读脱贫攻坚政策举措，介绍精准扶贫典型做法，帮助各扶贫条线人员提高认识，着力培育讲政治、讲奉献，懂金融、懂农业，爱农村、爱农民，会帮扶、作风硬的扶贫干部队伍。开展精准扶贫贷款认定及全流程管理专题培训，加强政策指导，推动落实精准扶贫、精准脱贫基本方略。

2.推动责任落实。建立脱贫攻坚作风问题清单，加大督导力度。

3.强化精准措施。完善扶贫贷款认定标准，严格执行认定标准、认定依据、认定流程、认定材料等，做到认定精准。开展政策性金融精准扶贫贷款政策效果专项评估，做好评估结果运用。运用信息化手段提高精准管理水平，加强扶贫贷款日常监测和风险管控。

4.规范资金管理使用。严格扶贫信贷资金和项目监管，开展资金支付专项检查，掌握资金流向，严防挤占挪用，确保精准使用。根据总行统一出台的信贷管理制度及规定，开展各项扶贫贷款检查，积极配合监事会、银保监会、审计署等检查，对存在的问题专项整改。

5.严格考核监督。把扶贫领域作风问题专项治理纳入农发行支持脱贫攻坚工作考核办法，加大考核权重。加大督导检查力度，公开通报作风治理情况，自觉接受社会监督。

6.严肃问题查处。畅通问题线索举报渠道，加大监察、审计工作力度，严查扶贫信贷资金管理使用过程中的失职渎职行为和违反中央八项规定等作风问题。建立举报追查制度，组织开展明察暗访，对扶贫领域不正之风，一经举报，追查到底。严格责任追究制度，对存在涉贫作风问题的单位和责任人进行约谈，问题严重的严肃查处。

7.将扶贫作风治理上升到党委工作层面专题部署、有效推动。总行党委把扶贫领域作风问题专项治理工作摆上重要日程，在2018年全国分行行长会议、脱贫攻坚工作会议、支持"三区三州"深度贫困地区推进会议上专项部署扶贫作风治理工作。先后召开党委会、脱贫攻坚工程领导小组会议、扶贫金融事业部执委会会议专题研究扶贫作风治理工作，明确了扶贫领域作风治理的一整套工作思路、方案和举措。坚持以上率下深入基层调研督导，形成了主要领导亲自抓、分管领导具体抓、上下联动深入抓的工作格局。对扶贫作风治理工作开展了专项检查、专项统计、专项整改，全行扶贫作风治理工作扎实有效推进。各省级分行严格执行总行关于扶贫领域作风问题专项治理的有关要求，参考总行模式，成立扶贫领域作风问题专项治理工作领导小组，"一把手"任组长，制订工作方案，全力推动扶贫领域作风治理工作全面开展。

全行扶贫各条线、四级机构结合本地实际情况细化方案，精心部署，狠抓落实，边查边改、有序推进全面自查工作开展，对照《实施方案》和《检查方案》，进行了多次全面自查，坚持边查边改、立查立改，发现的问题均已整改到位。总行党委专门组织召开全行警示教育暨扶贫领域问题整改视频大会，对扶贫领域1例利用职权伙同他人套取信贷资金的案件进行通报，对扶贫领域腐败和作风治理抽查以及内外部检查发现问题整改"回头看"工作进行专题部署，明确提出加强整改后评估，举一反三，上下协同，标本兼治，重在治本，从根本上防止类似问题再次发生。总行对扶贫业务推动不力、自查问题少、内外部检查发现问题多的省级分行开展专项抽查。制订《扶贫领域腐败和作风问题专项治理暨内外部检查发现问题整改"回头看"总行抽查省级分行方案》（农发银办〔2018〕178号），抽调20个省级分行、12个总行部室共46名精干力量，分成6个检查组赴12个分行，对12个省级分行机关、24个二级分行、24个县级支行开展为期12天的抽查。通过听取汇报、查阅资料、访谈座谈，深入查找扶贫作风治理中存在的问题，推动问题整改，提出意见建议，确保作风治理取得实效。

二、扶贫领域腐败和作风问题专项治理

良好的作风不仅能凝聚起强大正能量，而且能为脱贫攻坚提供坚实的基础和有力的支撑。在农发行脱贫攻坚顶层设计基本完成、体制机制基本建立、政策举措基本出台后，关键就是要抓好落实。扶贫领域作风建设工作是否扎实，直接影响脱贫攻坚各项工作的完成效果。

根据中央纪委国家监委《关于2018年至2020年开展扶贫领域腐败和作风问题专项治理的工作方案》及十九届中央纪委三次全会精神，为深入开展扶贫领域腐败和作风问题专项治理，以作风建设新成效助力脱贫攻坚，更好地发挥农发行在脱贫攻坚工作中的先锋主力模范作用，结合中央脱贫攻坚专项巡视整改要求，农发行纪检监察部门在作风问题专项治理工作基础上组织开展扶贫领域腐败和作风问题专项治理。

农发行各级行纪检监察部门充分认识开展扶贫领域腐败和作风问题专项治理的重要意义，把扶贫领域作风建设摆在更加突出的位置，监督各分支机构党组织坚决贯彻落实党中央关于脱贫攻坚的重大决策部署、积极开展扶贫信贷业务；着力解决在扶贫领域存在的"四个意识"不强、责任落实不到位、工作措施不精准、工作作风不扎实，以及扶贫领域存在的腐败问题，促进政策性金融服务脱贫攻坚各项政策措施的全面

落实，为如期完成脱贫攻坚任务保驾护航。

（一）整体部署考虑

将中央专项巡视反馈问题作为整治重点，监督农发行党委采取有效措施全面落实整改到位。继续围绕党中央关于精准扶贫、精准脱贫的重大决策部署，对照农发行党委的具体措施，及时发现政策落地、项目安排、资金使用、责任落实和工作作风等方面的问题，督促整改、坚决纠正。既关注信贷、财务、人事等重点领域，以及贷款审批、信贷规模分配、放款及信贷资金支付等重要工作环节的突出问题，也瞄准农发行存在的普遍性问题。坚持走群众路线，深入群众、依靠群众，鼓励群众积极主动揭露身边的腐败和干部作风问题。

把握精准扶贫、精准脱贫的要义，厘清扶贫领域界限，实施精准监督，确保脱贫攻坚的重点在哪里，专项治理的重点就在哪里。同时，针对脱贫攻坚涉及省份多、地域广、各地情况不同、问题表现各异的实际，既注重面上统一部署、统一要求，又鼓励推动农发行各级行纪委因地制宜开展工作，确保治理措施对症下药、靶向监督。

坚决防止和纠正毕其功于一役的想法，在2018年专项治理工作基础上，2019年、2020年更加往深里抓、往实里治，一刻也不放松，绝不搞治理时长时短、惩处时紧时松。围绕脱贫攻坚总体部署、年度工作安排，结合工作进度，一个阶段一个阶段地抓，并将压实"两个责任"贯穿始终。

（二）工作重点

专项治理贯彻落实党中央和总行党委脱贫攻坚决策部署不积极、不主动，落实有关政策措施不到位、不精准，研究指导工作不深入、不扎实等形式主义、官僚主义问题；专项治理违规操作影响扶贫信贷资金成效，或监管不严导致资金被挤占挪用、变相使用等问题；专项治理在办贷管贷过程中"以权谋私""以贷谋私"收受贿赂等违纪违法问题；专项治理违反中央八项规定精神，吃、拿、卡、要、报、借，侵害贫困地区群众利益的问题；专项治理给农发行声誉造成影响的其他问题。

1. 治理履行脱贫攻坚主体责任不力。主要治理党委贯彻落实党中央脱贫攻坚方针政策不深入、不坚决、工作不扎实、敷衍应付，把扶贫工作当作一般性工作进行部署，用普惠性信贷政策代替精准扶贫信贷政策；指导和推动基层落实责任不够有力，压力传导层层递减；对扶贫领域违规违纪重要问题久拖不决、处置不力；统筹脱贫攻坚与防范风险不够平衡；考核指标欠精准，结合实际不紧密，激励措施不到位，考核指标导向作用不明显等问题。治理扶贫等相关职能部门任务和责任分工不清晰，对国家政策把握不一，对政策性金融扶贫研究不深入，研究出台重要政策措施不及时、不到位；金融扶贫政策、信贷产品等信息不公开、不透明；聚焦"三区三州"等深度贫困地区扶贫谋划少，信贷资金投入不多，支持的产业项目与扶贫无关，没有带动贫困人口脱贫；对口帮扶工作支持和指导不够，监督管理不严等问题。

2. 治理落实脱贫攻坚监督责任不到位。主要治理纪检部门主动监督偏弱，落实脱贫攻坚监督责任不到位，监管合力不足；对存在的问题应发现而未发现，对群众反映的问题不及时调查核实，对重要案件查办督办不力；执纪问责不严格，该处理的没有处理到位，该问责的不敢大胆问责，甚至出现以案谋私、压案不查、问下不问上，惩治腐败和作风问题宽松软等问题。

3. 脱贫攻坚重点部门和关键环节腐败问题。主要治理在办理扶贫贷款过程中，客户准入、调查评估、审查审议、贷后管理等环节违规操作、滥用职权、玩忽职守、失职渎职，导致信贷资金被挤占挪用、超范围投放、变相使用等问题；在办理扶贫贷款过程中，农发行员工索贿受贿、吃拿卡要、以权谋私等问题。

4. 脱贫攻坚工作形式主义、官僚主义问题。主要治理片面追求数字脱贫、贷款规模，随意套用扶贫信贷政策，扶贫贷款认定把关不严，扶贫贷款统计、脱贫成效不精准；对监督检查、专项巡视巡察等发现问题的整改简单化、形式化，缺乏标本兼治抓整改的实际举措，整改成效不明显；调查研究不深、不细，创新动力不足，主动服务意识不高，以客户为中心的理念不深入，政策性金融扶贫手段单一，融智服务不够，技术手段落后等问题。

通过专项治理，全行上下进一步深入学习习近平新时代中国特色社会主义思想和习近平关于扶贫工作的重要论述，增强"四个意识"，坚定"四个自信"，做到"两个维护"，深刻认识打赢脱贫攻坚战的极端重要性和历史使命感，对脱贫攻坚工作的政治性、紧迫性有了更深的理解，对服务脱贫攻坚工作的职责有了更清晰的认识，对参与脱贫攻坚工作的热情有了更大的提升，面对外部政策变化、应对各种困难局面的拼劲、干劲、韧劲更加持续，全行扶贫的大格局更加稳固，形成了以作风攻坚促脱贫攻坚的浓厚氛围。

附 录

中国农业发展银行金融扶贫"四梁八柱"重要文件

一、顶层规划

1. 关于印发《中国农业发展银行政策性金融扶贫五年规划》的通知（农发银发〔2016〕179号）

2. 关于印发《中国农业发展银行支持打赢脱贫攻坚战三年行动方案》的通知（农发银发〔2018〕326号）

3. 关于印发《2016年扶贫综合业务部（易地扶贫搬迁部）工作要点》的通知（农发银扶贫〔2016〕4号）

4. 关于印发《2017年扶贫金融事业部工作要点》的通知（农发银扶贫〔2017〕3号）

5. 关于印发《2018年扶贫金融事业部工作要点》的通知（农发银扶贫综〔2018〕2号）

6. 关于印发《扶贫金融事业部2019年工作要点》的通知（农发银扶贫综〔2019〕2号）

7. 关于坚决助力打赢2020年脱贫攻坚收官战的意见（农发银发〔2020〕1号）

8. 关于统筹做好新型冠状病毒感染肺炎疫情防控和服务脱贫攻坚有关工作的通知（农发银办函〔2020〕14号）

9. 关于开展服务脱贫攻坚"百日攻坚"行动的通知（农发银办函〔2020〕325号）

二、组织体系

10. 关于成立中国农业发展银行脱贫攻坚工程领导小组的通知（农发银办〔2015〕214号）

11. 关于印发《中国农业发展银行脱贫攻坚工程领导小组议事规则》的通知（农发银办〔2015〕228号）

12. 关于建立健全分支行扶贫金融组织体系有关问题的通知（农发银发〔2016〕66号）

13. 关于成立中国农业发展银行扶贫金融事业部的通知（农发银发〔2016〕161号）

14. 关于成立中国农业发展银行扶贫金融事业部执行委员会的通知（农发银办〔2016〕125号）

15. 关于在农发行无机构的国家级贫困县设立扶贫工作组的通知（农发银发〔2016〕287号）

16. 关于完善省级分行扶贫工作运行机制的通知（农发银发〔2017〕193号）

17. 关于调整扶贫金融事业部职能部门及其职能的通知（农发银发〔2018〕287号）

18. 关于调整扶贫金融事业部机构设置的通知（农发银发〔2019〕69号）

19. 关于印发《关于做实扶贫金融事业部的工作方案》的通知（农发银发〔2019〕87号）

20. 关于完善省级分行扶贫金融事业部分部建设有关问题的通知（农发银发〔2019〕109号）

21. 关于印发《中国农业发展银行扶贫金融事业部执行委员会工作规则（2020年修订）》和《中国农业发展银行扶贫金融事业部总裁办公会工作规则》的通知（农发银办函〔2020〕109号）

三、责任体系

22. 关于建立总行行领导包片扶贫联系制度的通知（农发银办〔2016

92号）

23. 关于总行行领导包片扶贫联系行及联系点进行调整的通知（农发银办〔2017〕99号）

24. 关于总行行领导包片扶贫联系行及联系点调整的通知（农发银办〔2018〕135号）

25. 关于总行行领导包片扶贫联系行及联系点调整的通知（农发银办函〔2020〕221号）

26. 关于印发《中国农业发展银行脱贫攻坚挂牌督战工作方案》的通知（农发银发〔2020〕27号）

27. 关于开展精准扶贫贷款业务推动进度通报及约谈的通知（农发银扶贫综〔2018〕5号）

28. 关于印发《中国农业发展银行扶贫综合业务条线考核方案（2018年修订）》的通知（农发银扶贫〔2018〕7号）

29. 关于印发《中国农业发展银行扶贫金融事业部单独核算和报告办法（试行）》的通知（农发银发〔2016〕307号）

30. 关于印发《中国农业发展银行省级分行支持脱贫攻坚工作考核暂行办法》的通知（农发银发〔2016〕351号）

31. 关于印发《中国农业发展银行省级分行支持脱贫攻坚工作考核办法（2017年修订）》的通知（农发银发〔2017〕244号）

32. 关于印发《中国农业发展银行扶贫综合业务条线考核方案（2017年度）》的通知（农发银扶贫〔2017〕6号）

33. 关于印发《中国农业发展银行省级分行支持脱贫攻坚工作考核方案（2018年）》的通知（农发银办〔2018〕129号）

34. 关于完善《省级分行支持脱贫攻坚工作考核方案（2018年）》的通知（农发银办〔2018〕204号）

35. 关于印发《中国农业发展银行省级分行支持脱贫攻坚工作考核方案（2019年修订）》的通知（农发银办〔2019〕49号）

36. 关于印发《中国农业发展银行省级分行支持脱贫攻坚工作考核方案（2020年修订）》的通知（农发银办函〔2020〕41号）

37. 关于调整2020年省级分行脱贫攻坚考核方案部分考核指标的通知（农发银办函〔2020〕373号）

四、政策体系

38. 关于调整扶贫贷款利率定价权限的通知（农发银发〔2016〕118号）

39. 关于重点支持深度贫困地区打赢脱贫攻坚战的意见（农发银发〔2017〕159号）

40. 关于对扶贫工作重点区域下放扶贫业务新客户信用评级审批权限的通知（农发银发〔2017〕186号）

41. 关于印发《中国农业发展银行扶贫信贷政策指引》的通知（农发银扶贫信〔2017〕2号）

42. 关于进一步明确支持"万企帮万村"精准扶贫行动有关信贷政策的通知（农发银发〔2017〕249号）

43. 关于调整扶贫贷款利率定价政策的通知（农发银发〔2017〕282号）

44. 关于对定点扶贫县和对口支援县实行特惠支持政策的通知（农发银发〔2018〕115号）

45. 关于明确"三区三州"深度贫困地区脱贫攻坚差异化支持政策的通知（农发银发〔2018〕159号）

46. 关于推广用好"三区三州"深度贫困地区脱贫攻坚差异化支持政策的通知（农发银发〔2019〕49号）

47. 关于转发中国人民银行办公厅有关设立专项扶贫再贷款支持"三区三州"脱贫攻坚的通知（农发银办〔2019〕91号）

48. 关于进一步加大对"三区三州"等深度贫困地区脱贫攻坚差异化支持力度的通知（农发银办〔2019〕97号）

49. 关于做好定点扶贫县利率定价工作的通知（农发银办函〔2019〕189号）

50. 关于进一步加大"三区三州"深度贫困地区金融扶贫工作力度的通知（农发银办〔2020〕19号）

51. 关于转发中国人民银行办公厅有关设立专项扶贫再贷款支持"三区三州"脱贫攻坚的通知（农发银办〔2019〕91号）

52. 关于进一步加大未摘帽贫困县金融扶贫差异化支持力度的通知（农发银办函〔2020〕97号）

53. 中国农业发展银行　国务院扶贫开发领导小组办公室关于印发《政策性金融扶贫实验示范区总体工作方案》的通知（农发银发〔2015〕281号）

54. 中国农业发展银行　国务院扶贫开发领导小组办公室关于将广西壮族自治区百色市列为政策性金融扶贫实验示范区的通知（农发银发〔2015〕285号）

55. 中国农业发展银行　国务院扶贫开发领导小组办公室关于将河北省保定市、贵州省毕节市、陕西省安康市列为政策性金融扶贫实验示范区的通知（农发银发〔2016〕58号）

56. 关于印发《中国农业发展银行与省级人民政府共创省级政策性金融扶贫实验示范区方案》的通知（农发银发〔2016〕175号）

57. 关于明确当前扶贫信贷政策的通知（农发银办函〔2021〕8号）

五、产品体系

58. 关于印发《中国农业发展银行易地扶贫搬迁贷款管理办法（试行）》的通知（农发银发〔2015〕151号）

59. 关于做好基础设施扶贫工作的通知（农发银办〔2016〕126号）

60. 关于印发《中国农业发展银行易地扶贫搬迁地方政府补助资金专项贷款管理办法（试行）》及相关合同的通知（农发银发〔2015〕191号）

61. 关于做好易地扶贫搬迁专项建设基金有关工作的通知（农发银发〔2016〕21号）

62. 关于切实做好易地扶贫搬迁专项建设基金投放与管理工作的通知（农发银办〔2016〕94号）

63. 关于印发《中国农业发展银行易地扶贫搬迁信贷资金筹措使用管理办法》的通知（农发银发〔2016〕140号）

64. 关于印发《中国农业发展银行易地扶贫搬迁专项贷款办法（2017年修订）》的通知（农发银发〔2017〕20号）

65. 关于坚决贯彻落实财政部等五部委《关于调整规范易地扶贫搬迁融资方式的通知》的意见（农发银发〔2018〕157号）

66. 关于贯彻落实财政部等四部委有关进一步做好调整规范易地扶贫搬迁融资方式工作的通知（农发银发〔2018〕245号）

67. 关于转发国家发改委等13部委《关于印发2020年易地扶贫搬迁后续扶持若干政策措施的通知》的通知（农发银发〔2020〕36号）

68. 关于开展信贷支持易地扶贫搬迁后续扶持专项行动的通知（农发银发〔2020〕40号）

69. 中国农业发展银行　国家发展和改革委员会关于信贷支持易地扶贫搬迁后续扶持的通知（农发银发〔2020〕92号）

70. 关于做好产业扶贫工作的通知（农发银发〔2016〕296号）

71. 关于做好特色产业扶贫工作的通知（农发银创新〔2016〕6号）

72. 关于印发《中国农业发展银行产业扶贫流动资金贷款办法》和《中国农业发展银行产业扶贫固定资产贷款办法》的通知（农发银发〔2018〕338号）

73. 关于做好西藏和四省藏区青稞产业扶贫信贷工作的通知（农发银办〔2018〕91号）

74. 关于全面推动产业扶贫信贷业务发展的工作意见（农发银发〔2019〕48号）

75. 关于印发《产业扶贫"吕梁模式"推广模板》的通知（农发银扶贫〔2019〕7号）

76. 关于印发《中国农业发展银行网络扶贫贷款办法（试行）》的通知（农发银发〔2017〕13号）

77. 关于印发《中国农业发展银行扶贫批发贷款办法（试行）》的通知（农发银发〔2017〕32号）

78. 关于进一步做好扶贫批发贷款业务的通知（农发银发〔2018〕172号）

79. 关于创新产业扶贫模式的意见（农发银发〔2017〕35号）

80. 关于推行产业扶贫"吕梁模式"的信贷指导意见（农发银扶贫信〔2018〕1号）

81. 关于印发《中国农业发展银行教育扶贫贷款办法（试行）》的通知（农发银发〔2017〕21号）

82. 关于进一步加大教育扶贫贷款业务支持力度的通知（农发银扶贫综〔2017〕3号）

83. 关于印发《中国农业发展银行健康扶贫贷款办法（试行）》的通知（农发银发〔2018〕96号）

84. 关于信贷支持贫困村创业致富带头人产业扶贫的意见（农发银发〔2018〕120号）

85. 关于信贷支持贫困村提升工程的意见（农发银发〔2018〕124号）

86. 关于印发《中国农业发展银行扶贫过桥贷款办法（试行）》的通知（农发银发〔2016〕183号）

87.关于进一步做好扶贫过桥贷款业务营销管理工作的通知（农发银发〔2017〕233号）

88.关于大力推广支持解决"两不愁三保障"突出问题有关项目案例的通知（农发银办函〔2019〕270号）

89.关于开展信贷支持"三保障"和饮水安全专项行动的通知（农发银扶贫〔2020〕3号）

90.交通运输部　中国农业发展银行关于合力推进贫困村交通扶贫工作的通知（交财审发〔2018〕186号）

91.交通运输部　中国农业发展银行关于合力支持交通扶贫脱贫攻坚工作的通知（交规划发〔2017〕2号）

92.关于印发《中国农业发展银行光伏扶贫贷款管理办法（试行）》的通知（农发银发〔2016〕115号）

93.关于印发《中国农业发展银行光伏扶贫贷款管理实施细则（2018年修订）》的通知（农发银发〔2016〕115号）

94.关于进一步做好光伏扶贫贷款工作的通知（农发银发〔2018〕196号）

95.关于将山西等7个省级分行纳入林业资源开发与保护贷款试点的通知（农发银发〔2016〕189号）

96.关于进一步做好农村流通体系建设贷款工作的意见（农发银发〔2016〕163号）

97.关于做好信贷支持农村清洁用水和农村危房改造工作的意见（农发银办〔2019〕46号）

98.关于做好旅游扶贫贷款客户准入工作的通知（农发银创新〔2016〕10号）

99.关于做好旅游扶贫贷款业务的指导意见（农发银发〔2016〕217号）

100.关于进一步做好旅游扶贫贷款业务相关工作的通知（农发银创

新〔2019〕3号）

101.关于做好网络扶贫金融服务工作的实施意见（农发银发〔2019〕124号）

102.关于进一步加大基础设施扶贫信贷工作力度的通知（农发银办〔2016〕190号）

六、定点扶贫体系

103.中国农业发展银行加快推动定点扶贫有关工作的意见（农发银发〔2016〕188号）

104.关于加强定点扶贫县挂职干部三人小组管理的通知（农发银办〔2018〕145号）

105.关于开展督促检查定点扶贫县履行脱贫攻坚主体责任情况的通知（农发银扶贫综〔2018〕7号）

106.关于印发《中国农业发展银行2018年定点扶贫工作意见》的通知（农发银发〔2018〕73号）

107.关于进一步做好2019年定点扶贫工作的意见（农发银发〔2019〕55号）

108.关于印发《中国农业发展银行2019年助推定点扶贫县脱贫攻坚专项督导工作方案》的通知（农发银扶贫〔2019〕11号）

109.关于扎实做好2020年定点扶贫工作的意见（农发银发〔2020〕22号）

110.关于印发《中国农业发展银行2020年定点扶贫工作专项督导方案》的通知（农发银扶贫〔2020〕5号）

111.中国农业发展银行关于做好2020年对口支援工作的通知（农发银办函〔2020〕34号）

112.中国农业发展银行关于克服新冠肺炎疫情影响做好定点扶贫工

作的通知（农发银办函〔2020〕42号）

七、社会扶贫体系

113. 关于做好2020年东西部扶贫协作工作的通知（农发银办函〔2020〕101号）

114. 关于支持东西部扶贫协作的指导意见（农发银发〔2016〕278号）

115. 关于支持"万企帮万村"精准扶贫行动的意见（农发银发〔2016〕284号）

116. 关于进一步加强东西部扶贫协作工作的通知（农发银办〔2018〕157号）

117. 关于积极支持"万企帮万村"精准扶贫行动先进民营企业的通知（农发银办〔2019〕34号）

118. 关于确定农发行支持"万企帮万村"精准扶贫行动企业名单和示范企业名单的通知（农发银办〔2016〕204号）

119. 关于进一步做好支持"万企帮万村"精准扶贫行动有关工作的通知（农发银办〔2017〕132号）

120. 关于大力开展消费扶贫专项行动的通知（农发银办函〔2020〕76号）

121. 关于大力支持消费扶贫助力脱贫攻坚工作的通知（农发银工团〔2020〕1号）

122. 关于做好贫困地区防汛救灾及灾后重建信贷支持工作的通知（农发银办函〔2020〕234号）

八、精准管理体系

123. 关于做好扶贫贷款认定工作的通知（农发银发〔2016〕248号）

124.关于进一步做好扶贫贷款认定工作的紧急通知（农发银发〔2016〕282号）

125.关于做好2017年扶贫贷款认定工作的通知（农发银发〔2017〕7号）

126.关于进一步做好精准扶贫贷款认定工作的通知（农发银发〔2017〕187号）

127.关于贯彻落实人民银行精准扶贫贷款专项统计制度的通知（农发银办〔2016〕142号）

128.关于进一步加强粮棉油扶贫贷款认定管理的通知（农发银粮棉〔2017〕12号）

129.关于进一步加强扶贫贷款认定管理工作的通知（农发银扶贫综〔2019〕4号）

130.关于开展扶贫成效监测工作的通知（农发银扶贫综〔2018〕4号）

131.关于印发《中国农业发展银行扶贫贷款质效全流程管理指引》的通知（农发银规章〔2019〕46号）

132.关于加强和完善扶贫贷款认定管理工作的通知（农发银扶贫〔2020〕1号）

133.关于严格扶贫贷款精准质效管理工作的通知（农发银扶贫〔2020〕4号）

134.关于加强粮棉油扶贫贷款精准管理的通知（农发银粮棉〔2020〕1号）

九、风险防控体系

135.关于印发《中国农业发展银行扶贫贷款贷后管理实施细则》的通知（农发银扶贫信〔2017〕1号）

136. 关于进一步加强扶贫贷款贷后管理工作的通知（农发银扶贫综〔2018〕3号）

137. 关于进一步加强扶贫贷款管理有关工作的通知（农发银办〔2020〕35号）

138. 中国农业发展银行风险偏好管理办法（农发银规章〔2019〕8号）

139. 中国农业发展银行风险条线垂直管理方案（农发银办〔2019〕72号）

140. 风险合规专员设置工作实施方案（农发银办函〔2019〕185号）

141. 中国农业发展银行风险报告管理办法（农发银规章〔2019〕6号）

142. 中国农业发展银行合规风险管理办法（农发银规章〔2019〕106号）

143. 关于印发《全面建设合规文化全力打造"合规农发行"三年行动计划（2022—2024年）》的通知（农发银办函〔2021〕607号）

144. 中国农业发展银行扶贫贷款贷后管理实施细则（农发银扶贫信〔2017〕1号）

145. 关于实行扶贫贷款项目清单制管理的通知（农发银发〔2017〕44号）

146. 关于实行扶贫任务清单制管理的通知（农发银办〔2017〕135号）

147. 中国农业发展银行扶贫贷款贷后管理实施细则（农发银扶贫信〔2017〕1号）

148. 中国人民银行关于建立金融精准扶贫贷款专项统计制度的通知（银发〔2016〕185号）

149. 中国农业发展银行合规风险管理办法（农发银规章〔2019〕106号）

十、支撑保障体系

150. 关于实行扶贫贷款项目清单制管理的通知（农发银发〔2017〕44号）

151. 关于实行扶贫任务清单制管理的通知（农发银办〔2017〕135号）

152. 关于印发《中国农业发展银行扶贫金融事业部分部财务报告编报细则（2019年修订）》的通知（农发银规章〔2019〕97号）

153. 关于印发《中国农业发展银行总行专项扶贫捐赠资金管理办法》的通知（农发银办〔2016〕163号）

154. 关于印发《中国农业发展银行加强服务脱贫攻坚宣传工作实施方案》的通知（农发银办〔2016〕186号）

155. 中国农业发展银行开展扶贫领域作风问题专项治理实施方案（农发银发〔2018〕63号）

156. 关于印发《中国农业发展银行开展扶贫领域作风问题专项治理检查方案》的通知（农发银办〔2018〕87号）

157. 关于在全行开展扶贫公益捐款活动的通知（农发银工会〔2018〕18号）

158. 关于印发《中共中国农业发展银行委员会关于中央脱贫攻坚专项巡视情况整改工作方案》的通知（农发银党〔2019〕30号）

159. 关于进一步用好抵押补充贷款资金的通知（农发银办〔2019〕37号）

160. 关于进一步做好抵押补充贷款资金扩大使用范围有关工作的通知（农发银发〔2019〕68号）

161. 关于持续推进扶贫领域作风问题专项治理工作的意见（农发银扶贫〔2019〕8号）

162. 关于进一步加强总行专项扶贫捐赠资金管理有关事项的通知

（农发银办函〔2020〕59号）

163. 关于加强决战决胜脱贫攻坚宣传工作的通知（农发银办函〔2020〕69号）

164. 关于印发《中共中国农业发展银行委员会关于中央脱贫攻坚专项巡视"回头看"情况整改工作方案》的通知（农发银党办函〔2020〕15号）

165. 关于认真学习贯彻中央组织部电视电话会议精神深入推进抓党建促决战决胜脱贫攻坚工作的通知（农发银党办〔2020〕4号）

166. 关于健全中央脱贫攻坚专项巡视和"回头看"整改长效机制的通知（农发银办〔2020〕36号）

167. 关于开展脱贫攻坚精神提炼工作的通知（农发银办函〔2021〕27号）